Reihe Hanser 165

Klaus Reichert

Lewis Carroll
Studien zum literarischen Unsinn

Carl Hanser Verlag

für
Martin Christadler –
als Denkstein für die Reihe,
die er [illegible] mit diesem be-
ginnen gemacht hat, mit
meinem herzlichsten Dank
Klaus Reichert
im Oktober 74

ISBN 3 446 11927 2

Ausstattung:
Heinz Edelmann
Gesamtherstellung:
Friedrich Pustet,
Regensburg
Printed in Germany

Reihe Hanser 165

Klaus Reichert · Lewis Carroll. Studien zum literarischen Unsinn

Die Alice-Bücher des englischen Mathematikers Ch. L. Dodgson, die er unter dem Namen Lewis Carroll veröffentlichte, sind in Deutschland zumeist als Produkte einer skurril-fröhlichen Phantasie beschrieben worden. Daß sie von ihm selber als Kinderliteratur konzipiert wurden, macht das Mißverständnis noch klarer: denn in Wahrheit gestalten sie vor allem den Ich-Konflikt des Autors, den Widerspruch zwischen öffentlicher und privater Existenz – was ihm selbst verdächtig unbewußt blieb. Klaus Reichert beschreibt den Unsinn als historisches Phänomen: die Ängste und Verdrängungen, die Identitätsprobleme und Verständigungsschwierigkeiten der victorianischen Epoche kommen in ihm zum Ausdruck, radikaler zum Teil als in der ernsthaften Dichtung der Zeit. Mit psychoanalytischen, linguistischen und sozialwissenschaftlichen Ansätzen versuchen die Analysen der Carrollschen Werke deren Unsinn zurückzuübersetzen in den Erfahrungszusammenhang, dem sie entstammen. Von dort lassen sie sich lesen als immer wieder scheiternde und immer wieder neu unternommene therapeutische Versuche zu überleben.

Klaus Reichert, geb. 1938, ist zur Zeit Lehrbeauftragter an der Universität Konstanz. Er hat u. a. die ›Briefe an kleine Mädchen‹ und ›Die Jagd nach dem Schnark‹ von Lewis Carroll übersetzt.

Inhalt

– *Das Wesen des Unsinns ist so dunkel als das Wesen des Sinns.*

– Abänderung eines Satzes von Novalis

– *Je suis caché et je ne le suis pas.*

– Rimbaud

Hintergründe

Zur Historizität des »Unsinns« und der Unsinnliteratur

> ... der Widerspruch, daß jegliches Werk rein aus sich verstanden werden will, aber keines rein aus sich verstanden werden kann.
>
> – T. W. Adorno, *Parataxis*

Die englische Unsinnliteratur ist eine Erscheinung, die sich annähernd mit der viktorianischen Ära deckt. Sie beginnt mit Edward Lears *Book of Nonsense* (1846), sie endet mit Lewis Carrolls Tod am 14. Januar 1898. Vorher gibt es sie nicht[1], nachher braucht es sie nicht mehr zu geben. Sie ist eine transitorische Erscheinung, Reaktion auf bestimmte, historisch eingrenzbare Bedingungen, die ihren Sinn verlor, sobald diese Bedingungen durchschaut und »nicht-unsinnig« beschreibbar wurden. Als der Unsinn der literarischen Kritik zum Bewußtsein kommt, wird er leichthändig der komischen Literatur als neue Unterabteilung zugeschlagen[2]; als er verschwindet, hat er ein paar Formen (etwa den Limerick[3]) und Techniken hinterlassen, die bis heute im subkulturellen Bereich in Gebrauch geblieben sind (aus dem sie im übrigen kamen): diese frei erfundene diachronische Reihe ist schuld, daß die Einmaligkeit dieses Unsinns unbemerkt blieb. Doch ist das Unvermögen der Zeitgenossen, das spezifisch Neue, Andere der Unsinnliteratur zu sehen, nicht ganz deren Schuld, wußten ja die Autoren selber kaum, was sie taten, außer daß sie »bewußt« Unsinn produzierten, dessen Charakterisierung durch Chesterton als »that divine lunacy that God has given to man as a holiday of the intellect«[4] sie gewiß unterschrieben hätten. Die Nützlichkeit des Unnützen im Sinne einer Entlastung von Druck[5], aber auch seine kommerzielle Verwertbarkeit als Kinderliteratur, siedelte diese Literatur in einem Bezirk an, der für ihre Urheber wie für ihre Leser gegen ein literarisches Ernstnehmen versperrt war, so daß der Versuch Stracheys, den

Nonsense in die Kontinuität des Komischen zu stellen[6], doch immerhin als erster Versuch zu werten ist, ihn aus seiner »außerliterarischen« Bindung zu befreien. Folgenreicher als die retrospektive Einordnung des Unsinns hätte es allerdings sein können, ihn auf seinen prospektiven Gehalt zu untersuchen. Aber das hieße, von Literaturkritik zu verlangen, daß sie sich kümmere um die Möglichkeiten von Literatur, nicht bloß um deren Versteinerungen. Hätte es in den 70er, 80er Jahren in England eine aufmerksame Kritik gegeben, die die Herausforderungen Carrolls und Lears aufgenommen hätte, so wäre Paris vielleicht der Rang, einsamer Fokus der Modernität zu sein, bestritten worden. Als ein, zwei Generationen danach, im Surrealismus, bei Dada und Joyce, Stile, Methoden, Motivationen und Materialien wieder auftauchten, die Carroll und Lear erfunden, benutzt oder literaturfähig gemacht hatten, wäre es verfehlt gewesen, hier Einflüsse oder Vorläufer ansetzen zu wollen. Sie alle, selbst Joyce, erfuhren von der Unsinnliteratur lange nachdem sie ihre eigenen Wege gefunden hatten. Wirkungsgeschichtlich hängt der Unsinn also auch in der Luft: die Moderne ist von anderen Ansätzen her zu ihren – in vielem vergleichbaren – Resultaten gekommen.

Literaturhistorisch gesehen ist der Unsinn bis heute das Opfer von Verwechslungen.[7] Die Einbeschreibung in die Spielarten des Komischen und das Postulat einer Tradition der Unsinnliteratur stützten sich auf wenig mehr als gewisse gemeinsame Stilfiguren, den Widerspruch, in den diese Texte zu einer als real empfundenen Wirklichkeit treten, und ihre fast immer komische Wirkung. Allein, diese Gemeinsamkeiten sind äußerlich und haben eher die Folge, das Phänomen des viktorianischen Unsinns zu verdekken, da sie den je anderen Sinnzusammenhang ignorieren und die verschiedene Funktionalisierung von Wirkung, Figuren und Wirklichkeitsbezug gar nicht erst in den Blick bekommen. Gewiß sind seit der Antike die Adynata oder Impossibilia, die »Reihung unmöglicher Dinge«, nachweisbar.[8] Doch sie, etwa die Adynata in Virgils Eklogen, gehören in den Bereich einer unter bestimmten, eine Katastrophe auslösenden Bedingungen als umkehrbar, umzukehrend vorgestellten Welt, der verkehrten, die die unverkehrte, die normale, in jedem ihrer Glieder impliziert.

Im Mittelalter gibt es, neben Narrenreden, Scherz- und Spottliedern, die sich häufig des Topos der Verkehrten Welt bedienen, in Frankreich die sogenannten Fatrasien und Resverien, die als Unsinnpoesie interpretiert wurden.[9] Kennzeichnend für diese Gedichte ist die Kombination unmöglicher Inhalte (Gegenstände und Abstrakta etwa werden animiert) mit intakter Grammatik: »Man könnte als eine Art ›fatrasisches‹ Gesetz formulieren, daß das Paradox in der Inkongruenz von grammatikalischer Normalität und inhaltlicher Absurdität um so greller ist, je enger die so hergestellte Verbindung ist, und daß umgekehrt fehlende Übergänge am wenigsten ›fatrasisch‹ sind.«[10] Das Zerreißen eines Sinn-Nexus, das einen ›non-sens absolu‹ herstellen soll[11], greift weiter als die mechanische Umkehr von Sinn, wie die Verkehrte Welt sie errichtet. Wenn »in der Fatrasie . . . tatsächlich der Nicht-Zusammenhang als Gesetz einer paradoxen Struktur«[12] herrscht, so ließe sie sich wirklich als mit dem Nonsense strukturverwandt bezeichnen, indem beide in nichts Dahinterliegendes auflösbar sind, sondern auf sich selbst verweisen. Die fatrasischen Erfindungen – »Uns ours emplumés / Fist semer uns blés / De Douvre a Wissent;«[13] – konstruieren eine eigene Welt aus Unmöglichkeiten, die in diesem Kontext beliebig fortdenkbar ist. Aber die Konstruktion des Unmöglichen als Unmögliches hat sich, mit einem Wort Šklovskijs, derart automatisiert, daß das einzige, was hier wirklich unmöglich wurde, die Erwartung des Möglichen ist. Die Fatrasien bleiben ein Spiel, dessen Regeln der Leser sofort durchschaut. Darin liegt der grundlegende Unterschied zum Unsinn der Viktorianer.

Seine Erfindungen sind im Verhältnis zur Welt ebensowohl unmögliche wie mögliche. Ihn, wie sein Name es nahezulegen scheint, als schlichte Umstülpung von Sinn zu sehen, hieße, ihn analog zur verkehrten als eine Gegenwelt zu begreifen. Diese glatte Rechnung geht nicht auf. Der Gegenbegriff zum Unsinnigen ist das Nicht-Unsinnige als Sinn des Unsinns. Das Nicht-Unsinnige bedeutet nicht die Reduktion auf »normalen« Sinn als Wiederherstellung von Bekanntem oder Vorausgesetztem, sondern es meint unerwartete, entautomatisierte, im strikten Wortsinn unkonventionelle Zusammenhänge, die ex negativo, als unsinnige, vorgeführt werden. Das Nicht-Unsinnige ist nicht ›vorgegeben‹, es ist, vom Unsinn her, erst zu konstruieren. Dem Bereich des Unsinns ist darum auch der Sinn einbeschrieben als eine seiner Erscheinungsformen: konventioneller Sinn, etwa common sense, der jäh in den unsinnigen Kontext einbricht, wird da unsinnig, wo der Unsinn, als inzwischen erwarteter, sich zu automatisieren droht. Die prinzipielle Nichtvorhersehbarkeit des Verlaufs unterscheidet den viktorianischen Unsinn radikal von allen vorgängigen Spielarten des Unsinns, die im übrigen, in unserer Fassung des Begriffs, nicht wirklich unsinnige genannt werden können, weil sie sich aus ihrem einfachen Gegenbegriff, dem Sinn, bestimmen. Wenn im folgenden also von Unsinn die Rede ist, so ist darunter ausschließlich der viktorianische gefaßt. Dieser Unsinn erschafft keine Gegenwelt, sondern eine *andere*, die aus den Teilen dieser Welt, wie aus ihren Trümmern, zusammengesetzt ist. Durch die Entstellung des Altbekannten und dessen Reorganisation – ein Ansatz, auch technisch, der die Collage präfiguriert – werden Zusammenhänge entdeckt, die denkbar sind und deren Einschätzung als Unsinn qua Unfug im Sinne eines »holiday of the intellect« sich allenfalls aus ihrer übergroßen Irritation, die hinweggelacht wurde, erklärt. Aber gerade die Irritation zeigt an, daß die Zusammenhänge als mögliche, als sogar vorhandene, aber abgeblockte, unter Verschluß gehaltene, wahrgenommen werden konnten. Der Unsinn entwirft eine *neue* Ordnung, vor deren Gesetzen die praktizierten der alten nur noch ein Stück Vergangenheit sind, ohne doch durch befreiendere, nicht-restriktive ersetzt worden zu sein.

Das Erscheinungsbild des Unsinns ist geprägt durch Widersinn und Verrätselung, Kombinatorik des Nicht-Zusammengehörigen, ja Dunkelheit, Merkmale, die eine andere Anknüpfung zu gestatten scheinen, die an die concettistische Tradition. Niemals ist jedoch hier etwas dem Unsinn Vergleichbares gemeint. Die Dichtung versucht einer ins Unermeßliche gewachsenen Welt noch einmal rational habhaft zu werden, und so wie der Verstand scheinbar Widersprüchliches zu integrieren gelernt hat, die augenscheinliche Antinomie zwischen Sichtbarem und Wirklichem etwa, so antwortet sie, indem sie Entlegenstes zur Metapher zwingt. Vieles an ihrer Bizarrerie hat seinen Fluchtpunkt in der neuen Art des Sehens, das zum erstenmal in der Geschichte Fernstes und Kleinstes in den Blick bekommt. Ohne das Denkbild von Galileis Fernrohr[14] wäre John Donnes »Flea« kaum entstanden; es nimmt ihm auch die Abwegigkeit des Bloß-Paradoxen. Die Dunkelheit, in die sich viele Concettisten labyrinthisch verstricken, ist eine Form der Verschlüsselung, und der Dichter hält den Schlüssel – oder den Ariadnefaden – in der Hand, so daß sich der Initiierte – nur er ist der Leser – den Weg ins Arkanum – oder ins Freie – erschließen kann. Potentiell ist jedes dieser Gedichte dechiffrierbar. Wenn hingegen der Unsinn manchmal verborgenen Sinn zu suggerieren scheint, wie etwa der *Jabberwocky*, so bleibt dennoch nichts im Sinne einer Aufhellung von – hier: semantischer – Dunkelheit zu entschlüsseln, selbst dann nicht, wenn das Gedicht mit einem Schlüssel (wie Humpty Dumptys Kommentar zur *Jabberwocky*-Strophe) ausgestattet zu sein scheint[15], denn der Fluchtpunkt solcher »Dunkelheit« liegt in keinem außerhalb der Texte möglichen oder initiierbaren Wissen. Analog zum dunklen Stil der Lyrik, wie er sich gleichzeitig in Frankreich herausbildet, ist die Dunkelheit – schlichter gesagt: das Unverständliche – nicht mehr reduzibel. Hier wie dort ist eine Analyse des *Verfahrens* statt dessen gefordert. Unter anderem darum lassen sich die Gedichte des Unsinns und des dunklen Stils nicht mehr »auflösen«, weil jedes eine eigene »Form« hat, weil jedes nach anderen Prinzipien geregelt ist.[16] Das je eigene Regelsystem der Texte erschließt sich im Prozeß des Lesens. Die Verschlüsselung, wenn überhaupt von ihr hier noch gesprochen werden darf, ist den Texten inhärent, d. h. sie ist keine mehr, die paraphrasiert werden könnte.

Am nächsten scheint es zu liegen, den Unsinn in der komischen Tradition zu sehen (wenn auch nicht in der Spielart der Verkehrten Welt). Es gibt auffällige Verbindungen: die gestörte Erwartung, die Konfrontation von nicht Zusammengehörigem, den Widerspruch zwischen Gesagtem und Gemeintem, die Lösung von Spannungen im Gelächter. Doch diese Ähnlichkeiten sind äußerlich, die gemeinsamen Züge bezeichnen zugleich ihre Differenz, sie entstammen unterschiedlicher Begründung und haben andere Funktion. Die Formen der Inkongruenz, die das Komische konstituieren, bemessen sich an der Realität als Norm, oder an der Homogenität des erzählten Vorgangs, die plötzlich unterbrochen wird. Es ist das Wesen der Inkongruenz und die Bedingung ihres komischen Effekts, daß der Leser sie durchschaut. Im Unsinn, andererseits, gibt es kein Referendum wie Realität, Normalität, Einverständnis. Die Brüche und Inkongruenzen sind zum Prinzip erhoben, dergestalt, daß Norm nur mehr von Bruch zu Bruch als kurzlebige Erwartung sich einstellt und jeweils durch den nächsten Bruch sich erledigt. (Oder anders: die Bedeutungen *gleiten,* wie im Traum.) Jede Stelle ist gemessen an der nächsten die Norm, und gemessen am Zusammenhang des Ganzen hängt sie qua Norm in der Luft und erweist sich als kontingent. Intendierter Referenzpunkt ist einzig der Unsinn, der die Normen als beliebig gesetzte aufhebt in der Gleichmöglichkeit des einander Ausschließenden. Die »fortschreitende Verneinung« Norm-Bruch-Norm-Bruch ist so sehr Bedingung des Unsinns, daß durch sie sich überhaupt erst so etwas wie eine Fabel konstituiert, die in Zickzacklinien und ohne jede Einheitlichkeit nicht entwickelt wird, sondern *sich ergibt*: das Material der jeweiligen Norm wird auf seine Möglichkeit untersucht, zu Brüchen zu führen, wodurch sich zwangsläufig der nie vorhersehbare narrative Fortgang ändert. (Liegen diese Möglichkeiten in der Sprache selber, wie meistens bei Carroll, so muß die »Geschichte« in einer Übersetzung praktisch neu erfunden werden.[17]) Der durchschaubare Mechanismus des Komischen, die Doppelwelt Norm-Kontranorm, ist das Gegenteil der Verselbständigung der Inkongruenzen im Unsinn, das Gegenteil der Normkontingenz, die dem Leser nichts mehr gibt, woran er »sich halten kann«, da alles ins Rutschen kommt und jede Norm augenblicklich in den Schock umschlagen kann. Die zentrale Verunsicherung des Lesers ist jedoch nicht mit der Doppelbödigkeit als einem Ausdruck des Grauens, wie es im Grotesk-Komischen sich einstellen kann, zu verwechseln, sie gründet vielmehr in der Unentscheidbarkeit von Alternativen als einer real erfahrbaren Unmöglichkeit des sich Verständigens und Handelns. Das Wort, mit dem Alicens Verfassung am häufigsten charakterisiert wird, heißt *puzzled.* Der Raum, in dem der Unsinn sich abspielt, deckt sich nicht mit dem bekannten, immer schon in erwarteten Reduktionen wahrgenommenen, er ist, gewissermaßen, nicht-euklidisch, und das sogar in dem Sinne, daß konkrete nicht-euklidische Modelle durchgespielt werden. (Etwa der Fall durchs Kaninchenloch, das Auf-der-Stelle-Rennen mit der Red Queen, die Suspension der Zeit in der Mad Tea Party, der Wechsel der Raumdimensionen im *Looking-Glass.*) Der Raum des Unsinns ist sogar noch darin kontingent, daß er jede andere Zusammensetzung vertrüge, weil seine Teile grundsätzlich vertauschbar sind. (Diese letzte hängt mit dem Entstehungsprozeß zusammen, der im Kapitel über Traumtechnik untersucht werden wird.)

Daß aber der Unsinn zum Lachen reizt, scheint ihn doch wieder in die Nähe des Komischen, und vor allem auch des Witzes, zu rücken. Warum reizt er zum Lachen? Hier wäre zunächst zu fragen, ob die Kinder, an die er gerichtet ist, ihn tatsächlich zum Lachen finden. Man kann die These vertreten, daß die Inkongruenzen, Wortspiele, Mehrdeutigkeiten, Neologismen für sie gerade nicht lächerlich sind, weil die dadurch hergestllten Verbindungen noch nicht kritisch als unzulässige ausgeschieden werden können und der Erwartungsraster grob genug ist, alles ihm Angebotene als möglich, als »zweifelsfrei wirklich« (Piaget) zu absorbieren. Sieht man, andererseits, in der Protagonistin der *Alice*-Bücher ein Kind, das bereits im Lernprozeß steckt, die Reduktionen des Verständigungsprozesses zu handhaben vermag, so läßt sich der Zusammenbruch der mühsam und unter Druck gelernten Ordnungen als Regression auf eine frühere Entwicklungsstufe lesen, deren Triebkraft die Befreiung vom Zwang und die Entbindung von Lust, und deren äußeres Zeichen das triumphierende Lachen ist. Dieser Mechanismus wäre denkbar, findet sich bei Carroll aber nicht. Im Gegenteil: die Brüche, der Aufeinanderprall verschiedener Sprachspiele, der Zusammenbruch der Ordnung allgemein, sind für Alice und ihre Leser eher Quellen der Angst und der Verunsicherung. Alice setzt sich permanent ins Unrecht oder wird ins Unrecht gesetzt, und zwar doppelt, nämlich einmal dann, wenn sie die gelernten Regeln zu starr, zu automatisch anwendet (Kritik am Erziehungsdrill), und zum andern dann, wenn sie, quasi als Antwort, zu large oder regressiv im oben genannten Sinn mit ihnen umspringt, d. h. wenn sie etwa Zusammenhänge artikuliert, die in dem vereinbarten Sprachspiel ausgeschlossen sind (Postulat des Erziehungsdrills). Und Alicens Reaktion ist viel häufiger Weinen (oder die Versuchung zu weinen) als Lachen. – Daß hingegen die Erwachsenen über den Unsinn, speziell der *Alice*-Bücher, lachen, ist nicht zu bestreiten. Unbestreitbar ist auch, daß das Lachen sich häufig an Zusammenhängen entzündet, die im üblichen Sinn komisch oder witzig sind. In der Mehrzahl der Fälle aber dürfte sich, umgekehrt, das Lachen daran entzünden, daß Zusammenhänge gerade nicht durchschaut werden. Gelacht wird also aus »Unverstand« und aus Verlegenheit. Nicht nur, weil hinter jedem »Spaß« ein Problem sprachkritischer, logischer, mathematischer, physikalischer Natur verborgen liegt, das übersehen wird[18], nicht nur weil die Pointen, im Moment, da sie Spannungen lösen, einen neuen Problemkomplex zeugen, sondern auch, und vor allem, weil das augenscheinlich Lächerliche ausschließlich im manifesten Bereich sich abspielt – nach unserer noch zu erörternden These vom Traumcharakter des Unsinns also in einem dem Verständnis überhaupt erst zu erschließenden Bereich. Freilich kann man die absurden Traumkombinationen zum Lachen finden: man weiß seit Freud, daß sie es nicht sind.

Literaturhistorisch gesehen ist die Unsinndichtung am ehesten als Sproß der Romantik zu verstehen. Das ist angesichts der permanenten Romantik in England – trotz und mit »sozialem Roman« – nicht weiter erstaunlich und verweist zugleich auf die antiprogressiven Anknüpfungspunkte, die das Neue, die Antizipation des Künftigen, immer wieder überdeckten. (Im übrigen bedeutet Romantik hier auch den Einschluß der europäischen, durch Coleridge und Carlyle vermittelten Tradition.) An gemeinsamen Motiven wären aufzuzählen: Identitätszweifel, Weltangst und Weltflucht, Interesse am Traum und den anderen

Nachtseiten der Seele, Interesse an Mathematik und Naturwissenschaften, politischer Konservativismus bei gleichzeitiger Kritik am Utilitarismus, Apotheose des Kindes als einer noch »heilen Provinz«, Verwendung von auf Kinder gemünzten Gattungen wie Märchen, Rätsel, Kindervers, überhaupt Verwendung einfacher prosodischer Mittel (während gleichzeitig der Versbau eines Tennyson und vor allem Browning immer komplexer wird), Selbstdarstellung der eigenen Zerrissenheit. Das letzte ist ein unbewußtes, dennoch zentrales Motiv der Unsinndichtung. Für Carroll ist die Darstellung seines Ich-Konflikts, ja seiner Ich-Spaltung geradezu der Motor seines gesamten Schaffens. Sie äußert sich nicht nur in der einfachen, gleichsam horizontalen Gegenüberstellung von »positiven« und »negativen« Kräften wie in seiner berühmtesten Schöpfung: Alice (dem Carroll-Ich) im Gegensatz zu den Monstren aus dem Wunderland (dem bürgerlichen Ich Dodgsons und zugleich den Anderen, der Welt), und nicht nur kann die Spaltung auch vertikal verlaufen, längs durch die Lebensjahre, wie in der Doppelperson Lady Muriel-Sylvie (in *Sylvie and Bruno*) – sie zeigt sich vielmehr bis ins kleinste, in der Opposition von allem mit jedem, der Entgegensetzung des einzelnen zu sich selbst, in der Verwandlungsmotivik, vor allem dem Spiegelmotiv usw. Die Ich-Zerrissenheit ist einerseits das wichtigste Verbindungsglied zwischen Romantik und Unsinnpoesie, andererseits zeigt sich an ihr gerade das Trennende. Die Ich-Spannungen der Unsinndichter werden nämlich nicht mehr »in der Welt« ausgetragen, sondern sie werden gewissermaßen departementalisiert. Statt dem romantischen Primat der künstlerischen Existenz, statt dem Rückzug aus der Welt in eine ihr koextensive, nobilitierte Einsamkeit, zerfällt die Welt nun doch wieder in zwei Teile, in eine bürgerlich-öffentliche Existenz (Dodgson war Mathematikdozent, Lear ein von Aufträgen abhängiger Landschaftsmaler) und eine künstlerisch inspirierte, wobei die letzte nicht als diese, sondern, aus Abwehr wegen des Unernstes, als private, gleichsam freizeitliche sich verstanden wissen wollte. Trotz dem Querstehen zum Utilitarismus im Unsinn selber (schon in seiner Erfindung) eine Abhängigkeit von seinen Bedingungen was den Entstehungs-

grund des Unsinns betrifft: die private Schizophrenie wird durch diese Art von Arbeitsteilung auch noch professionalisiert und profitabel gemacht. Da beide Existenzformen auf der Ebene des Bewußtseins strikt getrennt sind, kann jede ihre Möglichkeiten ungestört und gesellschaftlich abgesichert ausschöpfen. Von der romantischen Weltverlorenheit, der kompromittierenden Kompromißlosigkeit ihres antibürgerlichen Ansatzes, bleibt wenig übrig. Aber man muß sich darüber im klaren bleiben, daß die Spannungen und der Zwang, die zu solcher Departementalisierung führten, nicht bequem ableitbare waren. Die bürgerliche Existenz ergab sich auf Grund der nur schmalen künstlerisch-poetischen Begabung (hätte Lear nur seine Akademiestücke gemalt, Carroll nur seine ernsthaften Gedichte geschrieben, niemand würde mehr ein Wort über sie verlieren) oder des mangelnden Zutrauens zur eigenen Begabung oder, vielleicht am wichtigsten, aus Schutzgründen gegen die stets gespürte, nur zwanghaft niederzuhaltende Bedrohung aus Schichten des Selbst. Auf der anderen Seite war die innere Nötigung, sich von ebendiesen, durchaus internalisierten bürgerlichen Pressionen befreien zu müssen, so stark, daß sie mehr als ein Ventil, daßsie ein ganzes abrufbares Sinnsystem zu ihrer Entäußerung brauchte. Hier drängte sich die Regression auf eine Vor-Erwachsenenwelt geradezu logisch auf (bei Carroll mit seiner Kindheitsfixierung zumal). In dem Maße, wie diese Welt nicht in ihren Aspekten erarbeitet (oder im Freudschen Sinne »durchgearbeitet«), sondern an Konfliktpunkten verbissen repetiert wird, zeigt sich die gewissermaßen privattherapeutische, kurzfristig Linderung verschaffende Intention. Die Etikettierung der eigenen Werke als unsinnige ist ineins Selbstmißverständnis und Tarnung, beide untrennbar verquickt und aus der nämlichen Quelle motiviert. Zugleich vereinfacht die vorgebliche Beschränkung auf Unsinn den Arbeitsprozeß, indem sie die Dichter jeder kommunikativen Höflichkeit dem Leser gegenüber entbindet: das Material der Einfälle wird zwar arrangiert, die Einfälle selber aber unterliegen schwerlich jener Transformation ins Nicht-mehr-Persönliche, die für Freud Voraussetzung ihrer Verbindlichkeit und ihres ästhetischen Lustgewinns war.[19]

Die »Erlaubtheit«, Zusammenhangloses zusammenfügen, ist gewiß auch durch den ins Auge gefaßten Leserkreis mitbedingt: Kinder, deren Lese- bzw. Hörerwartung von keinem homogenen Code bestimmt ist, die Brüche mühelos mitvollziehen (vgl. Nursery Rhymes), für die »Traum« und »Wirklichkeit«, »Sinn« und »Unsinn« noch in *einer* Ebene liegen. Andererseits aber steht der Unsinn qua Kinderliteratur wiederum quer zur herrschenden Literatur für Kinder, die – mit ganz wenigen Ausnahmen: George Macdonald, Christina Rossetti – zu nützlichen Subjekten erziehen oder in eine Güllsche Kinderheimat entführen will, die nicht von dieser Welt ist. Das mag zunächst nichts weiter bedeuten, als daß mit dem Unsinn eben eine neu Art Kinderliteratur erfunden war, und seine ungeheure Popularität – auch die zahlreichen Imitationen – scheinen dem recht zu geben. Aber ist die Rubrizierung des Unsinns als Kinderliteratur nicht auch wieder nur ein Mißverständnis, eines der Rezipienten wie der Produzenten? Die Selbstdarstellung Carrolls in seinem Werk geht so weit, daß kaum eine Zeile ohne den biographischen Hintergrund denkbar ist. Die kindliche Thematik wäre also eine Verkleidung, jedoch eine, die das, was sie verhüllen soll, an sich selber offenbart: wenn Carroll von Kindern spricht, spricht er von sich; von sich kann er aber nur sprechen, indem er immer wieder das aus sich herausläßt, woran die normale Ich-Bildung sich kränkte und worin, durch Umarrangements, gleichwohl die Heilung zu suchen wäre, die Kindheit. Verkleidung und Verkleidetes: so wie der manifeste Inhalt gewisser Träume auf einen latenten Inhalt verweist, der nach der Analyse sich als identisch mit dem manifesten erweist. Zweitens ist Carrolls Unsinn auch dann, wenn er bewußt gemacht ist, radikal von Kinderliteratur unterschieden. Die Problematik, die in ihm aufgezeigt wird (Mathematik und Logik, Sprach- und Erkenntnistheorie), wird nicht auf Kindermentalität zugerichtet, um spielend zu belehren, sondern wird in ihrer Komplexität vorgeführt und meist bezeichnenderweise nicht einmal »aufgelöst«. Lehren kann der Gang der Lektüre gewiß »Problembewußtsein« – sie konstituiert sich aus einer Kette hängengelassener Probleme, deren jedes in andere Richtung, d. h. mit der Möglichkeit, die von ihm abhängende Handlung zu verändern, weiterverfolgt werden kann –, aber dieses Bewußtsein verträgt sich schwerlich mit dem der Kinder, das gerade durch Reduktion auf Faßlichkeit von Problemen, deren Eingrenzung usw., herangebildet werden soll. Im übrigen äußert sich dieses spezifische Interesse Carrolls nicht nur in seinem »Unsinn«, es ist ebenso bestimmend für die wissenschaftlichen Arbeiten Dodgsons, die, nebenbei, auch mehr an den Fragestellungen als an deren Lösung interessiert sind. Hier die Grenze zwischen Sinn und Unsinn zu ziehen ist so schwierig wie jene zwischen Dienstag und Mittwoch in einem der frühen Paradoxa Carrolls:

. . . we might go on tracing Tuesday morning, Tuesday morning all the way round (sc. the earth), till in 24 hours we get to London again. But we *know* that at London 24 hours after Tuesday morning it is Wednesday morning. Where then, in its passage round the earth, does the day change its name? Where does it lose its identity?[20]

So gesehen ist der Unsinn bloß ein Oberflächenphänomen, ein Erscheinungstrick, in seiner Bestimmung kontextabhängig. Der Unsinn ist »noch Dienstag«, der Sinn »schon Mittwoch«. Aber wäre der Unsinn nur das, wäre er bloß »hergestellt« und damit auch wieder auflösbar, ließe er sich eingrenzen auf solches, das ebensogut, nur präziser, als logische oder sprachkritische These darstellbar wäre, so wäre er eben doch nichts weiter als verkappter Sinn. *Diesem* Verborgenen nachzuspüren war das Ziel des besseren Teils der bisherigen Carroll-Forschung (der schlechtere behandelte den Autor als den liebwerten Erfinder harmlos-schnurriger Geschichten), deren wichtigste Ergebnisse in Martin Gardners annotierter *Alice* zusammengetragen sind.[21] Diese Forschung, so findig und fündig sie im einzelnen auch war, behandelte die Texte als allegorische, indem sie deren Verständnis als von Außenkenntnissen abhängig bestimmte. Sie mogelte sich damit aber gerade um den Schock dieser Texte herum. Das *Phänomen* Unsinn bleibt von solcher Explikation ganz unberührt. Man muß sich darauf einlassen, daß beim Unsinn, genau wie bei der Poesie, »etwas hinzukommt«, das in gar keiner Weise, auf einen Sachgehalt etwa, reduziert oder in anderen Zusammenhang transformiert werden kann. Dies zeigt sich im Erscheinungsbild des Unsinns, es ist seine *an der Oberfläche versteckte Tiefe*, das, was den Leser überhaupt instand setzt, von »Unsinn« zu reden. Es ist interessant, aber für das Phänomen Unsinn ohne Belang, daß sich Alicens absurde Multiplikationen mathematisch rechtfertigen lassen.[22] Wichtig für die Konstituierung des Unsinns ist die zwar mit Verwunderung aufgefaßte, aber zugleich als gegeben hingenommene, da gleichsam apodiktisch verfügte und nicht logisch oder kausal ableitbare, verstehbare Kombination des sich Ausschließenden. Für ein solches Verständnis ist die Bezeichnung der Texte als Kinderliteratur ein Kunstbegriff: sie verlangt geradezu seine Abhängigkeit vom Erscheinungsbild. Zugleich freilich erhöht sich die Irritation der Lektüre durch den immer mitschwingenden Verdacht, die Kombination des sich Ausschließenden erschlösse verborgene Zusammenhänge. Jedes Ding, jedes Wort ist gleich wichtig – oder gleich unwichtig. Es gibt keinerlei Hierarchie. Das je Einzelne hat Priorität vor dem Ganzen. Alles liegt nebeneinander, in *einer* Ebene. Ding- und Wortzusammenhänge sind dissoziiert, jedes isolierte Einzelne kann beliebig zu jedem in Beziehung gesetzt werden, und zwar gilt jede solche Verbindung nur für den Moment, einmalig (darum nicht automatisierbar), und kann sofort wieder aufgelöst werden. Diese Ver-rücktheit der Dinge und ihrer erwarteten Zusammenhänge ebenso wie deren Verkapselung sind vor allem anderen für den Unsinneffekt verantwortlich. Wir werden sehen, daß sie das Paradigma einer zentralen historischen Erscheinung sind. Die Beziehungslosigkeit des einzelnen zeigt sich in der Sprache am reinsten im Eigennamen: hier schreibt sich seine prominente Stellung im Unsinn her – mehr theoretisch umspielt bei Carroll, konkret und Motor des Ganzen im Learschen Limerick. (Seine bewußt vermiedene Pointe – der Rekurs der vierten Zeile auf die erste als die *Wiederholung* des Namens – zeigt, daß keine »inhaltliche« Aussage gemacht, keine »Konsequenz« gezogen werden soll, sondern daß nur Vereinzelung plakatiert, sozusagen beim Namen genannt und im Fortgang der Limericks »katalogisiert« wird: und eben das ist der Unsinn. Die schlichte

Nennung der Vereinzelung im Namen verfällt leicht ins wiederholbare Muster; der Anstrengung des Carrollschen Unsinns ist sie darum auch fremd.) Die Teile verdanken sich Einfällen: sie sind weder »kontinuierlich« noch aufeinander zugeschrieben, sondern werden im Nachhinein zu einer »verbindenden« Geschichte »assortiert«. Die Kontinuität einer Geschichte ist nie zwingend, ja erwächst kaum aus der Logik der Einzeleinfälle: prinzipiell sind alle Teile vertauschbar und könnten anders zueinander stehen. Es gibt nur das Einzelne, das nie zum Ganzen wird, dessen Aufhebung zum und im Ganzen erpreßt ist. Der Unsinn »hört auf«, er könnte genausogut weitergehen. Überall läßt er sich verlängern oder verkürzen, wie Schwitters' Merzbau. Gleichgültig, welche Seite man aufschlägt – der Leser ist sofort mitten darin.

Diese Merkmale des Unsinns – Vereinzelung, Desintegration, Beziehungslosigkeit, Aus-dem-Zusammenhang-Gerissen-Sein – sind nun nicht die des Unsinns allein. Sie finden sich in vielen für das 19. Jahrhundert typisch gewordenen Kulturerscheinungen (und nicht nur diesen) wieder, denen nichts gemein zu sein scheint, die aber hierin eine gemeinsame Achse haben: in Charade und Tableau Vivant, Museum und Wörterbuch, Weltausstellung und Orbis Pictus, Zeitung und Großstadt. Die Gegenstände im Schaukasten eines Museums sind *prima vista* unsinnig nebeneinandergesetzt: ein bearbeiteter Knochen neben einem Henkel, eine Brosche neben einer nicht identifizierten Tonscherbe. Jedes Teil ist für sich betrachtet mehr oder weniger sinnvoll, unsinnig aber in der »objektsprachlichen« Zusammenfügung. Wesentlich am musealen Schaukasten ist die – »metasprachliche« – Legende, die dem Ganzen seine Syntax, jedem Teil seinen Sinn im Kontext gibt, eine Anweisung, wie zu lesen sei – und automatisch immer schon gelesen wird, da der Betrachter gelernt hat, daß die Dinge im Schaukasten etwas anderes sagen als sie sagen. Durch die metasprachliche Legende zeigt sich zugleich, daß der Sinn des isolierten Einzeldinges (Henkel, Brosche) nicht sein »wahrer« ist, sondern ein spezieller unter mehreren möglichen. Das Ding als das Faktum erweist sich als eine Chiffre, deren Code die Legende angibt. Potentiell gibt es unbegrenzte Möglichkeiten, das Ding als Faktum zu dechiffrieren, der Einzelsinn schrumpft hierbei zum Akzidenz des bloßen Beispiels. Jedes Ding heißt »Bandkeramik«, »Feuerherstellung 2. vorchristliches Jahrhundert Kleinasien«, »Schlacht bei Stamford Bridge 1066«, heißt Besitz, Beute, Erfindung, Hygiene und kann, innnerhalb bestimmter Grenzen, alles nacheinander heißen, da es von Kontext zu Kontext versetzbar ist. Sinn also ist auch hier, wie im Unsinn, nicht eine Frage des – augenscheinlichen – Sinns und Kontexts, sondern der »metasprachlichen« Einweisung, denn erst in zweiter Linie heißt das Ding »Messer«, »Pfeil«, »Rad«, »Brosche«. Das heißt zugleich, daß der primäre, der ursprüngliche Sinn eines Dinges, etwa als Gebrauchsgegenstand, mit seinem abgeleiteten, sekundären die Reihenfolge getauscht hat. Der Betrachter sieht nicht, was da ist, sondern was er sehen soll. In gewisser Weise befindet sich der Leser von Unsinn in einer Situation, die analog der eines Museumsbesuchers ist, der vor unbeschrifteten Schaukästen steht. Er müßte nun selber sehen, fühlt sich aber statt dessen um den Sinn betrogen. Was er sieht, ist für ihn wertlos (»Kinderliteratur«), da er einen zweiten Sinn, der für ihn der erste und einzige ist, zu erwarten gelernt hat. Es hieß, die »metasprachliche Legende« sei der Unsinn. Dem ist jetzt anzufügen, daß ebendieses Vorverständnis durch die Texte selbst immer wieder provoziert und in Frage gestellt wird, indem sie auf sich und den an ihnen sich zeigenden Riß verweisen, ehe noch der Sinnraster Unsinn sie ordnend entschärft. – Eine vergleichbare Mechanik liegt den beliebten Charaden und Tableaux Vivants zugrunde – Carroll erwähnt sie oft im Tagebuch –, bei denen Figuren oder Figurengruppen einen Satz oder ein Sprichwort oder eine Folge von Silben oder Wörtern, die sich zum Satz zusammfügen lassen, vorstellen, und zwar so, daß der Beschauer auch erst wieder die Ebene des Bezeichnenden, die in ihrer Zusammensetzung unsinnig ist, doch ausdrücklich Sinn indiziert, durch die Ebene des Bezeichneten ersetzen muß, um zu verstehen, wobei hier – dies wäre ein Sonderfall der Möglichkeiten des Unsinns – das Gesagte der Theorie nach bruchlos ins Gemeinte sich übersetzen läßt. Wie im schlichten Modell der Wörter hat der Signifikant nur ein Signifikat, der Ausdruck *einen* Inhalt. – Im ABC-Buch und dem ihm seit dem Beginn des 19. Jahrhunderts ähnlich gewordenen Orbis Pictus, präsentieren sich die absurdesten Stilleben, ein tolles Arrangement unverbundener Gegenstände, verschiedener Kontexte, das als Bild unsinnig ist; Sinn haben die Tafeln darum, daß sie Illustrationen *des Buchstabens* sind; Affe, Amboß, Apfel, Armbrust, Arznei, Axt sagen alle eins, nämlich: »Ich bin das A«.[23] Die Heterogenität des Einzelnen ist, wie in den früheren Beispielen, sichtbar als Oberflächenphänomen, die auf einen Sinnzusammenhang, der sie begründet, verweist.

Ein letztes Beispiel, das zugleich als Gegenstück zum Museum – als die Musealisierung der Gegenwart – zu lesen ist: die Weltausstellung, deren erste – unter dem Motto »The Industry of all Nations« – 1851 in London stattfand, von 13938 Ausstellern beschickt und von 6039195 Personen besucht wurde. (Die dritte, 1862, war wieder in London – die Aussteller hatten sich mehr als verdoppelt, die Besucherzahl war annähernd gleich geblieben.) Die Zahlen sind gegeben, um zu zeigen, daß das, was hier aufgeführt wird, vom Bewußtsein breitester Öffentlichkeit wahrgenommen wurde. (An Sonntagen wurden die Eintrittspreise so reduziert, daß auch Minderbemittelte sich instand gesetzt sahen, die Früchte des eigenen Fleißes staunend zu betrachten.) Die Exponate der Weltausstellung sind doppelt interessant. Einerseits sind sie wieder nur Signifikanten »für etwas«: ob Phaeton oder Invalidenstuhl, Klosett oder Pianoforte, der Sinn ist Großbritannien und Vereinigte Staaten, Zollverein und Frankreich als Kürzel für nationale technische Leistung. Andererseits wird – im *Illustrated Catalogue* des Londoner *Art Journal,* in dem die wichtigsten Exponate abgebildet und kurz charakterisiert sind – jedes Ding in seiner *Besonderheit* vorgestellt: »ingenious», »original«, »tasteful«, »worthy«, »skillful«, »refinement«, »moral strength«, »new and beautiful«, »elaborate«, sind die immer wieder verwendeten Epitheta: kein Gegenstand ist nicht in irgendeiner Weise ausgezeichnet und einmalig. Die Epitheta entstammen zumeist dem ästhetischen Repertoire, und eine mit tausend Guineen honorierte Preisschrift – »The Industry of all Nations as a Lesson in Taste« –, am Ende des Katalogs

abgedruckt, soll die Ausstellung dem Kanon der klassischen Ästhetik einbeschreiben helfen, ihn zeitgemäß ergänzend durch die Nobilitierung der Produkte menschlicher Arbeit. Dennoch wird dadurch die Tatsache, daß es sich um Waren handelt, erst recht hervorgehoben, je mehr sie vertuscht werden soll. Die Rettung dieser Dinge als ästhetische ist ein Täuschungsmanöver, als die Termini der Beschreibung und die Ausgliederung jedes Dinges als eines besonderen gleichzeitig zu Jargon und Stil der Werbung, damals schon, gehören. Im Vokabular sind beide Bereiche verknüpft; was *etwas* sein soll, ist längst etwas *anderes;* statt Beschreibung eines Gegenstandes (die sachlich bliebe), Verweis auf seine »geschmackvolle« Ausführung (die Emotion und Status anspricht und zur Heimholung in den eigenen geschmackvollen drawing room einlädt); statt Darstellung seines Gebrauchswerts, Suggestion seines sozusagen negativen Tauschwerts – er ist für Geld zu haben, was immer er sonst ist.
Die Verdeckung des Gebrauchswerts wird bewirkt durch Überwucherung der Dinge durch Ornamentik. Diese verleiht den Dingen einen Sinn, der nicht ihr eigener ist. Die Oberfläche der Dinge, ihr verkommener, und umso hartnäckiger behaupteter Ästhetizismus, steht geradezu kontär zu dem, was sie »eigentlich« sind. Im Unterschied zu den Beispielen aus Museum, Charade und Orbis Pictus, deren heterogenes Erscheinungsbild durch einen bestimmten Außenbezug zusammenhängend und sinnvoll wurde, zeigt sich hier der Widerspruch an den vereinzelten Dingen selber, und der ist nicht mehr zu lösen im gemeinsamen Sinnbezug, nur zu erklären aus der manipulativen Absicht, die ihn geradezu erheischt. Die Dinge sind sich selber fremd. Sie sind es aber nicht nur im konkreten Widerspruch zwischen Industrieprodukt und der Vortäuschung individueller handwerklicher Fertigkeit, sie sind es auch in einem progressiven Sinn. Das erfindungsfreudige 19. Jahrhundert hat seinen Geist nicht zuletzt, veranlaßt durch die neue Erfahrung räumlicher Beschränkung, an die Erfindung konvertibler Dinge gewendet. Siegfried Giedion beschrieb z. B. die Fülle einfallsreicher Erfindungen, die die Entwicklung des Schlafwagens nötig machte,

in dem eine Sitzbank in ein Bett und zwischendurch in einen Eßtisch verwandelt werden mußte.[24] Derlei Erfindungen füllten die Säle der Weltausstellung. So zeigte ein Fabrikant eine Couch aus Walnuß, die nicht nur als Bett dienen konnte, sondern zudem mit einer Spezial-Korkfiber gepolstert war, um seetüchtig zu sein,

for the couch, »in case of danger at sea«, was instantly convertible into a life raft with a floating surface of fifty square feet; and to this versatile piece were attached two cabinets of fine walnut, one hiding »a self-acting washing stand« and the other »as a Davenport, forming a patent portable water-closet«.[25]

Die Komik der Sache wird erhöht durch den ernsthaften Anspruch, den Stolz aufs erfinderische Ingenium und die Hoffnung auf Absatz, vielleicht sogar Serienproduktion. Die Bücher Carrolls sind voll von ähnlich absurden Erfindungen – es gibt horizontale Regenschirme, an den Beinen zu befestigen, für den Fall, daß der Regen waagerecht fällt; eine Landkarte im Maßstab 1 : 1, die an Genauigkeit jeder anderen überlegen ist, wenn auch schwierig aufzuschlagen; Mausefallen für Pferderücken:

»It isn't very likely there would be any mice on the horse's back.«
»Not very likely, perhaps«, said the Knight; »but, if they *do* come, I don't choose to have them running all about.«
»You see«, he went on after a pause, »it's as well to be provided for *everything.*«[26]

Man könnte versucht sein, solche Stellen als schlichte Karikierung viktorianischen Erfindergeistes zu lesen. Gewiß ist der White Knight aus dem *Looking-Glass,* dem die Sätze in den Mund gelegt sind, in einer Schicht eine auf diese Zeiterscheinung zielende Karikatur. Zugleich aber, und vor allem, ist die Gestalt Selbstkarikatur: nicht die schwächste unter seinen Obsessionen war eine Erfindungsmanie, die sich permanent durch Probleme, häufig hypothetischer Natur, gefordert sah, an deren Lösung sie sich abreagieren konnte, parallel zu der steten Herausforderung durch Wörter. Übers Wortspiel, die Konvertibilität von einem in ein anderes, die verschiedene Verwendungsweise ein und desselben, läßt sich durchaus eine Verbindung zwischen den auf den ersten Blick inkommensurablen Tätigkeiten sehen. Manche Erfindungen erscheinen wie sichtbar gewordene Wortspiele. Was Carroll inhaltlich an ihnen faszinierte, war vermutlich die potentielle Verwandlungsfähigkeit in ein ganz Anderes, Heterogenes, kausal aus dem Ding selber nicht Ableitbares (Couch-Floß), durch die ein Ding seine Nichtidentität mit sich selber vorzeigte. Auf der einen Seite ist die Verwandlung in ein Heterogenes absurd und wirkt selbst im Zusammenhang ihrer Begründung aus Praktikabilität unsinnig, auf der andern ist sie ein Mechanismus der Carrollschen Persönlichkeitsstruktur, veranlaßt durch seine spezifische Identitätsproblematik. Beide Seiten, die vorder- und die hintergründige, konstituieren seine Unsinntexte.

Der unlösbare Widerspruch in den Dingen selbst (Gebrauchswert vs. Ornamentik, Konvertibilität der Erfindungen) war für den Besucher vermutlich weniger erfahrbar als der äußere ihrer Präsentation. Da der gegebene Zusammenhang vorab darauf zielt, Korrespondenzen zwischen der viktorianischen Alltagswirklichkeit und dem Erscheinungsbild des unsinnig Genannten aufzuzeigen, ist noch einmal zurückzugreifen. Was der Besucher tatsächlich *sah,* oder doch sehen konnte, läßt sich am genauesten als die Vertauschung oder Vermischung von Kontexten bezeichnen. Die Weltausstellung zeigte nicht nur, formal, den Stand der technischen Entwicklung, sie brachte zugleich, inhaltlich, eine Gesamtschau des historisch, kulturell und national Getrennten, Geschichte als Gegenwart, Simultaneität der Geographie in der Hauptstadt des Empire, so lebensecht, daß noch die Aura des Rekonstruierten eingeplant war. Von dem »Mediaeval Court« heißt es: »On his entrance the visitor was struck with the awe which is so often felt in a sanctuary.«[27] Daneben waren ganze Maschinenhallen nachgebaut und in Betrieb, täuschend echte Maharadschas umstanden einen ausgestopften indischen Elefanten, vor einer luxuriösen Saloneinrichtung hielt eine Kutsche, im Pavillon der Vereinigten Staaten drehte sich eine nackte griechische Sklavin aus Marmor, eines der bewundertsten Stücke

der Ausstellung, um von allen Seiten gesehen werden zu können (»The treatment of the back, especially, is one of the happiest efforts in modern sculpture«[28]), direkt dahinter gestikulierte ein echter Indianer mit seiner Squaw vor dem Wigwam.[29] Das Durcheinander von Epochen, Stilen, Kulturen, das harte Neben- und Gegeneinander von Nichtzusammengehörigem, in stetem Wechsel von einer Überraschung zur nächsten, die Konfrontation mit dem Nichterwartbaren, scheint dem betrachtenden Spaziergänger eine Phantasie abzufordern, die analog zu Traumerfahrungen strukturiert sein müßte. Dazu aber müßte er fähig sein, sich irritieren zu lassen und aus der myopischen Verfangenheit in den Dingen und den Sinninseln, die zu bilden sie zusammengestellt sind, herauszutreten, müßte fähig sein, im Konspekt zu sehen, um die Heterogenität des Nebeneinander überhaupt wahrzunehmen. Das ist er nicht und braucht er nicht zu sein, denn jede Wahrnehmung ist automatisch geregelt durch die Sinnübereinkunft »Exponat«, »Ausstellung«. Die unvermittelten Übergänge von einem Exponat zum Nächsten, die Wechsel der Kontexte, die permanente Schocks produzieren müßten, sind aufgehoben in einem buchstäblich höheren Sinnbezug: es gibt keine Illustration dieser Arrangements, auf der nicht ein Stück des Glasdachs oder ein Träger der Eisenkonstruktion zu sehen wäre. Das sind Anweisungen, wie zu lesen sei, die Verständigung über den Code. Fehlte diese Verständigung, wäre der Betrachter orientierungslos, er »verstünde nicht mehr«. Er müßte, umgekehrt, anfangen zu sehen.
Carroll *sah.* Er sah die Dinge in ihrer Vereinzelnung, d. h. in ihrem künstlichen, nicht-organischen Nebeneinander. Die angebotene Verständigung über den Code schlug er aus: er »entautomatisierte« die Weise, sie zu sehen. Will man die Brüche in seinen Texten, das harte Nebeneinander des Heterogenen, die Kontextvertauschungen nicht einfach als Spiel mit Sprache und Inhalten verharmlosen, so ist zu ihrer Begründung auf die konkrete Erfahrung des neuen, des nicht vorsortierten Sehens der Wirklichkeit als inkommensurable zu verweisen. Daß Carroll den aus ihrem oktroyierten Sinnverband befreiten und in ihrer Disparatheit gesehenen Dingen einen neuen Sinnbezug überstülpte, den

Unsinn, hat zwei Konsequenzen: zum einen wird dadurch die neue Optik wieder zurückgenommen oder entschärft (aber war sie Carroll wirklich so bewußt, daß er sie hätte zurücknehmen können, sah er nicht vielleicht nur subliminal?)[30], zum andern wird das Nebeneinander des Nichtzusammengehörigen als von den überkommenen Sinnkategorien nicht mehr faßbar bezeichnet und als Unsinniges denunziert. Also Kritik und Verleugnung in einem, auch hier. Der Unsinn als Bezugssystem bringt die stets zu erlebenden Schocks um ihre Wirkung: zwar ist der alte Sinnzusammenhang zerrissen, aber der neue der Moderne, der aus ebendieser, nur ganz bewußt gemachten Erfahrung die Schocks *als* Schocks setzt (Baudelaire, Rimbaud, Max Ernst), ist noch nicht konstruiert. Von hinten her gelesen indes ergeben sich immer wieder Anknüpfungspunkte an die Moderne (und es wäre nicht das erstemal, daß neue Verfahren zunächst »humoristisch motiviert« erscheinen).[31] Denn das Disparate wird ja nicht bloß neben- und gegeneinander gesetzt (und im Sinnbezug Unsinn aufgehoben), es werden vielmehr neue Verbindungen zwischen dem konventionell Nichtzusammengehörigen gestiftet, durch die das Einzelne, vom Anderen bestimmt und auf es bezogen, eine neue und immer sogleich in Frage gestellte Identität zugewinnt. Für diese Verbindungen ist das Wortspiel, besonders in seiner übers Homonym zustande kommenden Form, der Inbegriff: das Eine und das Andere ineins. Es ist aber achtzugeben, daß durch solche Scharnierstellen die Carrollschen Texte nicht doch wieder einem homogenen Sinnzusammenhang eingeordnet werden, dem sprachlicher Operationen, verliert doch das referentiell Unvermittelte niemals seinen heterogenen Status. Anstatt Carroll also neuerlich zu reduzieren (vom nur-Unsinn treibenden Kinderunterhalter zum Sprachprobleme illustrierenden Denker; nicht zufällig ist er liebstes Kind von Logikern und analytischen Sprachphilosophen), muß die Bruchstelle zu der Realität, die sich immer wieder als sinnvoll geordnete verweigert, offen gehalten werden.[32]

Fragt man im gesellschaftlichen Zusammenhang nach dem Grund für die Vereinzelung, Desintegration, Beziehungslosigkeit, und im weiteren für den Identitätsverlust und die daraus

folgende Suche nach einer Identität, so wird man auf die vom jungen Marx analysierte Entfremdung stoßen. Auf die Nachzeichnung dieses vielberufenen Begriffs, etwa nach den *Ökonomisch-philosophischen Manuskripten* oder der *Deutschen Ideologie*, kann hier verzichtet werden. Auch seine Applikation gerade auf die viktorianische Poesie ist bereits überzeugend geleistet.[33] Wir setzen seine Berechtigung im ganzen also voraus und beschränken uns darauf, einzelne Anknüpfungspunkte zu Carroll und seinem Unsinn zu zeigen.
Der durch die Entfremdung produzierte Riß ist ein doppelter: er trennt den Einzelnen von dem, was er schuf, und verläuft gleichzeitig durchs Bewußtsein dieses Einzelnen selbst. Zum einen, in den Worten Vranickis:

Solange ... das eigene Werk des Menschen als etwas ihm Äußerliches besteht (Sphäre der Politik, der Religion, Macht, Geld usw.) und sich ihm widersetzt als Macht über ihn, sprechen wir von Entfremdung.[34]

Zum andern, in den Worten Baczkos:

Die Desintegration des Individuums versteht er [Marx] als Ergebnis der gesellschaftlichen Entfremdung im Kapitalismus, der Aufspaltung der menschlichen Tätigkeit in eine »private« und eine »öffentlich-politische«.[35]

Für die Desintegration des Individuums ist die Person Carrolls gewiß das Musterbeispiel. Er ist der homo duplex par excellence, und gerade die Trennung zwischen Öffentlichem und Privatem zeigt sich bei ihm in einer zwanghaften Klammerung an unterschiedene Identitäten, für die die beiden Namen – Charles Lutwidge Dodgson, Lewis Carroll – das äußere Zeichen sind. Die Peinlichkeit, mit der Carroll auf die Trennung der Bereiche hielt, könnte so gelesen werden, daß er die in der Entfremdung begründete Schizophrenisierung des Bewußtseins akzeptierte und radikal an sich selbst vollzog. In einer Schicht, der bewußten, wird es sich so auch verhalten haben. In einer andern Schicht ist das ganz und gar nicht der Fall. Sämtliche Texte – die »öffentlichen« mathematischen sowohl wie die »privaten« des Unsinns

– belegen vielmehr den permanenten Konflikt zwischen Dodgson und Carroll, der uns in den folgenden Kapiteln immer wieder beschäftigen wird. Der Konflikt zeigt die Hinfälligkeit der äußerlichen Trennung, die umso rigider wurde, je brüchiger sie war. Er zeigt, daß die Entfremdung als stete Erfahrung akut blieb. Daher, unter der Oberfläche des Einverständnisses, die unermüdliche Suche nach Identität im Sinne einer Synthese des unwiderruflich Getrennten. Die Erfahrung der Trennung ist so fundamental, daß noch das tautologisch Identische, *contrariwise,* als im Widerstreit mit sich befindlich vorgeführt wird, wie die Doppelfigur Tweedledee und Tweedledum zeigt. Diese Erfahrung ist zugleich so umgreifend, daß sie selbst die Wörter erfaßt hat, die auf der Suche nach ihrer Bedeutung sind, wie etwa diejenigen der ersten *Jabberwocky*-Strophe. In den Wörtern läßt sich denn auch modellhaft die Synthese versuchen. Die Carrollsche Erfindung der Portmanteaus, jener, nach der Definition Humpty Dumptys, wie Schachteln ineinander geschobenen Wörter, ist ihr Beleg. Aber diese Verschmelzung des Inkommensurablen ist ebenso rigid, gewissermaßen technisch erpreßt, wie es umgekehrt die Trennung der Identitätsbereiche Carrolls war. Im übrigen gehören die Portmanteaus ebenso wenig mehr zur Sprache wie die Synthese, die Carroll sich später für sich erfand, noch von dieser Welt ist.

Die andere Seite der Entfremdung, die Macht, die die vom Menschen geschaffenen Produkte über ihn gewonnen haben, ist weniger offensichtlich. Es gibt Beispiele von Dingen, die sich gegen ihre »Herren« kehren und diese beherrschen (die Krockettschläger, die Flamingos, die Krockettbälle, die Igel sind; die Herrschaft der stehengebliebenen Zeit in der Mad Tea Party), aber es fragt sich, ob solches nicht eher der zentralen Verwandlungsthematik zuzuordnen ist, die wiederum mit der Identitätsproblematik zusammenhängt. Ernster zu nehmen ist die Rolle, die die Institutionen in den Texten spielen. Staatsgewalt und Recht etwa werden als autonome Instanzen gezeigt, denen gegenüber der Einzelne zur Sache, mit der nach Willkür verfahren wird, geworden ist. Zu erinnern ist an die automatisch wiederholte Formel der Queen of Hearts, »Off with his head!« ; an den Ge-

richtsapparat, dem der angeklagte Knave of Hearts ausgesetzt ist und vor dem, was immer er sagt, als Beweis seiner von Anfang an feststehenden, wenngleich nicht bewiesenen, Schuld erscheint; an die willkürliche Umkehr der Prozeßordnung schließlich, die in dem Satz der Königin ausgesprochen ist: »Sentence first, verdict afterwards«. Gewiß ist das alles Karikatur; *diese* Modi der Entfremdung werden als durchschaute vorgeführt und durch das Korrektiv Alice allemal als unsinnig gehöhnt. Zum tatsächlichen Erfahrungsbereich des Viktorianers gehörten sie in diesem Extrem sicher nicht, wenngleich der Gang der Geschichte ihren bloß karikierenden Status auch wieder korrigiert hat. Sie spielen sich zudem in einer (topisch) oberen Schicht des Bewußtseins ab; die wirklichen durch die Entfremdung verursachten Beschädigungen müßten in einer tieferen Schicht zu suchen sein, die sich bewußter Reflexion über ihre gesellschaftliche Vermittlung entzieht, weil ihre Inhalte als autonome gesetzt und gehandhabt werden: ich meine Logik und Sprache.
Sehr abgekürzt gesagt: in der lebenslangen Beschäftigung Carrolls mit Logik scheint sich der Glaube an den Primat eines Denkens zu artikulieren, das mit dem »wirklichen Menschen« zwar nichts zu schaffen hat, aber ihm die eigene Überlegenheit permanent demonstrieren kann, weil es mit der Arroganz, »gesichert« zu sein, auftritt. Die Logik Carrolls hört nicht auf, sich gegen das vom »normalen Menschenverstand« Gedachte zu kehren und in ihm Unsicherheit und schlechtes Gewissen zu produzieren. Der Beweis ihrer Überlegenheit sind die *fallacies,* denen der Mensch immer wieder aufsitzt, die Paradoxien, die ihn in eine Kette von Schlüssen so vollständig einspinnen, daß er darüber die Frage nach ihrer Applikation, nach der Gewalt, die sie den von ihr verhandelten Sachverhalten antut, daß etwa Achilles ihr zum Trotz doch schneller läuft als die Schildkröte, nicht mehr zu stellen wagt. Die Lesbarkeit der Carrollschen Logiktexte beruht zweifellos auf ihren Beispielen. Statt von Sokrates und der Sterblichkeit, statt von p oder q ist in ihnen die Rede von sehr konkreten Dingen:

A prudent man shuns hyaenas;

No banker is imprudent.
No banker fails to shun hyaenas.[36]

Aber gerade die Verwendung von Dingen aus dem konkreten Vorstellungsbereich des Einzelnen bewirkt, daß die Logik nicht exterior bleibt, sondern ihrer Intention nach die Lebenspraxis strukuriert, wie immer auch der Witz der Beispiele das Tun als unernstes überspielen mag. Die Logik war eine Sparte des Berufs, für den Carroll bezahlt wurde, entäußertes Tun. Wie um die Entfremdung zu unterlaufen, versucht er den Riß zwischen ihr und dem Beisichsein des Menschen zu kitten, indem er ihren Geltungsanspruch verallgemeinert und aus einer Spezialistentätigkeit eine sinnvolle Beschäftigung für alle und gewissermaßen in jeder Lebenslage machen will. Er entwickelt Lernprogramme für Kinder (etwa in *The Game of Logic*), und er intendiert seine *Pillow Problems* ausdrücklich als Hilfe und Trost, mit denen ein schlafloses Bewußtsein seine »mental troubles, much worse than mere worry«[37] vertreiben könnte, d. h. er gibt der Beschäftigung mit Logik (und Mathematik) hier einen dem an anderer Stelle empfohlenen Memorieren von Bibelstellen vergleichbaren Status. Wenn das die Überwindung einer Form von Entfremdung sein soll – als Rückgliederung eines abgespaltenen, autonom gewordenen Bereichs in den Gesamtzusammenhang des Menschen –, so ist sie am falschest denkbaren Objekt orientiert oder nur dann sinnvoll lesbar, wenn man sie, *auch sie,* im Kontext des Unsinns liest, als Demonstration des Unmöglichen. Gerade zum Verhältnis von Logik und Entfremdung findet sich in Marxens *Manuskripten* eine aufschlußreiche Skizze:

Die *Logik* – das *Geld* des Geistes, der spekulative, der *Gedankenwert* des Menschen und der Natur – ihr gegen alle wirkliche Bestimmtheit vollständig gleichgültig gewordnes und darum unwirkliches Wesen – das *entäußerte,* daher von der Natur und dem wirklichen Menschen abstrahierende *Denken;* das *abstrakte* Denken.[38]

(Und zur Verwendung des Begriffs Geld sei an die Charakterisierung aus dem gleichen Text erinnert, wo es von ihm heißt, es sei »die Verkehrung und Verwechslung aller menschlichen und natürlichen Qualitäten, die Verbrüderung der Unmöglichkeiten«.[39]) Carrolls Logik bedeutet den Versuch, Öffentliches mit Privatem zu vermitteln, auf Kosten des Privaten. Sein Privates ist so heikel, daß er es im Öffentlichen auflösen möchte. »Gegen alle wirkliche Bestimmtheit« ist er nicht »vollständig gleichgültig« geworden, möchte es aber sein – dies ist der unheilbare Riß der Entfremdung in ihm –, und darum verbrüdert er die Unmöglichkeiten.

An der Sprache läßt sich am witzigsten die Autonomisierung eines vom Menschen geschaffenen Produkts studieren, der Widerspruch zwischen dem, der etwas schafft, und dem, was er schuf, das sich gegen ihn kehrt. Dies wird klarer, wenn wir erst die Gegenposition, eine sehr konkrete *Beherrschung* der Sprache bedenken, wie sie in der Figur Humpty Dumptys dargestellt ist. Für ihn sind die Wörter arbeitende Wesen, sie haben, wie eine Gesellschaft oder Klasse, eine Hierarchie ausgebildet (auf der untersten Stufe stehen die Adjektive, die gänzlich manipulierbar sind), gleichwohl sind sie alle Lohnarbeiter und bekommen von Humpty Dumpty Samstagsabends ihren Wochenlohn, wobei sie für zusätzliche Arbeit – etwa indem sie mehr und anderes bedeuten als sie eigentlich können – auch extra entlohnt werden. Humpty Dumpty gegenüber haben die Wörter ihre Identität verloren, sie sind, innerhalb gewisser Grenzen, die durch die Hierarchisierung gesetzt werden, austauschbar, ersetzbar geworden, im Sinne willkürlicher Zuschreibung von Bedeutung. Daß sich dahinter die nominalistische Sprachtheorie verbirgt, ist ausführlich dargelegt worden[40]; uns interessiert hier die Exemplifikation der Theorie an Bildern aus Herrschaft und Abhängigkeit, wodurch sie aus ihrem nur sprachimmanent relevanten Zusammenhang gerückt und in einer anderen, gesellschaftlich vermittelten Schicht lesbar gemacht wird:

»When *I* use a word«, Humpty Dumpty said, ... »it means just what I choose it to mean – neither more nor less.«
»The question is«, said Alice, »whether you *can* make words mean so many different things.«

»The question is«, said Humpty Dumpty, »which is to be master – that's all.«[41]

Die Kehrseite, die in den *Alice*-Büchern den größeren Raum einnimmt, ist das Beherrscht*werden* durch Sprache, und zwar gerade durch die selbstproduzierte. Die Verfahrensweise der vorwiegend aus Konversationen zusammengesetzten Texte bestimmt sich daher, daß das Erzeugte stets gegen seine Erzeuger gewendet wird. Die Figuren sitzen ihrer eigenen Sprache auf, geraten zu ihr in Widerspruch, was an Wortspielen, Mißverständnissen, Doppeldeutigkeiten usw. gezeigt wird. Wo die Figur in Widerspruch zu sich selbst gerät, ist die Schaltstelle für die Fabel, die sich überhaupt erst aus den in Mißverständnissen liegenden Möglichkeiten konstituiert. Alice manipuliert nicht, wie Humpty Dumpty, ihre eigene Sprache, sondern wird von ihr manipuliert. Der Progress der Bücher bestimmt sich daher, daß sie immer mehr auf der Hut zu sein lernt vor dem, was sie sagt, da sie begreift, daß dieser zentrale Teil ihres Ichs ihr fremd, und prinzipiell feindlich, gegenübersteht. So gesehen sind die Bücher Einübungen in die Entfremdung, und von daher bekommt der Schluß, von dem aus sie als böse Träume denunziert werden, eine besondere Pointe. Diese ist zudem doppelt motiviert: der Widerspruch verläuft nicht nur durchs eigene Bewußtsein Alicens, als Selbstentfremdung, er verläuft auch zwischen ihr und den Wesen, mit denen sie zu schaffen hat. Die Wesen des Wunderlands verhalten sich entfremdungskonform, indem sie der Sprache die Herrschaft über sich und ihre Handlungsweise konzedieren, sie als gelehrige Schüler reproduzieren und anderen, Alice, aufzuzwingen versuchen. Am Verhalten und der Intention dieser Entfremdungsautomaten hat sich im sieben Jahre späteren Spiegelland nichts geändert, bis auf den Kontext, in dem sie stehen: dieses Land ist gerade dadurch bestimmt, daß alles in ihm verkehrt sein soll, die Umkehr der normalen (erwarteten, zu erwartenden) Welt. Freilich will Carroll die Verkehrung nur auf physikalische Gesetzmäßigkeiten bezogen wissen, aber der Kontext affiziert gleichzeitig zumindest die Rezeption des Sprachverhaltens der Figuren. Ist die sprachkritische

Intention der Figuren nicht im interaktionellen Austausch verkehrt, als sie Kommunikation immer wieder unterbindet? Ist die herrische Attitude Humpty Dumptys zur Sprache nicht verkehrt, als sie die Übereinkunft, auf der Kommunikation beruht, außer Kurs setzt? Das Verkehrte ist das richtige im Kontext des Spiegelbuchs (und generell im Bezugsrahmen Unsinn); es ist richtig aber auch als Ausdruck einer bestimmten Problematisierung von Sprache, und falsch nur gemessen an normiertem Sprachverhalten. So verhielten die Figuren sich also richtig im Sinne einer Sprachkritik? Sie tun es; um den Preis des miteinander Kommunizierenkönnens. Sie verhalten sich richtig, indem sie den Widerspruch zwischen sich und ihrer eigenen und anderer Sprache artikulieren oder indem sie, aus anderer Richtung formuliert, immer wieder über den Code sich verständigen. Ihnen gegenüber verhält Alice sich falsch und wird entsprechend gemaßregelt, indem ihr Reden im objektsprachlichen Bereich verbleibt, die Verwendungsregeln nicht mitbedenkt. Sie verhält sich falsch, indem sie spontan, naiv und natürlich reagiert, und sie wird zunehmend timider, je mehr sie lernt, sich »richtig« zu verhalten, also unnatürlich, ohne Spontaneität. Der Widerspruch, der sich hier zwischen »richtigem« und »falschem« Verhalten auftut, läßt sich nicht lösen, indem man die Vorzeichen einfach vertauscht, die Figuren als verlebendigte Lehrbuchregeln, Alice als »menschlichen« Einspruch dagegen begreift, denn beides ist für Carroll sowohl wahr wie falsch, in einem Konflikt, in dem er immer dann für die andere Seite Partei ergreift, wenn die erste bewiesen zu sein scheint. Auch Alicens Spontaneität trägt Züge der Angepaßtheit, wenn sie etwa im Fall durchs Kaninchenloch mit Schulwissen reagiert, und umgekehrt entbehren die angepaßten Figuren nicht der Spontaneität, da das Wie und Wann ihrer Reaktionsweise oder deren Unterbleiben nie vorhersagbar ist.

Wenn die These vom Widerspruch zwischen den Figuren (einschließlich Alice) und ihrem eigensten Produkt, vom Widersatz der Sprache gegenüber denen, die sie erzeugen, stimmt, so folgt, daß erst die Erfahrung der Entfremdung Carrolls Texte ermöglichte. Es ist hier freilich nachzutragen, daß in Ansätzen gelegentlich die Richtung aufscheint, in der die Möglichkeit einer Aufhebung von Entfremdung zu suchen wäre. So gibt es Bilder, die konkret eine doppelte Lektüre erlauben (womit gesagt sein soll, daß die Aufhebung nicht als bestimmte projektiert wird, sondern daß sie virtuell gleichsam in ihnen ruht und wie ein Stück vergessene Zukunft aus ihnen gegraben werden kann). Erscheint z. B. die Caucus Race, das wirre Rennen aller mit- und gegeneinander, als Inbild des isolierten und in der Masse verlorenen Einzelnen, so ist doch impliziert das Gegenbild vom individualisierten Einzelnen (»Masse« gibt es bei Carroll nicht, im Unterschied zu den »They« Edward Lears), der tut, was er will, weil er nicht konform ist – Übungen im befreienden Selbstausdruck eines Living Theater – und gerade darum am Schluß seinen Preis bekommt, als Zeichen nicht für erreichten Profit, sondern für die Selbsttätigkeit, die gleichwertig ist.[42] Das Bild von den Krockettschlägern und -bällen, von denen es oben hieß, sie kehrten sich als Flamingos und Igel gegen ihre Herren, heißt gegen den Strich gelesen, daß sie den ihnen bestimmten »ausschließenden Kreis der Tätigkeit, der (ihnen) aufgedrängt wird, aus dem (sie) nicht heraus (können)«[43] durch den Sprung in eine total andere Existenzform durchbrechen. Einzige, und im Ernst von niemandem bezweifelte Bestimmung des Krockettballes ist es, dahin zu flitzen, wohin er geschlagen wird. (Ich hoffe, man hört die Obertöne.) Und gerade er verweigert die ihm aufgenötigte Existenzform und trollt sich, aller Gesetzmäßigkeit zuwider, wohin er will. Am deutlichsten freilich ist die Restitution der verlorenen *Freiheit der Wahl* antizipiert im Umgang mit den Wörtern. Hierher gehört Carrolls Tendenz, die für den Satzsinn automatisch vollzogene Reduktion des Bedeutungsspielraums der Wörter immer wieder zu ignorieren und sich eine Bedeutung zu wählen, die ihm paßt, auch wenn sie den gesamten Kontext sprengt, was sie meist tut; ebendarum wird sie gegen die automatische gewendet. (Gewiß ist dies keine Erfindung Carrolls, sondern Mittel des Komischen von jeher; es wäre einmal der Frage nachzugehen, inwieweit das entautomatisierende Moment des Komischen immer schon Entfremdungserscheinungen entgegenarbeitete.) Der Schritt über die Wahl zwischen vorgegebenen

Alternativen hinaus ist in der Position Humpty Dumptys gezeichnet, die eben auch anders gelesen werden kann, als wir es oben taten. Er schaltet mit den Wörtern nach Belieben; ihre Bedeutung ist ausschließlich Ausdruck seiner Subjektivität. Zwar kann man ihn nicht mehr verstehen, da er das für Sprache als Kommunikation zentrale Moment der Übereinkunft suspendiert hat. Aber er opfert Kommunikation vielleicht gerade als Einspruch gegen Konventionalisierung und automatisiertes Verstehen (was 365 minus 1 ergibt, muß er schriftlich rechnen, und das Ergebnis hat für ihn nur den Anschein der Richtigkeit), und er opfert sie, um die Subjektivität zu retten, sie zu retten durch Kreativität. Es ist dies freilich nur eine private Lösung, unternommen von einem, der es sich leisten kann, da er der *master* ist. Übrigens eine Lösung, die in ihrer gesellschaftlichen Widersprüchlichkeit durchaus Parallelen zum Konzept des l'art pour l'art aufweist:

Das l'art pour l'art ist tatsächlich einerseits der Ausdruck der mit dem Industrialismus fortschreitenden Arbeitsteilung, andererseits die Schutzwehr der Kunst gegen die Gefahr, von dem industrialisierten und mechanisierten Leben verschlungen zu werden. Es bedeutet einerseits die Rationalisierung, Entzauberung und Verengung der Kunst, gleichzeitig aber den Versuch, ihre Eigenart und Spontaneität, trotz der allgemeinen Mechanisierung, zu bewahren. (Arnold Hauser)[44]

Carrolls private Misere ist die Misere der Epoche. Entfremdung, Vereinzelung, Identitätsschwund, Verlust der Sinnhaftigkeit der Welt. Sein »Fall« ist darum exemplarisch, weil die Misere nicht offen artikuliert werden konnte, da permanente Verdrängungsschübe jegliches Bewußtwerden konterkarierten, folglich der allgemeinen Reaktionsform des viktorianischen Bürgers wohl entsprach. Sein Unsinn ist eine Art Sprache des Unbewußten. Sie will verstanden werden, auch von ihm selbst, aber kann es noch nicht. Es gibt eine List des Unbewußten, daß es seine Botschaften überdeterminiert, um zu sichern, daß sie wenigstens in einer ihrer Ausdrucksformen gehört werden. So ist es zu verstehen, daß noch seine Sublimierungen, seine Projektionen, seine

Wunschvorstellungen von der Misere des entfremdeten Bewußtseins geprägt sind. Jeder Entwurf einer Befreiung verkehrt sich ins Gegenteil, und es bleibt schließlich nur das Projekt der Vernichtung, die sich total gibt, um dann doch wieder in einer verkitschten Verklärung aufgehoben zu werden, mit der einen Ausnahme des erstaunlichen *Snark*-Schlusses. Er flüchtet sich aus der öffentlichen Welt in die private des Unsinns; er verficht im Unsinn die Sache der Entfremdung; und er befreit sich neuerlich, indem er dem privaten Spuk ein Ende setzt – kehrt zurück aus der Entfremdung in die Entfremdung, mit kurzem Zwischenaufenthalt in süßer Versonnenheit, einem Moment trügerischer Idyllik.

In den folgenden, in sich relativ geschlossenen Kapiteln werden Möglichkeiten gezeigt, wie der Unsinn einer sinnvollen Lektüre zugänglich gemacht werden könnte. Die methodischen Ansätze sind verschiedenartig, doch überwiegt der psychoanalytische. Bei einem Werk, das so viele Antworten gibt auf Fragen, die seinem Autor unbewußt blieben, bietet sich dieser Ansatz fast von selbst an. Freilich war es dabei nie die Absicht, Carroll etwa zu analysieren; das haben Kompetentere getan. Es sind Freuds vielfältige Techniken, an einem an der Oberfläche absurden Text die Schreibfehler, verderbten Stellen, absichtsvollen oder unabsichtlichen Täuschungen, hypothetischen Emendationen und Konjekturen aufzuspüren und ihn rückzuübersetzen in seine verlorene Kohärenz, die am naheliegendsten erscheinen, unsinnige Texte zu erschließen. Der erste Anstoß, den Unsinn zu lesen, stammte denn auch direkt von einem Freudschen Denkbild her. Freud hat den Traum einmal mit einem Rebus verglichen: der Rebus ist unsinnig, wenn er nur als »zeichnerische Komposition«, seinem manifesten Inhalt nach, gelesen wird; er wird sinnvoll, wenn man ihn in seinen Zeichen*beziehungen* zu lesen versucht. Die Übersetzung ergibt den latenten, den gemeinten, den wahren Inhalt:

Ich habe etwa ein Bilderrätsel (Rebus) vor mir: ein Haus, auf dessen Dach ein Boot zu sehen ist, dann ein einzelner Buchstabe, dann eine laufende Figur, deren Kopf wegapostrophiert ist u.

dgl. Ich könnte nun in die Kritk verfallen, diese Zusammenstellung und deren Bestandteile für unsinnig zu erklären. Ein Boot gehört nicht auf das Dach eines Hauses, und eine Person ohne Kopf kann nicht laufen; auch ist die Person größer als das Haus, und wenn das Ganze eine Landschaft darstellen soll, so fügen sich die einzelnen Buchstaben nicht ein, die ja in freier Natur nicht vorkommen. Die richtige Beurteilung des Rebus ergibt sich offenbar erst dann, wenn ich gegen das Ganze und die Einzelheiten desselben keine solchen Einsprüche erhebe, sondern mich bemühe, jedes Bild durch eine Silbe oder ein Wort zu ersetzen, das nach irgendwelcher Beziehung durch das Bild darstellbar ist . . . Ein solches Bilderrätsel ist nun der Traum, und unsere Vorgänger auf dem Gebiete der Traumdeutung haben den Fehler begangen, den Rebus als zeichnerische Komposition zu beurteilen. Als solche erschien er ihnen unsinnig und wertlos.[45]

Gegenüber Freuds Interesse an dem einen latenten Sinn ist aber zugleich an der manifesten Erscheinungsweise festzuhalten. Anders gesagt: die Signifikanten des Unsinns verweisen auf eine Reihe von Signifikaten, von denen das individualpsychologische latente nur eines ist. Nicht zuletzt wird uns beschäftigen, wie Signifikant und Signifikat oder Signifikate an der Oberfläche des Textes selber verbunden sind. Ein umfassender Begriff für diese Texte, der zugleich die ihnen implizite Problematik des Bedeuteten anzeigt, ist der der Zweideutigkeit, mit allem Schillernden, das dieser Vokabel anhängt: zwiefacher Sinn und heimlicher Sinn, Tücke und Unbestimmtheit, in der einen Ebene des Ausdrucks. Auch über diesen Begriff steht der Unsinn parallel zu mancher Erscheinung, die für das 19. Jahrhundert typisch ist, von der dunklen Lyrik bis hin zur Moral, der doppelten. Die unerledigte Erfahrung der Zweideutigkeit stand an, bis sie von so unterschiedlichen Autoren wie Ibsen und Freud direkt thematisiert und systematisch analysiert wurde. Zweideutigkeit als Kompromißbildung im Sinne des Symptoms, wie Freud es bestimmt hat, spricht sich noch im Pseudonym aus, das Charles

Lutwidge Dodgson sich gab: Lewis Carroll ist ineins Verhüllung und Preisgabe des eigenen Namens: er ist ein anderer, und doch der eigene in neuer Form, unter Verleugnung des Vaters und in vertauschter Reihenfolge.

Traumtechnik

Zur Entstehung des Carrollschen Unsinns

> Natur- und Kunstwerke lernt man nicht kennen, wenn sie fertig sind; man muß sie im Entstehen aufhaschen, um sie einigermaßen zu begreifen.
> – Goethe an Zelter (4. August 1803)

1

Alle Welt weiß, daß Charles Lutwidge Dodgson mindestens das erste seiner *Alice*-Bücher für die Tochter seines Vorgesetzten am Christ Church College in Oxford, für Alice Pleasance Liddell, ausgedacht und aufgeschrieben hat.[1] Der Verdacht liegt also nah, und er ist bis heute nie ernsthaft in Frage gestellt worden, daß mit der Alice des Wunderlandes die wirkliche Alice – sie war zehn Jahre alt, als Dodgson ihr den größeren Teil der Geschichte, angeblich am 4. Juli 1862, erzählte[2] – gemeint ist: das Schulmädchen in der zwanghaften Welt der Erwachsenen, der Gouvernanten, Tanten, Schulmeister, die es sich als Ungeheuer zurechtträumt. Sicher läßt sich diese Deutung schwer von der Hand weisen; sie liegt nah genug. Und man erinnert sich in dem Zusammenhang an die geläufige Kritik am Schulsystem der Viktorianer durch die Viktorianer – an die Gradgrinds, Creakles, an die einflußreichen »Tom Brown's Schooldays« von Thomas Hughes, die 1857, acht Jahre vor dem ersten *Alice*-Buch, erschienen, – eine Kritik, die die Kinder, wenigstens sie, in Schutz nahm gegen den Zugriff des Utilitarismus. Die ungeheure Akklamation, die das Unnütze – die Nonsense-Dichtung Edward Lears und Lewis Carrolls – fand[3], bestätigt diese Kritik als allgemeine an der herrschenden Moral. Nur konnte sie sich als allgemeine kaum offen artikulieren, weil der Utilitarismus alle Stellen des Bewußtseins besetzt hielt und eine Kritik an ihm nicht nur als gefährlich, sondern als absurd erschienen wäre, sofern sie auf Grundsätzliches gezielt und sich nicht mit Reformvorschlägen im Rahmen des Erlaubten, in jeder verschleiernden Moral allemal Sanktionierten, beschieden hätte. Die Unsinnliteratur erfüllte so die Funktion einer Ersatzleistung größten Ausmaßes. Die Pressionen des Sinnvollen, Richtigen, Gehörigen sind deren Liquidation im Unsinn proportional. Die »offizielle«, die gesellschaftliche Existenz seiner Erfinder war in solchem Grade systemkonform, daß sich von daher schon *absichtliche* Kritik nicht unterstellen läßt. Carroll und Lear haben sich immer dagegen verwahrt, etwas anderes als Unsinn im Sinn gehabt zu haben. Um die eigene Haut zu *retten*, erfanden sie den Unsinn; die *Erkenntnis* dessen, was sie machten, hätte geheißen, sie zu Markte zu tragen. Es wäre an den Biographien beider zu untersuchen, was alles durch den Unsinn kaschiert zu werden verlangte; die Summe überstiege das Maß des allenfalls normal Kompensierbaren.

Mindestens schwierig ist es, zumal bei einer Kenntnis der Biographie Carrolls und des zeitlichen Hintergrunds, die Alice des Wunderlandes mit der Alice der Deanery von Christ Church College zu identifizieren, wenngleich es eine Anzahl konkreter Entsprechungen gibt.[4] Fast unmöglich aber ist es, auch in der Alice des Spiegelbuchs noch Alice Liddell zu sehen: *Trough the Looking Glass* erschien 1871/72, als die wirkliche Alice 19 Jahre alt wurde. Zwar bekam sie bei Erscheinen eines der drei Marokkinlederexemplare[5], die Carroll sich von Macmillan hatte anfertigen lassen; zwar ist dem Buch ein seltsames, Tod und Winter evozierendes Gedicht vorangestellt, in dessen letzter Zeile das wort »pleasance« steht, eine spätere Emendation für »pleasures«[6]; zwar steht am Schluß des Buches ein Akrostichon-Gedicht über den Namen Alice Pleasance Liddells, das noch einmal die Bootspartie, den Keim zum ersten *Alice*-Buch, memoriert, – doch das ist Abgesang und Reprise auf einen Temps perdu so allgemeiner, auf die Kindheit schlechthin bezogener Natur, daß es schwer wird, es auf Alice, oder doch auf Alice ausschließlich, zu beziehen. Es gibt zahlreiche Widmungen an kleine Freundinnen, häufig in Form von Akrosticha über die Namen der Mädchen – die an Gertrude Chataway zum *Hunting of the*

Snark und an Isa Bowman zu *Sylvie and Bruno* sind außer denen an Alice die bekanntesten –, die alle vom selben nostalgischen Ton geprägt sind.
Die Intensität der Nostalgie freilich ist in den Gedichten an Alice am stärksten. In ihr sammelt sich, was für ihn Kindheit hieß, in einem Maße, daß das Vorbild zum Paradigma des eigenen verlorenen Paradieses stilisiert wird. Alice ist die Wiederholung der eigenen Kindheit; die anderen Freundinnen sind die Wiederholungen dieser einen großen Wiederholung. Wie bedingt in der Protagonistin der *Alice*-Bücher die Tochter des Deans gesehen werden darf, daß sie vielmehr Substrat ist, zeigt sich konkret an Beiläufigkeiten wie diesen, daß Carroll zur Grundidee des Spiegelbuchs von einer anderen Alice, Alice Raikes, einer entfernten kleinen Cousine, inspiriert wurde[7], oder daß von den beiden Katzen, die im Spiegelbuch als Königinnen figurieren, nur die eine, Dinah, Alice Liddell gehörte, die zweite aber, Snowdrop, einer anderen, für die Briefe wichtigen Freundin: Mary MacDonald.[8]
Alice, also, ist das erinnerte Kind, und in der Erinnerung ist der, der sich erinnert, mitgesetzt. Nur ist es nicht, sagen wir, Marcel, der sich erinnert und der *weiß*, daß er sich erinnert – die Tatsache des sich Erinnerns und das Erinnerte bleiben nicht unterscheidbare, wenngleich konvergierende Bereiche –, vielmehr ist der, der sich hier erinnert, ins Erinnerte so tief eingegangen, daß er sich selber nicht darin weiß. Das ist einer der Gründe, weshalb *Alice* nicht einfach die *Fiktion* vom *Kind* ist. Die Alice der Bücher – sie soll sieben Jahre im einen, siebeneinhalb im anderen sein – weiß zuviel; ihre Naivität ist keine spontane, sondern eine, die den Gegner durchschaut, ihm, gewissermaßen, gefällig ist; die guten Manieren, die die Oger des Wunderlands von ihr verlangen, kommen automatisch und mokant, wirken repetitiv – sie selber ist ihnen längst entwachsen. Es scheint, als spiele sie nur die Rolle, die man von ihr verlangt, nicht ohne ständig aus ihr zu fallen. Dieses Kindspielen, Spielenmüssen, ist die Umkehr eines Motivs, das zu den zentralen der viktorianischen Epoche gehört: Kinder in der Rolle, und Kompetenz, von Erwachsenen. Von der Kinderversklavung führt eine direkte Li-

nie, über Elizabeth Barrett-Brownings *Cry of the Children* zum Beispiel, zu Little Nell, zur Agnes im *Copperfield*, zu Little Dorrit, ja zu den Mädchengesichtern auf Carrollschen Photographien. Kinder sind nicht Kinder, sie sind Babies oder geschrumpfte Erwachsene, den Übergang gibt es kaum. Sie haben die ihnen zugesprochene Rolle in einem Maße internalisiert, wenigstens in der Literatur, daß der Leser oft vergißt, wen er vor sich hat.
Die Umkehr dieses Befunds ist die *Alice*: sie wird *als Kind* dem Leser suggeriert, doch der Autor in Gestalt der Monstren muß sie ständig daran erinnern, ihre Rolle nicht zu vergessen. Das Kind, das erwachsen sein soll, und der Erwachsene, der Kind sein will, sind verschiedene Formen derselben gestörten Beziehung, hier schon chiastisch aufeinander bezogen, eine Konstruktion, die bei dem Autor immer wieder begegnen wird. Dodgson selber hat in Symbiose mit Lewis Carroll den Widerstreit fortgesetzt auszutragen gehabt. Sein Verhältnis zur Umwelt wurde durch die eigene Doppelperson bestimmt: in einem Moment konnte er sich von Dodgson in Carroll oder von Carroll in Dodgson verwandeln. Die Biographien liefern zahllose Beispiele.[9] Die Ängstlichkeit – und Starre –, mit der Dodgson darauf hielt, beide Personen getrennt zu halten, hat etwas Zwanghaftes: sie zeigt, daß er spürte, die eine könnte die andere liquidieren. (Liquidation als Zerstörung *und* Verheißung wird in einem anderen Zusammenhang – im *Snark*-Kapitel – noch zu untersuchen sein.) Unter diesem Aspekt ist die *Alice* die *Verteidigung Carrolls gegen Dodgson.* Alice ist Dodgson als Carroll, und die Monstren sind nicht einfach die Erwachsenen, denen Carroll sich, nicht nur wegen seines Stotterns und seiner Linkischkeit, nicht gewachsen fühlte und die er zu fürchten Grund hatte, weil die schlichte Tatsache, daß es ihn *(Carroll)* gab, sie schon in Frage stellte, – sie sind zugleich Dodgson selber, dessen bürgerliche Existenz Konzentrat und Potenzierung von allem dem war, was erwachsen hieß. Alice im Kampf mit den in Ungeheuer verwandelten, verwünschten Erwachsenen, ist Carroll im Kampf mit Dodgson. Der Nachweis läßt sich kaum am oberflächlichen Beispiel inhaltlicher Entsprechungen erbringen, wenngleich es

auch diese gibt: den White Knight und den Gryphon etwa, oder die mancherlei Interessen, die Alice mit Carroll teilt (Interesse an Wortspielen, Parodien, mathematischen Paradoxa; am wichtigsten vielleicht ihr »pretending to be two people.« Etc.). Doch solcher Nachweis träfe zu kurz und würde das Bild eher verstellen, weil er die Figuren nur nach ihrem Erscheinungsbild befragte und nicht danach, was sie bedeuten. Wenn man davon ausgeht, daß es sich bei den Gestalten des Wunderlandes um Traumfiguren in einem sehr realen Sinne handelt, so verbietet sich das Wörtlichnehmen dessen, was zu Tage liegt; vielmehr ist mit Verschiebung, Entstellung, Verschlüsselung zu rechnen, die erst aufzulösen wären, bevor sich irgendetwas über den Sinn der Figuren ermitteln ließe. Die Auflösung wäre die Deutung. Allerdings ist eine genaue Analyse im Sinne Freuds ausgeschlossen, weil der Träumer nicht mehr befragt werden kann und die trockenen, zumeist bare Fakten verzeichnenden Tagebücher Privates verschweigen, ja selbst jede Diskussion der schriftstellerischen Arbeit unterlassen. Biographische Details sind gelegentlich nützlich, liefern aber kaum mehr als Beispiele für Umsetzungen wirklicher Personen und erlebter Vorfälle in Figuren und Situationen der Bücher, Umsetzungen, die sich durchaus *im Bewußtsein* des Autors vollzogen haben – (so wie jeder Autor »aus der Wirklichkeit schöpft«; und obzwar auch diese Selektion letztlich psychisch motiviert ist, läßt sie sich bei dem Mangel an Daten kaum je auf ihre Ursache zurückführen) –, und die den Traumcharakter höchstens als intendierten klassifizieren, damit aber sein Wesen, wie es sich in Carrolls Büchern niederschlägt, gerade vertuschen. Eine Möglichkeit, vermutlich die einzige, den Traumcharakter überhaupt festzustellen, ergibt sich im Blick auf die äußere Struktur der Bücher und auf Carrolls Schreibmethoden. Dies wird notwendig zu einer Untersuchung der *Elemente* des von der Traumtechnik bestimmten Unsinns führen, wie sie sich in Form seiner Briefe an Kinder – nicht zufällig nur dort – erhalten haben, der Briefe, deren im Verhältnis zu den ausgearbeiteten Texten verminderter Zensurgrad den Unsinn in statu nascendi zeigt. Von da sollte es möglich sein, auf die innere Struktur der Bücher zu schließen.

2

An keiner Stelle hat Lewis Carroll sich so ausführlich – und aufschlußreich – über die Methoden seines Schreibens geäußert wie in den Vorworten zu *Sylvie and Bruno*, dessen erster Teil 1889, dessen zweiter, *Sylvie and Bruno Concluded*, 1893 erschien. Er hatte, schreibt er im ersten, 1867 ein kleines Feenmärchen veröffentlicht *(Bruno's Revenge)*, zu dem ihm – »in 1874, I believe« – der Gedanke kam, es zum Ausgangspunkt einer längeren Geschichte zu machen:

As the years went on, I jotted down, at odd moments, all sorts of odd ideas, and fragments of dialogue, that occured to me – who knows how? – with a transitory suddenness that left me no choice but either to record them then and there, or to abandon them to oblivion. Sometimes one could trace to their source these random flashes of thought – as being suggested by the book one was reading, or struck out from the »flint« of one's own mind by the »steel« of a friend's chance remark – but they had also a way of their own, of occurring, *à propos* of nothing – specimens of that hopelessly illogical phenomenon, »an effect without a cause«.[10]

Dies also – »all sorts of odd ideas« – ist das Material des Buches. Die Art, wie es ihm ›zufällt‹ – »with a transitory suddenness« –, weist voraus auf surrealistische Erfahrungen des automatischen Schreibens, das im übrigen kontemporäre Parallelen hat, Lautréamont und die *voyant*-Theorie Rimbauds. Die Herkunft des Materials bleibt Carroll freilich dunkel, und sie mußte es wohl auch. Einerseits gibt er als »Quelle« aus, was höchstens als Anstoß zu werten ist, andererseits läßt er das Phänomen auf sich beruhen – »who knows how?« – oder bezeichnet es mit einem für den Logiker höchst verfänglichen Wort: »an effect without a cause«. Der Schluß liegt aber nah, daß es sich um ein freies Assoziieren gehandelt hat, das geeignet war, Vorbewußtes zu aktivieren oder Verdrängtes und Verschüttetes aus dem Unbewußten an die Oberfläche zu befördern, wobei die Kürze solcher »Zustände«, die ja nicht freiwillig kamen und von keinem nachbohrenden Bewußtsein begleitet waren, verhinderte, daß das Material anders als in der den Tagträumen[10a] eigenen Verschlüsselung in Erscheinung trat, in Bildern also, scheinbar dem, was komisch war, absurd, unsinnig, »odd ideas«. Freud, der das Unbewußte als die gemeinsame Wurzel von Traum und Witz über beider Technik nachweisen konnte, gibt einmal eine Beschreibung des Witzes (des »ungewollten Einfalls«), die den »odd ideas« seltsam genau zu passen scheint: »Man weiß nicht etwa einen Moment vorher, welchen Witz man machen wird, den man dann nur in Worte zu kleiden braucht. Man verspürt vielmehr etwas Undefinierbares, das ich am ehesten einer Absenz, einem plötzlichen Auslassen der intellektuellen Spannung vergleichen möchte, und dann ist der Witz mit einem Schlage da, meist gleichzeitig mit seiner Einkleidung.«[11] Tatsächlich sind Carrolls Bücher, um den Vergleich weiterzutreiben, die Aneinanderreihung von *Pointen*. Daß es sich hierbei nicht um die *Illustration* sprachphilosophischer oder logischer Probleme handelt, sondern daß Problem und »Einkleidung« eine – erzählerische – Einheit bilden und sich offenbar ebenfalls gleichzeitig einstellen, unterstreicht die technische Parallele zwischen Witzen und »odd ideas«.

Ein paar Zeilen nach der zitierten Stelle aus dem Vorwort zu *Sylvie and Bruno* fährt Carroll in der Aufzählung des Materials fort und spricht von »passages which occured in *dreams*, and which I cannot trace to any antecedent cause whatever« (Hervorhebung von Carroll). Es ist nicht weiter verwunderlich, daß vom Autor selbst Träume als Ergänzung zu den »odd ideas« genannt werden, stehen doch beide komplementär (Tagtraum, Schlaftraum) zueinander; höchstens das ist verwunderlich, daß Carroll ihre gemeinsame Wurzel nicht erkannt hat und gleichsam jede Verantwortung ablehnt. Das heißt: hätte er gewußt, woher die Träume und Wachträume stammten, oder geahnt, was sie im Klartext hießen, so wäre die Zensur vermutlich derart wirksam geworden, daß er sie »vergessen« hätte. Doch gibt es zu denken, daß er gleich zweimal – im Abstand von sieben Zeilen – die Grundlosigkeit der Phänomene betont: als müßte er sich selber dazu überreden.

Immerhin hat Dodgson Träume so ernst genommen, daß er ihnen eine eigene Welt einräumt – die Welt, in der er Lewis Carroll als König einsetzt; er glaubte sie *sich* dadurch vom Leib halten zu können. In einer frühen Tagebuchnotiz vom 9. Februar 1856 formuliert er die eigene Traumtheorie noch schüchtern in der Verkleidung einer Frage:

Query: when we are dreaming and, as often happens, have a dim consciousness of the fact and try to wake, do we not say and do things which in waking life would be insane? May we not then sometimes define insanity as an inability to distinguish which is the waking and which is the sleeping life? We often dream without the least suspicion of unreality: »Sleep hath its own world«, and it is often as lifelike as the other.[12]

Wichtig hieran ist vor allem, daß im Traum ein anderer mentaler Zustand vermutet wird, dessen Realität hinter der des Wachzustandes – »often« – nicht zurücksteht. Wichtig ist ferner, daß Carroll gewisse Erscheinungsformen des Wahnsinns als das Unvermögen zu definieren vorschlägt, die Grenze zwischen Wachzustand und Schlafzustand zu ziehen. Wahnsinn wäre danach die Perpetuation des Träumens im Wachen. Von hier gesehen ist vielleicht die Angst, für verrückt gehalten zu werden, der Grund für die Empfindlichkeit, mit der er auf jede Verletzung der zwanghaften Disjunktion Dodgson/Carroll reagierte. (In späteren Jahren leitete er an »Lewis Carroll, Christ Church College« adressierte Briefe als unzustellbar ans Dead Letter Office weiter.[13]) Zugleich erhält aber das, was als verrückt erscheint, Rechtfertigung und Legitimation aus dem Zustand, in dem es empfangen wurde, dem Schlaf oder dem ihm vergleichbaren »absenten« Zustand. *Das, was hier als verrückt erscheint, ohne es doch klinisch zu sein, ist aber der Unsinn.* Und das heißt: Unsinn ist ein Wort, das für solches einsteht, wofür im Begriffsvokabular – in dem, was im Bewußtsein rezipierbar ist – nicht vorgesorgt ist. Würde man ihn im Zusammenhang der Welt sehen, aus der er stammt, so wäre er sinnvoll, und das, was man als Sinn zu bezeichnen übereingekommen ist, erschiene im Zusammenhang ebendieser Welt als unsinnig. Mit Recht hat Roger Lancelyn

Green in einer Anmerkung zu der zitierten Stelle darauf hingewiesen, daß die Vorstellung der Ähnlichkeit zwischen Traum und Wahnsinn im *Wonderland* entwickelt worden ist, und er führt als Beleg die Auskunft an, die die Cheshire Cat Alice erteilt: »›We're all mad here. I'm mad. You're mad.‹« Noch aufschlußreicher sind aber die folgenden Sätze, die Green nicht zitiert: »›How do you know I'm mad?‹ said Alice. – ›You must be‹, said the Cat, ›or you wouldn't have come here.‹«[14] Und der Grund, weshalb Alice überhaupt im Wunderland sein kann, ist eben, daß sie träumt. So sind, mindestens hier, Verrücktsein und Träumen austauschbare Begriffe. – Noch ein drittes ist an der angeführten Tagebuchstelle wichtig: Dodgson erwähnt »a dim consciousness«, die den Umstand, *daß* man träumt, häufig begleite. Wie der Traum selber ist dieser Zustand – halb Traum im Traum, halb Wachtraum – mit dem Verrücktsein in Beziehung gebracht. Der Traum und sein Transit zum Wachen hätten also *eine* Struktur, in beiden verhielte man sich, spräche man gleich verrückt. Es ist zu vermuten, daß es sich bei den oben beschriebenen »odd ideas« um ähnliche transitorische Zustände gehandelt hat, die nach einem dem Traum vergleichbaren Muster strukturiert sind. Daß der Autor den strukturellen Zusammenhang zwischen beiden nicht sieht, kann jetzt auch so verstanden werden: er hatte Angst vor der Anwesenheit des Verrückten *im Wachzustand*, das ja eben dann als wirkliche Verrücktheit hätte verstanden werden können.

Daß es sich bei den »odd ideas« wirklich um transitorische Zustände gehandelt hat, um einen eigenen – vorbewußten – Bereich, der zwischen Traum und Wachen, an beiden gleichermaßen teilhabend, steht, soll an zwei Beispielen zur Entwicklung der Carrollschen Traumtheorie gezeigt werden.

Das erste Beispiel ist das der *Alice in Wonderland.* Alice ist aufgewacht und erzählt ihrer Schwester, neben der sie während des ganzen Traumes gesessen hatte, was sie erlebt hat. Dann springt Alice davon und die Schwester sitzt und erinnert sich – »watching the setting sun«[15] – an Alice und ihren Traum, ganz ähnlich der Art, wie Carroll sich im Eingangsgedicht zu dem Buch erinnert hatte. (Das Gedicht beginnt, wie das Buch, »all in the golden afternoon« und endet »beneath the setting sun.«) Die Schwester träumt den Traum noch einmal, so wie Carroll ihn noch einmal geträumt hatte, indem er ihn aufschrieb, und wie Alice selber ihn noch einmal träumen würde – dies sind die letzten Worte des Buches –: »in the after-time, . . . herself a grown woman . . . remembering her own child-life, and the happy summer days«. (Die Simultaneität Alicens als Kind und Erwachsene im Traum der Schwester weist voraus auf die »wirkliche« Spaltung einer Person in zwei ihrer Lebensalter: Sylvie und Lady Muriel in *Sylvie and Bruno.* Zugleich geben die letzten Sätze ein Miniaturporträt ihres Erfinders, welches ja aber in seiner »wirklichen« aufeinander bezogenen Doppelheit auch erst in dem letzten Roman in großem Format gegeben wird.[15a]) Die Wiederholung im Noch-einmal ist jedoch nicht bloß Erinnerung, sondern Re-enactment, sozusagen »Erinnerung nach vorn«: von der Schwester, deren Verhältnis zum Traum vom Wunderland mit dem des Erzählers, in einfacher Spiegelung, identisch ist, heißt es: »she sat on, with closed eyes, and half believed herself in wonderland, though she knew she had but to open them again, and all would change to dull reality.« Die Schwester, also, das heißt Carroll, partizipiert nicht nur am Traum, sondern träumt ihn selbst und ist dadurch zugleich in ihm. Wenn wir die Identifikation noch einen Schritt weitertreiben, so bedeutet das, daß die Schwester, daß Carroll, Alice *sind.* Doch eine Einschränkung ist hier zu machen: die Schwester glaubt sich ja nur halb, oder beinah, im Wunderland. Sie ist sich, während sie träumt, des Umstandes bewußt, *daß* sie träumt, und die Traumursachen erklären sich für sie mechanistisch: »the rattling teacups would change to tinkling sheep-bells« usw. Die Bewußtheit des Träumens im Traum ist an sich auch Alice nicht fremd: ihre ständigen Erinnerungen an die andere Realität, die, in der sie zu leben gewohnt ist, deuten es an; das deutlichste Beispiel ist, im vierten Kapitel des *Looking Glass,* der Traum des Red King, von dem sie, wie sie erfährt, ein Teil ist – »›If that there King was to wake‹, added Tweedledum, ›you'd go out – bang! – just like a candle!‹«[16] –, mit der notwendigen Ergänzung, im letzten Kapitel, daß der Red King seinerseits ein

Teil von ihrem Traum ist[17]; und wenn man die Träumerin mit dem Erzähler gleichsetzt, so ist das häufige Beiseitesprechen zum Leser, meist in der Form einer Aufforderung zum Vergleich des Geschehens mit der bekannten Wirklichkeit, Indiz für eben diese Bewußtheit vom Träumen im Traum. Im Traum der Schwester aber hat die Traumbewußtheit, und vor allem die sich daran anschließende mechanistische Erklärung, die Funktion, den Traum als Traum zu statuieren, sozusagen die Geister zu exorzieren und die Wirklichkeit wieder in ihre Rechte einzusetzen. Es ist vielleicht nicht unwichtig, daß die Austreibung vom Älteren, vielleicht von Dodgson (im Unterschied zu Carroll), geleistet wird; das Kind ist längst davongelaufen. Sieht man aber das Buch als ganzes – einschließlich der Coda – als Traum, so wären das Erwachen der Alice und die Wiederholung durch die Schwester Mystifikationen: so gelesen würde der gesamte Schluß die einzelnen Stadien des Erwachens markieren und die Träumende würde – allmählich – wieder zu dem erwachsenen Menschen, der sie ist. Aus dieser Sicht wäre die Coda ein Schlüssel: daß es sich nämlich nicht um die Kinderfiktion eines Märchenerzählers handelt, sondern daß der Erzähler selber es ist, der träumt. Wie es ein geträumtes und ein träumendes Bewußtsein gibt, trennt der Autor sich in Erzähler und Träumerin und findet am Schluß in die Synthese zurück, die bei Carroll immer erzwungen ist: darum ihr codahafter Charakter, darum die – neuerliche – Erfindung einer zweiten Person (wiederum in typischer Spiegelung: nach »wachem« Erzähler/»träumender« Alice nun »wache« Alice/»träumende« Schwester), darum der Längsschnitt Alicens in zwei Lebensalter – dreifache Wiederholung der Grundstruktur des Buches und gleichzeitig die – traumtechnisch exakte – Beendigung des Traums.
Die transitorischen Zustände dieses Beispiels hängen wie Fransen am Traum. Sie bezeichnen sein Ende und relativieren ihn zugleich. Erst in *Sylvie and Bruno* wird ihre Substanz konsequent untersucht; sie werden konstitutiv für das gesamte Werk. Freilich läuft ihre »Theorie«, wie sie in *Sylvie and Bruno Concluded* formuliert wird, unter einer Prämisse, die ihren empirischen Wahrheitsgehalt wieder aufhebt: »supposing

that Fairies really existed.«[18] Die »Theorie« lautet folgendermaßen:

I have supposed a Human being to be capable of various psychical states, with varying degrees of consciousness, as follows:

a) the ordinary state, with no consciousness of the presence of Fairies;
b) the ›eerie‹[19] state, in which, while conscious of actual surroundings, he is also conscious of the presence of Fairies;
c) a form of trance, in which, while *un*conscious of actual surroundings, and apparently asleep, he (i. e. his immaterial essence) migrates to other scenes, in the actual world, or in Fairyland, and is conscious of the presence of Fairies.[20]

Ähnliches gilt von den Feen ihrerseits, die in ihrem Normalzustand die menschliche Gegenwart nicht wahrnehmen können, wohl aber in »a sort of ›eerie‹ state«. Im Folgenden gibt Carroll eine Tabelle der Stellen, wo die Figuren sich in »abnormal states« befinden. An der zitierten Stelle fällt auf, daß das Wort »Traum« überhaupt nicht mehr vorkommt; es ist ersetzt durch »a form of trance«. (Im Roman selbst taucht es dennoch verschiedentlich auf. Ein Indiz für die Reziprozität des Träumens, das an den Traum des Red King erinnert, ist die Stelle, wo der Erzähler sich fragt: »So, either I've been dreaming about Sylvie, and this is the reality. Or else I've really been with Sylvie, and this is a dream! Is Life itself a dream, I wonder?«[21]) Weshalb Traum als Begriff nicht mehr deckt, werden wir so verstehen dürfen, daß die Qualität des Traums für den Autor sich gewandelt hat. Traum ist jetzt ein mentaler Zustand – eine Form der Geistesabwesenheit, man ist »*apparently* asleep« –, der nicht an den Schlaf gebunden ist, sondern sich jederzeit und überall und im Nu einstellen kann. Traum und Wachen sind nicht mehr distinkte, in sich intakte Bereiche. Traum ist die Illogizität *in* der Logik. (Man denke in dem Zusammenhang auch an das lebenslange Interesse Dodgsons an mathematisch-logischen Paradoxa; das berühmteste Paradox, das er selber, das klassische weiterführend, erfand, ›What the Tortoise said to Achilles‹, konnte erst durch eine

Mathematik gelöst werden, die nicht mehr die seine war.[22]) Traumwirklichkeit und bewußte Wirklichkeit sind gleichermaßen jederzeit »da«, und es hängt von der psychischen Verfassung (Carroll spricht von »psychical states«) des Einzelnen ab, ob er die eine oder ob er die andere, oder ob er beide Wirklichkeiten rezipiert. *Sylvie and Bruno* ist der gigantische Versuch, beide sich scheinbar ausschließenden Seiten der eigenen Person koexistieren zu lassen. Im Sinne einer psychiatrischen Anamnese werden die verschiedenen Bewußtseinszustände (Kindheit/Erwachsensein, Unsinn/Sinn, Spaltung in zwei und mehr Personen) als in *einem* Bewußtsein fixiert aufgefaßt. Der zwanghafte Versuch, die Bereiche getrennt zu halten, der in den *Alice*-Büchern – das machte ihren Reiz aus – immer wieder durchkreuzt wurde, wird nicht wiederholt: die Bereiche sind, um den Preis der beständigen Schocks, der skizzenhaften Leichtigkeit, der Spontaneität, der Inventionen, im Verlauf eines mindestens fünfzehn Jahre währenden Collagierens des Materials, breit kanalisiert worden. Es braucht nicht weiter zu verwirren, daß Carroll die Fiktion von Fairyland errichtete: der Rationalist Dodgson wollte seine Rubrik. Ohne die Selbsttäuschung dieser Fiktion, durch die der Autor sich im übrigen endlich einem gängigen Schema der viktorianischen Literatur einzupassen schien (Fairy-Tale, Romance), hätte Carroll sich wiederum dem Verdacht des Verrücktseins aussetzen können. So aber wiederholte er, wie man ihn, und er sich, verstand: als einen, der Unsinn schrieb.

Fairyland hat indessen für Dodgson, dem Fiktiven widersprechend, eine Realität sehr eigener Art: es ist das Reich der Geister, an deren Existenz und mögliche Materialisation Dodgson, der spekulative Mathematiker, zu glauben scheint. In seiner Bibliothek gab es verschiedene Bücher über Spiritismus und Magie, und er war von Anfang an Mitglied der 1882 gegründeten Society for Psychical Research, die sich mit derlei Problemen befaßte.[23] In *Sylvie and Bruno* wird die Frage der Geisterexistenz häufig gesprächsweise diskutiert. Vom Ich-Erzähler werden Gründe beigebracht, warum man ihre Existenz nicht *leugnen* könne, und seine *Affirmation* gründet sich auf die schlichte Evidenz des Sehens: »I have *seen* them – and in this very wood.«[24], wie er

Lady Muriel informiert. Zum Leser gewandt fährt er fort: »And I told her what I had never yet breathed to any other listener, of my double life, and, more than that (for *mine* might have been but a noonday-dream), of the double life of those two dear children.«[25] (Dieser Austausch zwischen »normaler« Welt und Geisterwelt wird literarisch ernsthaft erst drei Dezennien später gestaltet: von den Surrealisten. Diese sahen in Carroll, im Carroll der *Alice*-Bücher und des *Hunting of the Snark*, einen Geistesverwandten. Mir ist jedoch nicht bekannt, ob sie *Sylvie and Bruno* gelesen haben; soweit ich sehe, wird der Roman nirgends von ihnen erwähnt.) Im Vorwort zu *Sylvie and Bruno Concluded* aber glaubt Carroll sich distanzieren zu müssen: »Let me say, . . ., that I do *not* hold myself responsible for *any* of the opinions expressed by the characters in my book. They are simply opinions which, it seemed to me, might probably be held by the persons into whose mouths I put them, and which were worth consideration.«[26] Ist der Ich-Erzähler ein »character«? Vermutlich schon, da auch Arthur Forester, der »Held«, einer ist, und beide als Selbstdarstellungen Carroll/Dodgsons gelesen werden dürfen.[27] Zudem besteht ein auffälliger Widerspruch zwischen Carrolls Distanzierung von den Meinungen seiner Figuren und dem, was er im Vorwort zu *Sylvie and Bruno* über die Entstehung des Buches aus mental »Empfangenem« – »all sorts of odd ideas, . . . that occurred to me – who knows how? –«[28] – gesagt hatte. Wo sonst sollten sich die Meinungen des Autors äußern, wenn nicht in den Figuren seiner Bücher? Die Distanzierung Carrolls ist der Rückzug eines, der zu viel von sich gesagt zu haben meint: etwas wird zugleich ausgedrückt und zurückgenommen (»I told her . . . of my double life« und »I do *not* hold myself responsible . . .«). Dem Bekenntniszwang folgt die Ableugnung – ein Mechanismus, der bei Carroll häufig begegnet und dessen Bewertung durch Freuds Untersuchungen zu Fehlleistungen oder zu den Assoziationen des Träumers in der Analyse bekannt genug ist.

Was es mit Fairyland im Sinne einer parapsychologischen Realität auf sich hat, interessiert hier nicht. Es genügt zu wissen, daß Carroll an sie als an eine physikalisch beweisbare offenbar glaubte[29]: der Unsinn, wenn je von ihm die Rede sein konnte, hat seine innere Qualität (»Substanz«) verändert; dies wirkt sich auch darin aus, daß sich sein Erscheinungsbild, da er jetzt ein intendierter ist, um vieles vernünftiger, weniger verrückt, vielfach zäh und ledern präsentiert. Für Dodgson selber mochten die Möglichkeiten der Parapsychologie therapeutische Bedeutung gehabt haben: sie konnten den Bruch kitten, den er in sich spürte.

Das Neue an *Sylvie and Bruno* ist, daß hier ein Moment unverhüllt thematisiert wird, das in den früheren Büchern nur verdeckt auftrat: die Aufspaltung einer Person in mehrere. Jede wichtigere Figur hat eine oder mehrere Entsprechungen auf der Traumebene. Diese Traumidentitäten können durchaus zueinander in Kontrast stehen. So ist Lady Muriel in einer, der wichtigsten, Schicht Sylvie, in einer anderen ist sie die fette und böse Lady Tabikat, wie es die Schnitte im Handlungsablauf suggerieren. Der hier gestaltete Widerstreit in der Person, der sich im Traum in kombattierenden Figuren materialisiert, weist zurück auf unsere These von der Identität der Alice mit den Gestalten des Wunderlandes, die in der Person Carroll/Dodgson »eins« sind. (Daß man die Dreierperson Muriel-Sylvie-Tabikat als »Abrechnung« mit Mrs. Hargreaves, der früheren Alice Liddell, lesen kann, hat Alexander L. Taylor angedeutet.[30]) Die einzige Figur des Romans, die sich nicht in verschiedene Personen aufspaltet, ist der all-präsente Ich-Erzähler. Identifizieren wir den Erzähler mit dem Autor, so kann dies als Wunscherfüllung gelesen werden: er will sich als identisch mit sich selber sehen. Gleichzeitig ist er aber das Medium: für ihn allein ist die andere Welt sichtbar, erlebbar, und nur in seiner Gegenwart haben Dritte an gewissen ihrer Materialisationen teil. Die andere Welt, also, ist in einem Sinne, den Carroll ›psychical‹ genannt hätte, an *ihn* gebunden, und es ist, auch formal, durchaus möglich, sie als Traum zu interpretieren. Die Entrückungen dehnen sich zwar gewöhnlich über viele Seiten, haben aber wie Träume, die ›ganze Romane‹ erzählen, die Dauer von Augenblicken. Oder sie setzen gleichzeitiges wirkliches Geschehen in Traumgeschehen um – in der Art, wie der Alice-Traum a posteriori mechanistisch begründet worden war. (So singt Lady Muriel Shelley's »To a Skylark«, währenddessen der Erzähler, zusammen mit Sylvie und Bruno, den Professor ein Unsinnlied über seine Entenjagd singen hört.[31] Auch dafür gibt es ein Präludium in den *Alice*-Büchern: die Parodien, die stets die Vorlage mitsetzen.) Und schließlich stoßen sich Entrückung und Rückkehr in die Wirklichkeit von Satzstücken oder Wörtern ab, die, als Drehpunkte fungierend, die Handlung in einer anderen als der erwarteten Richtung fortführen. (*Sylvie and Bruno* als Großtraum verstanden, könnte so auf *einer* Ebene gelesen werden.) Der Roman hat Anfang und Ende auf der Traumebene, im Gegensatz zu den beiden *Alice*-Büchern. Und mindestens möglich ist es, entgegen der Absicht des Autors, die »wirklichen« Partien des Buches als durch den Traum bedingte zu verstehen, so wie die Traumpartien ihrerseits »Wirkliches« transformieren und fortführen.[32] Was hat es mit dem Déjà-vu auf sich, als Lady Muriel mit eben den Worten und Gebärden den vermeintlichen Tod ihres Gatten betrauert, mit denen, einhundertfünfzig Seiten früher, Sylvie den Tod eines Hasen betrauert hatte: »And God meant your life to be so beautiful!«?[33] Ist das eine Art umgekehrter Regression, weil in der »Wirklichkeit« ein Stück »Traum« wiederholt wird? Oder war der »Traum« die »Wirklichkeit«, und Sylvie träumt jetzt, sie sei erwachsen und wiederhole den Kindertraum in einer Erwachsenen adäquaten Dimension? Oder spielen sich Hasentod und Gattentod auf *einer* Ebene ab, und es ist der – für diesmal als Kunstgriff eingesetzte – Wiederholungszwang des träumenden Subjekts, der wirksam wird? Dies scheint die plausibelste Erklärung. Sie verlangt aber, daß »Wirklichkeit« und »Traum« auf *einer* Ebene gesehen werden: als *die beiden Schichten* im Traum des Erzählers, die distinkt oder kookkurrent, gegeneinander verschoben oder verdichtet manifest werden. Nur in *diesem Traum* können Sylvie und Muriel eins werden, weil sie es *sind*. Nur in diesem Traum können Kindheit und Erwachsensein so eng beieinander wohnen, kann eins das andere bedingen und deuten. *Sylvie and Bruno* wiederholt, noch einmal, den Traum von der Kindheit. Der Traum in unserem verallgemeinerten Sinn ist kein intendierter, fiktiver vom verlorenen Paradies schlechthin, wie sehr auch die nostalgischen Partien dies zu suggerieren scheinen, vielmehr ist es der »wirkliche« Traum eines Erwachsenen Dodgson, der sich die »reale« Wirklichkeit zur Wunscherfüllung umdeutet und aus der Regression (»Even so«, heißt es bei der ersten »Begegnung« mit Lady Muriel, »will *Sylvie* look and speak, in another ten years.«[34]) traumlogisch folgert, wie sie hätte werden können – und sollen: der Träumer als glücklicher Gatte. (Auch dies ist eine Wiederholung: Alice Liddell war zehn Jahre alt, als Carroll ihr das *Wonderland* erzählte, genauso alt wie Sylvie; Alice Liddell heiratete mit zwanzig, also im Alter Lady Muriels.) Freilich ist der Weg dorthin gepflastert mit Zensur, Verboten und Verschiebungen. Der von Muriel vermeinte Tod ist ein eklatantes Beispiel für die Verweigerung und Selbstbestrafung, obschon doppeldeutig formuliert durch die Implikation des auch ihm zugedachten Glücks: »God *meant* your life to be so beautiful«. Und der Umstand, daß nicht der Ich-Erzähler, sondern Arthur die Braut heimführt, könnte als Darstellung von Dodgsons tatsächlicher, wie immer motivierter Entsagung gelesen werden. Aber eben nur dann, wenn wir den Roman als Ganzes, »Wirklichkeit« und »Traum«, *nicht* als Traum lesen. Für unsere Lesart indes ist das entscheidende äußerliche Indiz, daß der Erzähler selbst in den Illustrationen von Harry Furniss, die bis in jede Winzigkeit von Dodgson diktiert wurden,[35] nie auftaucht, auch dann nicht, wenn er, wie in gewissen »wirklichen« Partien, mit »im Bild« ist. Dies ist ein Schlüssel, den der Autor dem Leser gibt: der Erzähler *kann* nicht mit abgebildet werden, da er nur als der anwesend ist, der alles – »Wirklichkeit« *und* »Traum« – träumt. Dodgson/Carroll ist wieder, wie in den *Alice*-Büchern, in vielen Facetten seines Ichs personifiziert. Und wenn sich auch Sylvie-Muriel als Reinkarnation der Alice, einer sehr realen und zugleich sehr gewünschten Alice, lesen läßt, so trägt diese doch wieder Züge der eigenen Kindheit und der Möglichkeiten des späteren Lebens, die in ihr lagen. »I won't talk about myself, it is not a healthy topic.«[36] heißt es in einem späten Brief an eine kleine Freundin. Immerhin aber *entwirft* er seine Zukunft. Das ist ein Schritt über die retrospektiv gerichteten *Alice*-Bücher hinaus, der zwar zu werten ist als die

resignative Beschreibung des Scheiterns der Selbstbefreiung, doch wenigstens als deren Versuch.
Ein Wort ist noch zu sagen über die »eerie states«, jene transitorischen Zustände, die für die Struktur des Romans konstitutiv sind. Sie beantworten, im Unterschied zum Ende der *Alice in Wonderland*, nicht mehr die Frage nach der Herkunft des Traums, vielmehr *verschmelzen* sie »Traum« und (von Carroll so genannte) »Wirklichkeit«, oder das, was wir hier lieber Regression und Rezentes nennen möchten. In dieser Verschmelzung schieben sich beide Ebenen derart ineinander, daß sie gleichzeitig rezipiert werden. Vom Traum her gesprochen löst die eine die andere, in stetem Wechsel, aus, und der Verlauf, die Überwindung des »eerie state«, zeigt, welche Ebene dominant wurde. Die Verschmelzung ist eine Art Verdichtung im Freudschen Sinn, die sich für Carroll, im Roman, aber nur im täuschenden Nebeneinander darstellen ließ. (Erst Joyce hat eine andere Möglichkeit erzwungen, Verdichtung in der Großform zu realisieren.) – Carroll selber verstand die »eerie states« als Momente zwischen Traum und Wachen. Das mögen sie für ihn, während der Niederschrift des Materials, auch durchaus gewesen sein. Wir erinnern uns hier an die »odd ideas«, die »with a transitory suddenness« kamen, Vorstellungen, die er gesondert von »dreams« anführte, die wir aber Grund haben, strukturell den Träumen zuzuordnen. »Suddenness« braucht nur zu bedeuten, daß die »ideas« unvermittelt kamen, nicht wie lang sie dauerten. So darf man vermuten, daß es sich um Reverien handelte, vorbewußte Operationen, die mehr und mehr das verstockt Zurückgehaltene lockerten und in Form von »odd ideas« – in Bilder, Witze, Rätsel usw. umgesetzte Ersatzleistungen – an die Oberfläche brachten. Die Biographie berichtet, daß Dodgson mit zunehmendem Alter immer stärker unter Schlaflosigkeit litt. Er erfand eigens einen Nyktographen, um seine Einfälle im Dunkeln aufschreiben zu können. Er erfand ihn aber auch aus dem umgekehrten Grund, um seine Gedanken auf etwas »Festes« zu konzentrieren – aus Angst vor »unholy thoughts«[37]; die *Pillow Problems* (1893) sind eins der späten ausgearbeiteten Resultate: »Thought out during sleepless nights« heißt der Untertitel.

Es ist gut möglich, daß die »odd ideas« während solcher Schlaflosigkeiten notiert wurden; und die Angst, auch hier, steht ein für ihre Verschlüsselung. Die Schlaflosigkeit selber dürfte ein Vorbild der »eerie states« sein.

3

Es ist von der Beschaffenheit des Materials die Rede gewesen, das Carroll für sein neues Buch jahrelang sammelte. Es mußte zusammengesetzt werden, »upon the thread of a consecutive story, to constitute the book I hoped to write«.[38] Die Schwierigkeiten, die hier beginnen, sind solche, die Dodgson viel eher angehen als Carroll, der *seinen* Anteil am Buch sozusagen schon geliefert hat. »The task, at first, seemed absolutely hopeless, ... I think it must have been ten years, or more, before I had succeded in classifying these odds-and-ends sufficiently to see what sort of a story they indicated: for the story had to grow out of the incidents, not the incidents out of the story.«[39] Hier haben wir die Theorie des späten Romans: die Handlung ist ein Akzidenz des Materials. Die Handlung ist ein im Nachhinein ersonnenes Hilfsmittel, das es ermöglichen soll, die Einfälle konsekutiv zu lesen. Die Folge, also, ist eine aus Gründen der Lesbarkeit erzwungene, keine notwendige. So wie der Traum häufig Handlung suggeriert, weil seine isolierten Teile der *sekundären Bearbeitung* unterworfen und vom reproduzierenden, »nacherzählenden« Bewußtsein noch einmal zu einem Nexus verschliffen werden. Der Roman, wie der Traum, gehorcht dem Reihungsprinzip, nur leistet der Traum in seiner zweiten Schicht und in der Erinnerung die Verbindung selber, während sie für den Roman vom Autor erst gesucht werden muß. Gesucht werden aber muß sie so, daß die Aufeinanderfolge der Stücke als notwendige erscheint, wenn Notwendigkeit hier auch anderen Kausalgesetzen als den von der Logik diktierten gehorchen darf. Gattungsgeschichtlich neu ist an der Technik, die im »Schema des gewundenen Weges« (Šklovskij) der Märchen und Abenteuerromane eine recht äußerliche Parallele hat, daß, im Roman,

nicht mehr eine Geschichte erzählt werden soll, sondern daß diese sich, unbeabsichtigt vom Autor, selber einstellt. (Die Möglichkeiten, die Carroll in *Sylvie and Bruno* gezeigt hatte, blieben literarisch ungenutzt; sie wurden von anderer Seite, viel später, neu entdeckt.) Daß Carrolls Material derartige Ausbeute nicht verträgt, liegt am *Material* – einem in den späten Jahren zumeist streng zensierten, bigott verschnittenen Material –, nicht an der *Technik*: die Handlung ist streckenweise tödlich langweilig, was aber auch damit zusammenhängt, daß Carroll sich, wie er behauptet, gänzlich seinem Material überließ und nicht – oder nur in seltensten Fällen – gewillt war, das Material zugunsten der »Handlung« zu bearbeiten: »sometimes, in order to bring a picture into its proper place, it has been necessary to eke out a page with two or three extra lines: but I can honestly say I have put in no more than I was absolutely compelled to do.«[40]
Die Mühen des Zusammenfügens, auf der Jagd nach einer Fabel, konnten indessen nicht bewirken, daß das Material seine relative Gleichwertigkeit und also Austauschbarkeit verlor. Die oktroyierte Ordnung hat mit den Inzidenzen selber wenig oder nichts zu tun. Würden die Teile vertauscht und anders zusammengesetzt, so wäre zwar vermutlich die »Handlung« eine andere, der Sinn des Ganzen aber bliebe der gleiche, weil der Kontext, in dem eine Passage hier steht, für diese nur narrativ nicht unerheblich ist, der Einfall, der Witz, der demonstrierte Casus aber von ihm kaum berührt werden. (Man mag einwenden, daß die im vorigen Abschnitt versuchte psychologische Interpretation doch bedingt ist durch die Handlung, wie sie da steht. Dazu ist zu sagen, daß die Befunde auch durch Analyse einzelner Episoden hätten gewonnen werden können. Es ist ja nicht etwa der Ehestand interessant, sondern das System der Wunschvorstellungen, Versagungen usw., das sich in verschiedensten Inhalten konkretisiert.) Es ist schließlich für die Frage des Verhältnisses der Teile zum Ganzen nicht unwichtig, daß Furniss für seine Illustrationen ursprünglich nicht das Manuskript, wie Carroll es zusammengefügt hatte, zu sehen bekam. Vielmehr wurde es in waagerechte Streifen zu fünf Zeilen auseinandergeschnitten

und dann gemischt, weil Carroll nicht wollte, daß irgend jemand, und sei es sein Illustrator, den Text vor der Veröffentlichung sähe.[41] Nennen wir das ruhig eine Grille und ersparen uns psychoanalytische Spekulation, so zeigt die Geschichte zumindest, daß es möglich gewesen sein *muß*, und zwar offensichtlich wegen der relativen Abgeschlossenheit des Einzelnen, ohne Rücksicht auf den Kontext sinnvoll zu illustrieren und daß dieser eine Folge der Teile war, nicht umgekehrt. Übrigens bekam Furniss nach wiederholter Drohung, die begonnene Arbeit niederzulegen, den Text im Zusammenhang zu sehen.

Im Anschluß an die zitierte Stelle zur Methode von *Sylvie and Bruno* schreibt Carroll, es sei zweifellos *möglich*, eine fortlaufende Geschichte zu schreiben – »beginning at the beginning and ending at the end« – und er könne dies vermutlich auch. Doch: »One thing, at any rate I could guarantee as to the story so produced – that it should be utterly common-place, should contain no new ideas whatever, and should be very very weary reading!«[42] Dies läßt darauf schließen, daß die Form des konsekutiven Schreibens nicht die Carroll gemäße Form war. In der Tat haben wir allen Grund zu der Annahme, daß auch die früheren Texte Carrolls – vor allem die *Alice*-Bücher – nach der für *Sylvie and Bruno* benützten Methode geschrieben wurden. Carroll weist zwar kaum direkt darauf hin – außer beim *Snark*, das, ausgehend von der letzten Zeile, nach vorn geschrieben wurde –, doch läßt sich aus der Struktur der Bücher darauf schließen.

Wir sind einigermaßen gut unterrichtet über die Entstehung der *Alice in Wonderland*. Dodgson lernte die fast vierjährige Alice Liddell im April 1856 kennen.[43] In den folgenden Jahren spielt sie die wichtigste Rolle unter den zahlreichen kleinen Mädchen, mit denen er – überall und jederzeit – Freundschaft schloß. Ihr, wie allen anderen Freundinnen, erzählte er vorwiegend Geschichten. Die achtzigjährige Alice erzählt in ihren »Recollections of Carrollian Days« davon: »He seemed to have an endless store of these fantastical tales, which he made up as he told them, drawing busily on a large sheet of paper all the time. They were not always entirely new. Sometimes they were new versions of old stories: sometimes they started on the old basis, but grew into new tales owing to the frequent interruptions which opened up fresh and undreamed of possibilities.«[44] Dreierlei fällt daran auf: daß Carroll anscheinend endlos Geschichten produzieren konnte, was an eine Disponiertheit zu Praktiken des automatischen Schreibens denken läßt; daß er manchmal »alte Geschichten«, solche, die er schon einmal erzählt hatte, vielleicht aber gleichzeitig solche, die ihm aus der eigenen – was das Geschichtenerzählen anlangt: produktiven – Kindheit im Gedächtnis geblieben waren, einflocht und dabei verwandelte; und daß schließlich »häufige Unterbrechungen«, Einflüsse der aktualen Gegenwart also, den Gang seiner Geschichten verändern oder mindestens beeinflussen konnten. Dies sind Hinweise auf die Natur des spontanen Erzählens bei Carroll, die frappante Ähnlichkeit mit der Traumtechnik gehabt haben muß. Eine Geschichte solcher Art war auch die, die Carroll an jenem legendären 4. Juli 1862 Alice und ihren Schwestern Lorina und Edith erzählte, eine Geschichte, die Alice ihn aufzuschreiben bat und die dann den Keim zu dem berühmten Buch bildete. Carroll begann, seinem Tagebuch zufolge[45], noch am gleichen Abend mit der Niederschrift, die er am 10. Februar 1863 abschloß. Dieses Manuskript hat Carroll, Martin Gardner zufolge, vernichtet, nachdem er eine ausführlichere, bebilderte Fassung für Alice Liddell hergestellt hatte, die er dieser am 26. November 1864 schenkte. »We cannot be sure, but it seems likely that this second manuscript differed in many respects from the first.«[46] Carroll selber erwähnt keine Vorstufe zu dem Alice übergebenen Text, und es ist durchaus möglich, daß die Diskrepanz Februar 1863/November 1864 durch die Langsamkeit zustande kam, mit der Carrolls Illustrationen vorangingen.[47] Der im Sommer 1865 veröffentlichte Text und die erhaltene Vorstufe, *Alice's Adventures under Ground*, die 1886 im Faksimile gedruckt wurde, weichen jedoch so erheblich voneinander ab, daß man Rückschlüsse ziehen kann, wie eine mögliche Erstfassung, und die erzählten Geschichten gar, ausgesehen haben könnten. Carroll selber berichtet in einem Aufsatz über »Alice on the Stage« zur Entstehung des Buches: »In writing it out, I added many fresh ideas, which seemed to grow of themselves upon the original stock; and many more added themselves when, years afterwards, I wrote it all over again for publication.«[48] Das heißt also, daß Carroll sich von Mal zu Mal den Einfällen überlassen hat, die die Geschichte selber schrieben. Der Text wurde, von der mündlichen Erzählung über *Alice under Ground* bis zur Druckfassung, immer dichter, verdichteter dürfen wir vielleicht sagen, zugleich verzweigter, mit Nebenwegen, Sackgassen, die den ursprünglichen Gang verstellten, bis von der Geschichte, wie sie einmal erzählt worden war, höchstens noch das Gerippe übrigblieb. Wichtig nämlich an der zitierten Erinnerung Carrolls ist, was nicht erinnert wurde, nicht erinnert werden konnte, weil es unbewußt geschah: die fortschreitende Zensurierung, erst des Ausgedachten, dann des Aufgeschriebenen, die sich wenigstens für das letztere nachweisen läßt. Vermutlich sind alle Gestalten und Ereignisse des Wunderlandes in *einer* Schicht, als rezentes Substrat, Umsetzungen oder Verwandlungen wirklicher Erlebnisse und Personen aus dem Oxford der sechziger Jahre oder aus Dodgsons Bekanntenkreis.[49] Die Zensurarbeit hat vorwiegend darin bestanden, die »Anlässe«, wo erkennbar, zu verschleiern. In dem Maße aber, wie hier verschleiert wurde, gewann der Text an psychologischer Signifikanz.

So berichtet das Tagebuch vom 17. Juni 1862 von einem verregneten Ausflug mit den drei Liddell-Schwestern, zwei Schwestern Dodgsons und einem Canon Duckworth: alle wurden bis auf die Haut durchnäßt und fanden schließlich Schutz in einem Haus, das Dodgson in der Nähe bekannt war.[50] In *Alice under Ground* wird die Pool-of-Tears-Episode daraus: das Wasser hat Alice geweint, als sie groß (!) war; sie droht in den eigenen Tränen (!) zu ertrinken. Alle, die am 17. Juni mit von der Partie waren, finden sich in der Episode, in Tiere – hauptsächlich Vögel – verwandelt, wieder, bis auf Alice, deren Verwandlung nur die Körpergröße betrifft. Rettung aus dem Desaster weiß das Dodo (Dodgson: Do-do-dodgson, wenn er stotterte): »I know of a house near here, where we could get the young lady and the rest of the party dried . . .«[51] Dem Plan schließen sich alle an, und man geht »in a slow procession, the Dodo leading the way.«[52] Alice, also, wird von Dodgson aus dem »selbstverschuldeten« Unheil gerettet. Wenn wir mit der Vermutung, Alice sei Carroll, recht haben, liest sich das anders: Dodgson rettet sein alter ego aus dem Unheil, das es verschuldet hat, indem es Carroll wurde – das heißt, indem es sich verwandeln lernte, beispielsweise, oder indem es überhaupt erst *under ground* ging –, ein Unheil, in welchem es sich durch die Schrumpfung (durch die Rückverwandlung ins Kind, von Dodgson gesehen) verfangen hat und aus dem es sich mit eigener Kraft nicht mehr befreien kann. – In der Druckfassung schließlich ist die Rettung, die wieder das Dodo vorschlägt, nicht mehr einfach die Zuflucht ins (uterine?) Haus, das das Dodo kennt, vielmehr ist sie eine *Aktivität*, die Caucus-Race, ein Wettlauf ohne Start und Ziel, ein richtungsloses Durcheinanderrennen, ein Hinundher, mit der Absicht, »trocken« zu werden. Auch das entbehrt nicht einer groben, überdeutlichen Symbolik, erinnert aber zugleich an die Medizin, die Dodgson sich selber »dagegen« verschrieb, an die rastlosen Denkübungen vorwiegend mathematisch-logischer Natur, an die Pamphlete zur Universitätspolitik, an die Leserbriefe in Zeitungen, an die riesige Korrespondenz, die jeweils noch in einem Letter Register resümiert wurde, an die Konzentrationsübungen mit dem Nyktographen während schlafloser Stunden – ein Beschäftigungszwang, der den therapeutischen Sinn hatte, Dodgson vor Carroll zu schützen, was dieser jenem heimzahlte, indem er sich in beinah alle diese Arbeiten, auch die ausdrücklich C. L. Dodgson überschriebenen, einschlich.

Man sieht leicht, wie Verwandlung hier arbeitet: aus dem wirklichen Regen wird ein selbstverschuldeter Erguß. Aber der Schuldige ist in einer anderen Phase seines Bewußtseins zugleich der Retter, Befreier. Welche zensurierenden Einflüsse im Sinne einer Vertuschung unbewußter Zusammenhänge im Verhältnis der ersten Version zum realen Ereignis geltend gewesen sind, läßt sich nicht rekonstruieren. Aber die Veränderung und vor allem Erweiterung der zweiten Version gegenüber der ersten ist so eigenartig, daß wir glauben, sie unterm Aspekt der Zensur lesen zu können. Die »Rettung« im ersten Fall ist recht belanglos und knapp, doch eindeutig: ein Haus. (Wobei wir freilich den in beiden Versionen beschriebenen »Umweg«, die Verlesung eines

»trockenen« Kapitels Geschichte, um trocken zu werden, außer acht lassen.) Die »Rettung« der zweiten Version ist eine motorische Tätigkeit, mit unmotiviert gesetztem Anfang und Ende, das *Schema* eines Agierens, wie um etwas abzuwehren. Es sieht so aus, als werde durch die Eigeninitiative, die vom Dodo verlangte, »Schuld« nicht nur gesühnt, sondern überhaupt erst als solche – eben durch »Wiedergutmachung« – einbekannt. Der Faden, der durch die Rettung ins Haus einfach abgeschnitten war, wird, motiviert durch einen Bekenntniszwang, bis zu seinem Ende abgespult. Und in dem Umfang, wie »Sühne« ausgespielt wird, bläht sich, retrospektiv, die Schuld. (Alice muß sogar allen Siegern, d. h. jedem, einen Preis geben.) Somit wird Zensur im Sinne einer Liquidierung von Schuld zu ihrem Signal: wie ein Angeklagter, der, statt zu schweigen, sich verheddert. Das Bild der Sühnung selber, die Causus Race, dürfte, wie oben angedeutet, als Zeichen des Beschäftigungstriebes zu lesen sein, der immer dort einsetzt, wo Erinnerung blockiert werden soll – als Ersatz für Erinnerung. »Je größer der Widerstand ist, desto ausgiebiger wird das Erinnern durch das Agieren (Wiederholen) ersetzt sein.«[53] In diesem doppelten Zusammenhang ist das Bild dialektisch: es verweist auf die Schuld; und der Prozeß der Verweisung ist die Anstrengung, die nötig ist, sie nicht aufkommen zu lassen. (Ich versage es mir und dem Leser, den offensichtlichen sexuellen Implikationen des Zusammenhangs nachzugehen.)

Ein zweites, für die Zensur evidenteres Beispiel aus der *Alice* soll noch gegeben werden: der Traum der Schwester am Ende des Buches. In *Alice under Ground* beginnt der Traum: »She saw an ancient city, and a quiet river winding near it along the plain, and up the stream went slowly gliding a boat with a merry party of children on board – she could hear their voices and laughter like music over the water – and among them was another little Alice, who sat listening with bright eager eyes to a tale that was being told, and she listened for the words of the tale, and lo! it was the dream of her own little sister. So the boat wound slowly along, beneath the bright summer-day, with its merry crew and its music of voices and laughter, till it passed round one of the many turnings of the stream, and she saw it no more.«[54] Dies ist gar kein Traum, sondern die schon etwas vergoldete Erinnerung an den denkwürdigen Erzähltag vor den Toren Oxfords. In der Druckfassung kommt kein Wort mehr davon vor: der Autor hat die Erinnerung abgeschoben in das nicht zum Buch selber gehörige Widmungsgedicht, wo er, als Autor, glaubt Rückschau auf die Entstehung halten zu sollen. Der, der »träumt«, muß aber gleichfalls der Autor sein, denn die zwei Jahre ältere Schwester der Alice, Lorina (in den beiden Fassungen wirkt sie »viel« älter), gehörte ja in Wirklichkeit mit zu der »merry party of children on board«, der die Geschichte erzählt wurde. Was hat die fingierte Wiederholung des Märchentraums für einen Sinn, wenn nicht den, die Leserinnen des *Under Ground*-Manuskripts daran zu erinnern, »wie es gewesen ist«? Aber die Erinnerung daran hätten ebensogut wie Lorina Alice (in einer Wiederholung des eigenen Traums) oder die zwei Jahre jüngere Schwester Edith, die ebenfalls dabei war, haben können. Der Traum der »Schwester« bringt zudem ein anderes Moment ins Spiel, das nicht aus der Geschichte erwächst, im Unterschied zum Ende der Druckfassung, wo der Traum den Traum in der Wirklichkeit fortsetzt und an dieser erklärt. Es ist, als habe Carroll die »ältere Schwester« für die *Under Ground*-Fassung nur erfunden, um sich selbst mit ins Bild setzen zu können; das Selbstporträt des Künstlers in der Ecke mittelalterlicher Gemälde. Auch hat die frühe Fassung des Traums eine wenig verschleierte pädagogische Färbung: nach der zitierten Erinnerung kommt noch ein besinnungsaufsatzhafter Ausblick in eine gewünschte Zukunft: Alice als erwachsene Frau, die sich das »simple and loving heart of her childhood« bewahrt hat, und die mit den »simple sorrows« der eigenen Kinder fühlt. Dieser Schluß ist zwar mit dem Ende der Druckfassung, bis auf einige Modifizierungen identisch, doch ist er anders vorbereitet und wirkt daher eher wie eine Zukunftsvision (so wie Lady Muriel durch Sylvie »hindurchscheint«). Es sieht so aus, als habe Carroll gespürt, man könne ihn mit der Schwester identifizieren. Daher hat er in der späteren Fassung nicht nur die Erinnerung an die Entstehung ins Widmungsgedicht verbannt, sondern auch winzige Veränderungen im Schluß des Traums vorgenommen, die suggerieren sollen, daß die »Schwester« tatsächlich eine Schwester ist. In der *Under Ground*-Version beginnt der Schluß: »Then she thought, ... how this same little Alice would, in the after-time, ...« In der Druckfassung wird daraus: »Lastly, she pictured to herself how this same little *sister of hers* would, in the aftertime ...« Und nicht mehr sind es »these very adventures of the little Alice of long ago«, die sie den eigenen Kindern vielleicht später erzählt, sondern es ist »the dream of Wonderland of long ago«. Damit wird der Alice-Traum zugleich als der allgemeine von der Kindheit einbekannt: wie sehr sich auch Carroll von der Schwester geschieden wissen wollte, durch die eigene Neuformulierung geht er ihr wieder ins Netz.

Alice in Wonderland ist keine »Geschichte«: es ist ein Arrangement einzelner, in sich geschlossener, locker miteinander verzahnter Episoden. Dodgson schreibt in dem erwähnten Artikel über »Alice on the Stage«: »I had sent my heroine straight down a rabbit-hole, to begin with, without the least idea what was to happen afterwards ...«[55] Der anfängliche Einfall, also, enthielt keine Geschichte, die sich ausführen ließ, sondern war nur ein auslösendes Moment. Bei der Niederschrift des Erzählten fügte der Autor neue Episoden ein, bei der Überarbeitung für den Druck vergrößerte er den Text, wieder durch Einfügung in sich geschlossener Episoden, um etwa das Doppelte. Es ist zu vermuten, daß eine dritte Überarbeitung wieder neue Teile hätte anschießen lassen. (Die wurden dann ins *Looking Glass* gesteckt, das, dem späteren Bericht Alices zufolge, viele ähnliche Geschichten enthielt, die ihr und ihren Schwestern vor der berühmten Kahnpartie erzählt worden waren und die Carroll im *Wonderland* nicht mehr unterbringen konnte oder wollte.[56] »My interminable fairy-tale of Alice's Adventures«, hat er später gesagt.)[57] Die Kontinuität der »Geschichte« ist eine fingierte. Zwar ergibt sich, wie im Traum, eine Episode assoziativ aus der anderen und dies suggeriert, wie der Traum, *eine* Geschichte, doch im Traum ist die Folge psychisch determiniert, in der *Alice* ist sie willkürlich. D. h. die Folge der *Alice* entwickelt nicht Schicht um Schicht *einen*, durch metasprachliche Analyse aufdeckbaren,

Zusammenhang, der sich in ständiger Vergleichung und im Bezug der Schichten aufeinander konstituiert – und erhellt, sondern sie ist, objektsprachlich, *im Hinblick auf* eine Geschichte gruppiert, ohne indes narrativ zwingend zu sein. Somit besteht, vom Verfahren her gesehen, ein fundamentaler Unterschied zwischen dem Ganzen und seinen Teilen, der seinen Grund in einer verschiedenen Verwendung des Begriffes »Traum« hat. Träume sind die Bücher als Kontinuum nur in einem fiktiven, einem technischen Sinn, während hingegen das, was in ihnen sich abspielt, wirklicher Traumarbeit oder einer aus dem Vorbewußten kommenden Aktivität entstammt. Daß es sich bei der Abfolge um keine narrativ notwendig motivierte handelt, ergibt sich daraus, daß an keiner Stelle der weitere Verlauf voraussagbar ist. (Und dies nicht etwa in dem Sinn, daß eine begrenzte Wahl zwischen mehreren Möglichkeiten besteht: die Möglichkeiten sind unbegrenzt.) Konkret ist es ohne weiteres möglich, einzelne Episoden zu vertauschen. Die Gerichtsszene könnte das Einschlafen markieren, die wechselnden Größen könnten die Stadien des Erwachens vorbereiten. Usw. Auch bei den meisten Parodien ist es gleichgültig, wo sie untergebracht sind. Alice könnte dem Caterpillar statt »Father William« etwa »How doth the little crocodile« rezitieren. Bei anderen, mit dem Kontext verzahnten Parodien, stellt sich die Frage, ob diese für den Kontext oder ob der Kontext für sie geschrieben wurde, eine Frage, die wiederum auf die Kontingenz des Einzelnen im Gesamtzusammenhang verweist. Und schließlich könnte *jedes* mehrdeutige Wort z. B. Ausgangspunkt einer neuen Episode werden (wobei der für das Verständnis unerläßliche Mitvollzug des Lesers gleichzeitig sein schöpferisches Potential aktiviert: das Buch also auch vom Lese*vorgang* her einer gewissen Willkür, genauer: einem Weiterschreiben, offensteht). Vor allem aber ist wichtig, daß die Figuren selber kaum Kontinuität haben: so unvermittelt wie sie auftauchen verschwinden sie wieder. Manchmal geistern sie nach, in anderem Kontext, wie eine Erinnerung an Früheres. Alice ist die Hauptfigur, und es gibt keine Nebenfiguren, nur Statisten (und ich habe die Vermutung, daß an dieser Konstellation des theaterbesessenen Carroll Erfahrung mit der ausschließlich am

Star orientierten Bühnenpraxis seiner Zeit nicht unbeteiligt war).

Dasselbe trifft für das Spiegelbuch zu. Nur sorgt hier das zwanghafte Gerüst der Schachpartie dafür, daß der Fortgang der Geschichte als notwendiger erscheint. Den Anfang des Buches ziert eine graphische Darstellung der Ausgangsposition, und das Problem heißt: »White Pawn (Alice) to play, and win in eleven moves.« Im Vorwort zur Ausgabe von 1896 hält der Autor noch einmal ausdrücklich fest, das Schachproblem sei »correctly worked out, so far as the *moves* are concerned. The *alternation* of Red and White is perhaps not so strictly observed as it might be . . .«[58] Schachexperten haben die Verstöße gegen die Regeln gezählt und Vorschläge zu einer schachgerechteren *Umgruppierung* des Carrollschen Textes ausgearbeitet.[59] Das braucht hier nicht zu interessieren. Das Schachmuster war der Versuch Dodgsons, Carroll weitgehend zu zügeln. Die Variationsbreite der Schachregeln hätte Carroll genügend Spielraum gelassen, doch daß er immer wieder gegen sie verstieß, läßt darauf schließen, daß das Spiel nur eine Hilfskonstruktion war, um verschiedene Einzel-Episoden scheinbar zwangsläufig zu verketten. Zwar lassen sich *jetzt* viele Episoden nicht mehr einfach umstellen, wie dies beim *Wonderland* möglich gewesen wäre, doch die Notwendigkeit, mit der sie stehen wo sie stehen, ist willkürlich. Der White Knight hätte, wäre er nicht gleichzeitig Figur im Spiel, mit dem, was er zu sagen hat, auch an anderer Stelle plaziert sein können. Hinzu kommen Figuren, die nicht ins Spiel gehören – Humpty Dumpty etwa oder Tweedledum und Tweedledee (oder sind dies alles Pawns?) –, und deren Stellung im Ganzen ohnehin gleichgültig ist. Schließlich die Lieder, deren berühmteste – »Jabberwocky«, »The Walrus and the Carpenter«, »In winter when the fields are white« und »The Aged Aged Man« – wieder nichts mit dem Kontext zu tun haben und an anderer Stelle denkbar wären. Zwei der Gedichte – »Jabberwocky« und »The Aged Aged Man«, das erst »Upon the Lonely Moor« hieß – wurden außerdem lange vor dem *Looking Glass* geschrieben. Lassen wir uns also auch hier durch die »Geschichte« nicht täuschen: Wie *Alice in Wonderland* ist *Through the Looking Glass* eine Aneinanderreihung von »odd ideas« sozusagen, Einfällen, Paradoxa, Parodien, wörtlich genommener Sprache usw., die je in einer Episode, oder über mehrere hinweg, in erzählerischer Weise ausgearbeitet werden. Alle Episoden haben denselben Stellenwert. Es mag bessere und schlechtere geben: keine aber ist, von der Traumstruktur her gesehen, wichtiger als die andere. Man könnte sagen, beim Carrollschen Unsinn sei jede Stelle gleichweit vom Mittelpunkt entfernt. Alles sei Hauptsache. Es trifft hier zu, was Joyce sich vom *Ulysses* gewünscht hat, was ihm aber erst mit *Finnegans Wake* einzulösen gelang: »I should like it to be possible to pick up any page of my book and know at once what it is.«[60]

4

Das Material, aus dem *Sylvie and Bruno* zugegebenermaßen zusammengesetzt ist, und aus dem auch die *Alice*-Bücher, wie der Blick auf Genese und Struktur zeigt, sich konstituiert haben, wurde für die Inkorporation in den wie auch immer kontingenten Kontext bearbeitet und – bewußt oder unbewußt – zensiert. Wie es in seiner rohen und nur durch die »endopsychische Abwehr« leicht zensierten Form ausgesehen haben mag, zeigen die Briefe an kleine Mädchen, von denen fast jeder einen Einfall zu einer kleinen Unsinngeschichte ausspinnt, der potentiell durchaus für den Zusammenhang eines der Unsinnbücher hätte bearbeitet werden können. Denn jede der Briefgeschichten enthält die Elemente des Unsinns – in einer noch an den Schreiber gebundenen Form. Das »Rezente« – ein empfangener Brief, eine Begegnung, ein Abschied, eine nicht eingehaltene Verabredung – wird zum Anlaß genommen und ins Unsinnige, Absurde weitergesponnen, dort verarbeitet. Zustande kommt das Unsinnige durch die Spiele, die sich mit der Sprache anstellen lassen: durch Homonyme, an denen das Englische so besonders reich ist, durch wörtlich genommene Idiome, durch die zahlreichen, Wortspiele implizierenden Arten des Rätsels (Conundrum,

Charade, Akrostichon, Syzygie etc.), durch Neologismen, das heißt das, was Carroll »Portmanteau Words« genannt hat, die Verschmelzung zweier oder mehrerer Begriffsebenen zu einer neuen. All das sind aber zugleich Techniken des Traums, der u. a. darum häufig absurd erscheint, weil er sprachlich Komplexes oder Mehrdeutiges nur im Nacheinander der einzelnen Komponenten darstellen kann oder umgekehrt, sich ausschließende Vorstellungsbereiche zu *einem* Bild verdichtet.[61] Es fragt sich, wie weit Carrolls Sprachbewußtheit, die den Anfang der Moderne in der englischen Literatur markiert, ohne Kenntnis der Traumvorgänge überhaupt denkbar gewesen wäre. Zwar hängt sein Mißtrauen gegen die Sprache, auf die »kein Verlaß« ist, weil sie, bei näherem Hinsehen, ins Uneindeutige zerbrökkelt, zusammen mit seiner krankhaft gebrochenen Identität, und gleichzeitig ist es, im Zusammenhang des geistesgeschichtlichen Klimas, nicht unerheblich, daß in diesen Jahren von Boole und de Morgan, deren Bücher sich in Dodgsons Bibliothek befanden[62], aus der Erkenntnis eben dieses Unzureichenden der Sprache der Grund zu ihrer logischen Formalisierung gelegt wurde. Doch die Form, in der die Problematik bei Carroll sich vorherrschend darstellt, die Techniken, die er benützt, sind die des Traums, jenem an sich natürlichen und gesunden Verarbeitungsmechanismus unbewußter Vorgänge, der erst durch seine Erstarrung in rekurrierenden Mustern in die Nähe des Pathologischen rückt. So wird der aufklärerische sprachtheoretische Ansatz verdunkelt durch die Automatik der psychisch bedingten Wiederholung.

Wie der Traum keine Geschichte »erzählt«, sondern diese sich einstellt, *weil* geträumt wird, so sind die Geschichten der Briefe, die Episoden der Bücher, beinah beiläufige *Folge* des Schreibens, kaum der Anlaß. Erinnern wir uns weiter an die Grundgegebenheit des Traums, daß er keinen Unterschied zwischen Vorgestelltem und Realem, positiv und negativ macht, daß er den Optativ in den Indikativ überträgt, daß jedes »es könnte«, »es sollte«, »es müßte« durch ein »es ist« sich darstellt.

Vor diesem Hintergrund sind die Briefe zu lesen. Ihr auffälligstes Motiv ist das der Verwandlung, das uns aus den Büchern hinreichend vertraut ist. Es äußert sich in jeder nur denkbaren Erscheinungsform. Die einfachste Form ist die Verwandlung in eine andere Altersstufe, bei der die Person, der die Verwandlung widerfährt, noch quasi intakt bleibt. Hierzu gibt es etwa den Brief an Mary MacDonald vom 13. März 1869[63]: Mary hatte auf ein Angebot des Autors, ihr die deutsche Ausgabe seiner *Alice* zu schicken, nicht reagiert. Fast zwei Monate später schreibt sie – dies wäre das Rezente –, aber nur um den Dichter zur Regatta Oxford-Cambridge einzuladen, die sich vom Haus ihrer Eltern gut sehen ließ. Dies löste den scharfen Antwortbrief aus, der sich in seiner obersten Schicht natürlich, so war er »gedacht«, als witzige Form der Absage lesen läßt. Doch die zu Grunde liegende Abwehr und damit verbundene Selbstrechtfertigung ist wichtiger (und gehört doch gleichzeitig in Freuds Theorie des Witzes). Sie setzt sich um in die Stadien des Alterns, die durch die immer wieder zerstörte, an Intensität aber zunehmende Erwartung der Antwort markiert werden. Erst heißt es »the days rolled on – and the nights too . . .«, dann »the weeks rolled on, and the months too . . .«, schließlich »all these years and years of waiting and anxiety«. Die verstreichende Zeit bewirkt das Altern: »I got older, and thinner, and sadder . . . And then my friends said – how white my hair was getting, and that I was all skin and bone . . .« Der unbewußte Gedanke hinter dieser Verwandlung der knappen zwei Monate in den monströsen Raum von Jahren ist: ich könnte uralt werden, und dennoch würde sie nicht nur nichts von mir annehmen wollen, sie würde mich nicht einmal einer Antwort für würdig halten, so wenig bedeute ich ihr, ich habe also völlig recht, ihre Einladung auszuschlagen (auch wenn ich in Wirklichkeit keine Möglichkeit habe, sie anzunehmen).

Komplementär zu diesem Brief, was die Altersverschiebung angeht, steht der an Winifred Stevens vom 22. Mai 1887.[64] Über den Anlaß des Briefs ist nichts bekannt, wir wissen lediglich, daß Dodgson mit »Winnie« am Vortag spazieren gegangen war und sie bei ihm Tee getrunken hatte[65]; vermutlich hat er ihr bei der Gelegenheit die dem Brief beigefügten Exemplare von *Castle Croquet* versprochen. Auffallend an dem Brief – außer der äußeren Form: er besteht aus einem kurzen Satz und vier Postscripta, die zusammen fünfmal so lang sind wie der »Brief« – ist eine (nur fingierte?) achtungsvolle Ergebenheit. Das zweite Postscriptum lautet: »You have no idea what a struggle it was to me to put ›Winnie‹ instead of ›Miss Stevens‹, and ›Affectionately‹ instead of ›Yours truly‹!« Im dritten deutet er die Möglichkeit eines weiteren Spaziergangs an – »the year after next, or thereabouts« –, doch er fürchtet, sie werde bis dahin stark gealtert sein, was ihm nichts ausmache. Denn: »A really *venerable* companion makes one look youthful oneself, and I shall like to hear people whisper to each other, ›Who in the world is that *very* interesting-looking boy who is walking with that old lady with snowy tresses, and taking as much care of her as if she were his great-grandmother?‹« Ein Grund für diese Distanz läßt sich aus dem Brief nur indirekt ersehen: Winnie scheint »schon älter« gewesen zu sein, jedenfalls (mindestens in ihrem Habitus) nicht mehr so kindlich, wie er sie sich vielleicht gewünscht hätte. Er vertauscht die Rolle, um sich und ihr zu zeigen, wie »das Kind« sich hätte benehmen müssen. Das »taking care« ist wichtig, weil sich von ihm auf den gewünschten Grad der Beziehung schließen läßt. Die Verwandlung ins Kind schließlich dürfte Dodgson geläufig gewesen sein, ohne daß er sie sich bewußt eingestehen konnte. (Vor sich war er der ›Onkel‹, und als solcher wollte er gesehen werden.) Beides, älter und zugleich jünger sein als man ist, war so sehr Bedingung der Carroll-Dodgsonschen Existenz, daß es verfehlt sein mag, hier überhaupt von Verwandlung zu sprechen. Beides ist in einem Maße gleichzeitig »da«, daß sogar der momentane Umschlag, auf den man häufig hingewiesen hat[66], und der die erzwungene Distinktion belegen sollte, vielleicht nur als öffentliches Erscheinungsbild, die Auseinanderlegung des Komplexen in bequeme Klassifikation, zu werten ist, die ihn selbst – bewußt wie unbewußt – nicht betraf. Das an sich Geschiedene durchdringt sich bis zur Konturlosigkeit. Es ist festzuhalten, daß ein gut Teil der unsinnigsten Briefe »C. L. Dodgson« unterzeichnet ist, während zahlreiche frömmelnd-ernste, ermahnende Adressen an Kinder, etwa auch die ledernen Vorworte zu den *Sylvie and Bruno*-Bänden, unter »Lewis Carroll« firmieren. In die Bücher ist die Simultaneität zweier Altersstufen einer Person freilich eingeangen. Im Traum der Schwester am Ende der *Alice* findet sich eine erste Andeutung; der Wechsel Sylvie/Lady Muriel macht dann später das Motiv zum Motor eines ganzen Werkes.

Typischer für die Verwandlung ist die in eine oder mehrere andere Personen oder Figuren. Am einfachsten ist hier die Aufspaltung in Dodgson und Carroll, wie sie sich etwa im Brief an Mary Marshall vom 19. April 1870 findet[67], wo Dodgson sich im Namen Carrolls für ein diesem geschenktes Buchzeichen bedankt. Die Aufspaltung scheint mit einem Schuldgefühl der Adressatin gegenüber zusammengehängt zu haben, das leichter wog, wenn der Schreiber wenigstens einen Teil seiner selbst absolvieren konnte. Der Brief schließt: »Mr. Carroll says I ought to have seen you safe to your journey's end and that *he* would have behaved better if he had been in my place!« – Sehr viel komplexer gestaltet sich diese Aufspaltung in dem berühmten Brief an Magdalen Millard vom 15. Dezember 1875[68], der gerne als Indiz für eine akute Bewußtseinsspaltung herangezogen wird. Der Schreiber will Magdalen erklären, warum er keine Zeit hatte, sie am Vortag zu besuchen: »I had so many conversations on the way.« Die Gesprächspartner des »I« waren »me« und »myself«. »I said, ›Do you remember when we all met at Sandown?‹ and myself said, ›It was very jolly there; there was a child called Magdalen‹, and me said, ›I used to like her a little; not much, you know – only a little.‹« Endlich ist es Zeit, zum Zug zu gehen, und auf dem Bahnhof trifft man »two very dear friends of *mine*« (»mine« ist die vierte »Person«), die auch jetzt gerade da sind und den Brief unterzeichnen möchten »as your affectionate friends, Lewis Carroll and C. L. Dodgson«. Die Gründe fürs nicht Kommenkönnen liegen also in ihm selbst, materialisieren sich aber in vom »Ich« geschiedener Gestalt – auch nur grammatikalisch unterschiedene Formen können im Traum zu eigener Identität gerinnen –, so daß der, der »ich« sagt, sich nicht schuldig fühlen muß. Je est un autre, und im Traum des Briefes rechtfertigt sich das Ich so total, daß es auch die Doppelidentität seines Namens als »nicht zutreffend« streicht. Der reale Grund für den versäumten Besuch läßt sich vielleicht angeben. Dodgson hatte Millards am 12. Dezember besucht[69], ohne übrigens Magdalen im Tagebuch besonders zu erwähnen. Am nächsten Tag besuchte er Chataways, erwähnt die Kinder und besonders »my special friend Gertrude«, die die wichtigste Freundin jener Jahre war. Sechs Wochen zuvor hatte er an Macmillan das Manuskript von *The Hunting of the Snark*, zusammen mit einem Widmungsgedicht für Gertrude Chataway, geschickt, in dem die verräterischen Verse stehen: »Ah, happy he who owns that tenderest joy,/ The heart-love of a child!«[70] Das neue Buch beschäftigte ihn naturgemäß weiter – im Januar 1876 schrieb er noch eine Ergänzung, bis es dann im März 1876 erschien. Ist es nicht denkbar, daß das neue Zusammensein mit Gertrude – seit der Beendigung des Widmungsgedichts hatte er sie nicht mehr gesehen – Magdalen »verdrängen« mußte? Daß ihm ein zweiter Besuch bei Magdalen als »Untreue« Gertrude gegenüber erschienen wäre? (Und zu einem neuen Besuch bei Gertrude hätte er keine Zeit gehabt, da er am selben Tag, als er Magdalen besuchen sollte oder wollte, am 14. Dezember, nach Christ Church zurückfahren mußte.) Wenn das stimmt, kann man die Gründe für den versäumten Besuch tatsächlich als innere sehen: *ich* wollte zwar, aber verschiedene Kräfte in mir haben immer neue Hindernisse aufgebaut, bis es zu spät war. Welcher Art die Hindernisse wirklich waren, wußte er freilich nicht; doch hatte sich im Traum des Briefs die Zensur immerhin so weit gelockert, daß sie sich als innere bekennen konnten.

Die Verwandlung in eine andere Schicht des Selbst, bei der seine ursprüngliche Erscheinungsform noch mitgesetzt bleibt, ist ein im Carrollschen Unsinn häufig wiederkehrendes Motiv. Erinnern wir uns an die Cheshire Cat, die sich bloß als Kopf oder bloß als Grinsen zeigen kann; an die Mock Turtle, die ihr verflossenes Selbst betrauert: »Oh, once I was real«; an den March Hare und den Mad Hatter, die im Spiegelbuch als Anglo-Saxon Messengers wieder auftauchen; an die Aufspaltung ins genau Gleiche, bei Tweedledum und Tweedledee, das miteinander im Streit liegt. Doch denken wir vor allem an Alice, »for this curious child was very fond of pretending to be two people«[71], wie es im *Wonderland* heißt. Und bis zum *Looking Glass* hat sich die Eigenschaft generalisiert: »I wish I could tell you half the things Alice used to say, beginning with her favourite phrase ›Let's pretend‹.«[72] Alices Grundverwandlung ist die in die Traumexistenz. Diese ist die Voraussetzung für alle weiteren Verwandlungen, »mais ce rêve sera bien le fils de son père.«[73] Alice wird größer und kleiner, je nachdem, was sie ißt oder trinkt. Die jeweilige Größe definiert ihre Identität. William Empson hat hierzu die schöne Beobachtung gemacht, die Tiere stellten die Kinderwelt dar und seien »always friendly though childishly frank to Alice while she is small, and when she is big (suggesting grown-up) always opposed to her, or by her, or both.«[74] Die andere Möglichkeit ist, daß Alice zwar äußerlich dieselbe bleibt, aber durch die je veränderte Umwelt sich immer neu identifizieren muß. Schließlich Alice in Eintracht mit dem Rehkitz im Wald ohne Namen: die Identitätslosigkeit als das Glück.

Bis jetzt war die Rede von Verwandlungen des physischen *Erscheinungsbildes*. Genauso gibt es Verwandlungen, die die physische *Substanz* betreffen, solche in Tiere etwa oder in Gegenstände. Ein glänzendes Beispiel dafür ist der (undatierte) Rebusbrief an Ina Watson.[75] Wieder ist es ein apologetischer Brief, der die Gründe aufzählt, weshalb es dem Schreiber unmöglich war, Ina zu besuchen, um ihr zum Geburtstag zu gratulieren. »I came to your door to wish you many happy returns of the day, but the cat met me and took me for a mouse, and hunted me up and down till I could hardly stand. However somehow I got into the house, and there a mouse met me and took me for a cat, and pelted me with fire-irons, crockery, and bottles. Of course I ran into the street again, and a horse met me and took me for a cart, and dragged me all the way to the station, and the worst of all was when a cart met me and took me for a horse. I was harnessed to it, and had to draw it miles and miles, all the way to Merrow. So you see I couldn't get to the room where you were.«[76] Auffallend an dem Brief ist zunächst das masochistische Moment: das Ich mag anfangen was es will, es wird immer daran gehindert durch eine Instanz, die darauf aus ist, es zu quälen. Das Ich läßt es mit sich geschehen, obwohl es sich scheinbar nicht wirklich in Katze und Maus, Pferd und Wagen verwandelt, sondern nur von den anderen dafür gehalten wird. Dieses »took me for« ist apologetisch zu werten, denn hätte das Ich sich »wirklich« verwandelt, so wäre die Reaktion der anderen gerechtfertigt. (Sie *ist* gerechtfertigt, da sie Bestätigungsfunktion hat: das Ich erwartet, daß die anderen von ihm erwarten, daß es sich so-und-so verhält.) Daß das Ich sich über die Fiktion hinaus mit dem, wofür es gehalten wird, identifiziert, daß es sich zur Identifikation zwingen läßt, deutet auf seine masochistische Disposition und ist zugleich Eingeständnis der Wehrlosigkeit. Sogar die Verwandlung ins rechtens Überlegene gereicht ihm zum Nachteil. Das zugrunde liegende Motiv ist Eingeständnis und Akzeption einer Schuld: der stete Trieb zur Übertretung, der mit der Bestrafung automatisch verkettet ist. Von den 41 Bildzeichen des Briefes sind 6 Augen (für »I«), 11 sind Hände (für »and« mit elidiertem »h«), die zeigen oder zu greifen suchen. Die übrigen Zeichen bilden die Gegenstände ab, zwei stehen für Verben. Der Blick auf diese drei Seiten Brief zeigt ein beängstigendes Urbild Carrollschen Unsinns, ein Assortment unzusammenhängender Dinge und Wesen, zwischen denen Hände kreuz und quer den Weg weisen, zwischen denen sich Hände nach Hilfe ausstrecken, von unbeweglichen Augen beobachtet. Das Auge ist noch in einem anderen Sinne als dem konkreten das Ich: es ist das Ich, das ihm beim Schreiben der Tagebücher die Hand führte und vor dem er sich immer wieder in den Unsinn zu retten suchte. Zugleich geistert es durch diese Briefseiten wie das Auge jener anderen Instanz, der er sich mit zunehmendem Alter enger und enger glaubte verschreiben zu müssen. Gegen Ende des Briefs werden die Bilder spärlicher (Seite 3 hat nur vier): als löse sich der Traum langsam auf. Das letzte Bild ist ein lächelndes Gesicht, es steht für »smile«. »With a smile I went on my way« – das ist das Ende.

Tiere bevölkern wie keine andere Spezies den Carrollschen Unsinn. Sie sind in jedem Fall intelligible Geschöpfe; das haben sie mit den Tieren in Märchen und Nursery Rhyme gemein, aber auch mit ihrer direkten Herkunft aus der Traumumsetzung. Bei den Tieren, wie bei jeder anderen Carrollschen Identitätsform, braucht die Identität keine fixierte zu sein, sondern kann sich weiterverschieben oder -verwandeln. Jede Identität ist transitorisch, entsteht überhaupt nur aus dem jeweiligen Kontext und der momentanen Disposition. So wie das passiv-masochistische Ich des Rebus-Briefs sich jeweils in eine Art Gegenteil verwandelt, um Angriffsfläche bieten zu können, so verwandelt sich die Katze Snowdrop in die White Queen des Spiegelbuchs und dann ins Sheep, weil einerseits die Überleitung zum Ei und damit zu Humpty Dumpty gegeben werden muß (das Sheep hat eine Art Laden für alles und verkauft Alice ein Ei), andererseits die »Königin« zu »ziehen« hat und also nicht mehr neben Alice (der Pawn-Figur) stehen kann: als Schachidentität verschwindet die Königin, in einer anderen Identitätsform (als Schaf) bleibt sie präsent. Die Verwandlungen in Tiere, wie Tiere überhaupt, bedeuten meist Aggression oder lösen Aggression aus. Alicens Aggressionen dem Baby der Duchess gegenüber materialisieren sich, *indem* dieses sich in ein Schwein verwandelt (Alicens Wunschvorstellung), und sie es deshalb nicht länger zu hüten braucht. Alicens Hals wird so lang, daß sie von einer Taube für eine Schlange gehalten wird, die die Nester ausraubt, und entsprechend attackiert wird. Als ein Beispiel für die vielen Sätze, die bei Alice mit »let's pretend« anfangen, stehe der Satz: »Nurse! do let's pretend that I'm a hungry hyaena and you're a bone!«[77] Der widerspenstige Prinz Uggug in *Sylvie and Bruno* führt eine Doppelexistenz als Stachelschwein. Interessant für den Zusammenhang sind die Lieder des Mad Gardener aus dem nämlichen Buch, weil sich hier Verwandlung durch genaueres Hinsehen einstellt (so wie Verwandlung in Tiere die »wahre« Natur enthüllt). Die sechszeiligen Lieder sind alle nach demselben Schema konstruiert: »He thought he saw . . .,« »He looked again and found it was . . .« und einer Sentenz. Auch hier zeigt die Verwandlung das »Wahre«, das in jedem Falle das Bedrohliche, Unangenehme, Unerfreuliche ist. Ein Beispiel: »He thought he saw a Banker's Clerk / Descending from a bus: / He looked again, and found it was / A Hippopotamus. / ›If that should stay to dine,‹ he said / ›There won't be much for us!‹«[78] Die Begleitzeichnung von Harry Furniss [79] zeigt ein Männchen, dem beim Anblick des Nilpferdes die Haare zu Berge stehen, so daß es den Hut verliert, Mund und Augen aufreißt und die Hände abwehrend von sich streckt, während die Beine gleichzeitig davonrennen wollen, ein Bild, das, wie wir annehmen dürfen, wieder bis in jede Einzelheit von Carroll diktiert worden ist und sehr schön alles das eingesteht, was durch die resignierende Sentenz verdeckt wurde.

Die Briefe zeigen noch viele Formen der Verwandlung. Etwa die Form, die man »rückwärtige Aufspaltung der Persönlichkeit« nennen könnte, in der der Schreiber sich als eine Verdichtung mehrerer Personen ausgibt, wie in dem vermutlich einzigen erhaltenen Brief an einen kleinen Jungen.[80] Dodgson zählt die Gründe auf, weshalb er unmöglich an den kleinen Jungen schreiben könne (schließlich hat er einmal gesagt: »I hate boys«), und vergrößert dabei schrittweise den Abstand zwischen sich und diesem, indem er den »Verfall« der Gegenwart an »seiner Zeit«, der Zeit der Schlacht von Waterloo, zu der ein Schreiben noch möglich gewesen wäre, mißt. Zugleich wäre es auch damals nicht möglich gewesen, da die gesellschaftliche Distanz sich zunehmend vergrößert: zunächst ist der Schreiber Soldat, dann befehligt er ein Regiment, schließlich ist er der Oberbefehlshaber der englischen Armee, der Duke of Wellington. Die *Möglichkeit* der Kommunikation produziert also nur eine andere Form ihrer Unmöglichkeit. Eine weitere Art der gesellschaftlichen Distanzierung findet sich im Brief an Agnes Hull vom 26. November 1879[81], der vielleicht als Rationalisierung seines zwanghaften Verhaltens im Umgang mit Erwachsenen (von denen er kommen wird, wenn er sie trifft) zu werten ist: » . . . I shall come fresh from being among Lords and Ladies, so how can I help despising an untitled child? But it'll soon pass off and my chin will settle down again to its usual level.« Von hier läßt sich allgemein nach der Bedeutung von Dodgsons »Standesdünkel« weiterfragen, der so verräterisch in dem späten Brief an Beatrice Hatch zum Ausdruck kommt, worin er sich nach dem Namen eines kleinen Mädchens erkundigt und dann fortfährt: »I fear I must be content with her name only: the social gulf between us is probably too wide for it to be wise to make *friends.*«[82] Der Dünkel scheint äußerlich, wie es die Stelle aus dem Brief an Agnes Hull beschreibt, mit der Körperhaltung verbunden gewesen zu sein. Diese war, im »normalen« Erwachsenendasein, derart steif und starr, wie man sie nur bei Zwangsneurotikern trifft, bei denen Starre usw. auf Verfestigungen früherer Abwehrreaktionen deutet, Verfestigungen, die Wilhelm Reich »Charakterpanzerung« genannt hat.[83] Dodgsons Standesdünkel braucht also keine soziale Begründung zu haben, sondern kann die Folge einer Zwangsneurose sein: hätte er sich auf eine sozial niedere Stufe begeben, so hätte dies die Preisgabe der für ihn notwendigen »Haltung« bedeutet, da diese offenbar mit dem Stand verknüpft war. Daß er sich »below a certain line«[84] auch mit Kindern nicht einlassen wollte, bei denen sich seine »Haltung« doch ohnehin verlor, könnte als nachträgliche Rationalisierung zu verstehen sein.

Zu den Formen der Persönlichkeitsspaltung gehört auch die Aufspaltung der Briefadressatin, des *Traumobjekts* im engeren Sinne. Es gibt dazu den Brief an Edith Jebb vom 18. Januar 1870.[85] Carroll beschreibt einen merkwürdigen Mann, der mit ihm im Abteil war, als er von Edith auf dem Bahnhof von Doncaster Abschied nahm, und der zusah, »just when I was leaning out to whisper ›good-bye‹ into your ear (only I forgot where your ear was exactly, and somehow found it was just above your chin) . . .« (Das letzte ist, nebenbei, ein hübsches Beispiel für die »Traumverschiebung«: die Freiheit, die sich das Ich herausnahm, wird als *Verwechslung* (des Ohrs mit dem Mund) entschuldigt; und »Mund« wird tabuiert.) Im folgenden entspinnt sich ein Gespräch zwischen dem Mann (dem Zeugen) und dem Briefschreiber über Edith, das von seiten des Mannes in Laut-Chiffren geführt wird, die der Schreiber versteht, für die Leserin überträgt und dann erst beantwortet, wobei er sich gelegentlich auch einer – stets zurückgewiesenen – Chiffrierung bedient. Die Unterhaltung knüpft beim Abschied an. Weshalb Edith traurig ausgesehen habe, will der Mann wissen. Weil er gesagt habe, er hätte die Absicht wiederzukommen, antwortet der Schreiber. Darauf, nach längerer Pause, der Mann: »S.S.S.S.«, was soviel heißen soll wie »she shows some sense.« Zum Schluß nennt Carroll Edith den Namen des Mannes: HTIDE BBEJ, die Umkehr ihres eigenen also. Die Erklärung liegt auf der Hand. Der nicht eben freundliche Mann ist der andere Teil von Edith, der Teil, der Carroll refüsiert. Er redet verschlüsselt, das heißt, er will seinem Gesprächspartner *indirekt* zu verstehen geben, daß er nicht auf Gegenliebe stößt. Bezeichnend ist hier, daß die Versuche des Schreibers, selber verschlüsselt, also in andeutender Indirektheit, zu reden, nicht verstanden und höhnisch abgewehrt – also in einer Schicht eben doch verstanden – werden. Dodgson scheint an der zwölfjährigen Edith mehr als Gefallen gefunden zu haben. Sechs Tage vor dem Brief notiert er im Tagebuch: »Edith if possible more charming than ever«. Zwei Tage darauf: »In the course of the day I had no less than three walks with Edith.«[86] Der Traumbrief rechtfertigt das Nichtzustandekommen einer wirklichen Beziehung und schiebt die Schuld, traumgerecht, dem Mädchen zu. Die Aggression gegen den »Mann« ist nicht einmal mehr verhüllt: »I thought I had better tell you all about it at once, that you might tell the police . . .« Die Transformation in einen Mann liefert in widersprüchlicher Chiffre die Begründung für die in Edith hineingelegte Verweigerung: es werden letztlich als das stete Ende vom Lied ein Mann und ihre Mannbarkeit sein, wodurch sie ihm genommen wird; zugleich tabuiert die Übersetzung des geliebten Objekts ins Männliche automatisch den eigenen Vorstoß. Wieder deckt erst die Verwandlung den vermeinten wahren Sachverhalt auf, wobei die deutliche Aggression gegen Edith als legitime aus ihr selber abgeleitet wird.

Eine letzte Form der Verwandlung, die erwähnt werden soll, ist die reversible Verwandlung in den anderen. Es gibt hierzu einen Geburtstagsbrief an Gertrude Chataway vom 13. Oktober 1875[87]: »I will drink your health, . . . if you don't mind – but perhaps you object?« Denn die freundliche Absicht wird wörtlich genommen und verwandelt sich in ihr Gegenteil: »Boo! hoo! Here's Mr. Dodgson has drunk my health, and I haven't got any left!« Die einzig mögliche Heilung, die der Arzt verschreibt, wäre »to wait till his next birthday, and then for *her* to drink *his* health! And then we shall have changed healths. I wonder how you'll like mine!« (Im letzten Satz ist das »you'll« wichtig: der Austausch wird als ein positiv zu erwartender gesehen, nicht nur als möglicher; dies hieße »you'd«.) Der Vampirismus der Stelle ist mehr als Wortspielerei. Dahinter steht der alte Glaube, daß man ist, was man ißt – und trinkt, und dahinter wieder der Wunsch zu werden, was man ißt. Nirgends bei Carroll ist dieser Wunsch so durchsichtig und zugleich so atavistisch wie in dem Brief an Gertrude Chataway. Es ist der alte Wunsch zu werden, was er war, und zugleich loszuwerden, was er ist. »I won't tell about myself, it is not a healthy topic«, heißt es zwölf Jahre später in einem schon angeführten Brief.[88] Wieder also die Verbindung der eigenen Person mit der Gesundheit, hier aber unumwunden qualifiziert. Aus solchen Sätzen läßt sich der Wunsch, sie zu tauschen, verstehen. Wir wissen, daß das Küssen der kleinen Mädchen eine von Carroll häufig geübte Praktik war, sowohl brieflich wie vor allem konkret. Vor dem Hintergrund des Vampirbriefs läßt sich ahnen, wofür diese Geste Ersatz gewesen sein mag. Und der »Austausch« der Küsse verliert seine Naivität. (Zugleich ist freilich die Incubus-Phantasie auch Ausdruck für das Inbesitznehmen der Geliebten, der sich in einer Ersatzhandlung verschlüsselt.) Gertrude, an der er partizipieren wollte, hat er elf Tage später das sehnsüchtige Widmungsgedicht zum *Hunting of the Snark* geschrieben.[89] Es ist sicher nicht ohne Bedeutung, daß er diesmal keins seiner üblichen Akrosticha konstruiert, sondern daß er den Namen in seine Silben zerlegt *und* daß er das im Tagebuch vermerkt: ». . . the four stanzas to begin with ›girt, rude, chat, away‹.« Solche Worte heben die Zärtlichkeit des Gedichts wieder auf, sie implizieren ein Ungeschehenmachenwollen durch die Aufhebung, von der Freud einmal sagte, sie sei magischer Natur.[89a] Daß die Wörter sich im Namen des Mädchens verstecken, weist diesem die Schuld an der verfehlten Identifikation zu, da Namen für Carroll die alte magische identitätsetzende Bedeutung haben, wie im *Snark*-Kapitel zu zeigen sein wird. Daß aber Carroll sah, daß sie sich im Namen versteckten, ist die Rechtfertigung der Aussichtslosigkeit der Beziehung, die Barriere, die Carroll immer, wenn eine Beziehung ernsthafter zu werden schien, glaubte errichten zu müssen, auch wenn es sie nicht hätte zu geben brauchen, wenn sich, konkret gesprochen, eine Beziehung durchaus hätte ernsthaft verfolgen und »legitimieren« lassen.

Was wir hier unterm Sammelnamen der Verwandlung als Formen der Identität beschrieben haben, müßte traum-terminologisch im einzelnen differenziert werden. So gehören die Sammel- oder Mischpersonen der *Verdichtung* zu; die Aufspaltung der Person, etwa in der krassen Form, wie sie uns in dem Rebusbrief begegnet ist, gehört zur *Entstellung*, hier mit einer stark *überdeterminierenden* Komponente; der Brief an Mary Macdonald[90], der als Beispiel für die Verwandlung ins Alter angeführt wurde, müßte als *Verschiebung* gelesen werden, weil der Anlaß des Briefs, aus den oben genannten Gründen, in die Nachschrift rutscht[91]; schließlich wäre *Überdeterminierung* die den Abstand vergrößernden Identifikationen bis hin zum Duke of Wellington; und eine kaum gebrochene *Wunscherfüllung*, wie sie sonst nur in Kinderträumen begegnet, die reversible Verwandlung des Vampirbriefs.[92]

Nicht, oder nur bedingt, benutzt wurde die Terminologie bei der Betrachtung der Briefe aus zwei Gründen. Einmal ist es riskant, die für ein Gebiet erarbeitete und damit scharf umgrenzte Vorstellungen auslösende Terminologie auf ein anderes Gebiet zu übertragen. Schließlich handelt es sich bei den betrachteten Gegenständen nicht wirklich um Träume, sondern um Produkte, bei denen man zwar mit einer rigorosen Verminderung der Zensur rechnen darf, und die durch ihre Methode des anscheinend freien Assoziierens Techniken benutzen, die vorwiegend aus dem Traum bekannt sind, Produkte, die aber dennoch einem wachen oder halbwachen oder geistesabwesenden, jedenfalls keinem schlafenden Bewußtsein entspringen. Am allgemeinsten ließen sich diese Produkte, nach Lawrence S. Kubie, als »vorbewußte Operationen« bezeichnen, die sowohl den Bereich des Traums als auch den der Absenz, des freien Assoziierens und schließlich, unter ungehemmten, d. h. weder vom Unbewußten noch vom Bewußten dominierten Bedingungen, selbst den des Schreibens, Malens usw. decken.[93] Es sei nur angedeutet, daß nach Kubie die vorbewußten Operationen als Bedingungen der

Möglichkeit des schöpferischen Prozesses beständig in die Zange genommen werden von den beiden Extremen Bewußtes und Unbewußtes. Das Übergewicht nach der einen Seite bewirkt strikte Begrifflichkeit, »logische und chronologische Übermittlung bewußter Gedanken, Zwecke und Erfahrungen«, das Übergewicht nach der anderen Seite »halluzinatorische Wahnvorstellungen«.[94] Die Spannung der Carrollschen Texte, ihre permanenten Schocks, die Zurichtung einiger weniger psychischer Grundmuster durch immer andere Erfindungen, sprachbewußte oder logische Transformationen, das Fehlen von, sagen wir einmal, ruhig fließenden Passagen und dabei das Nichtversiegen der schöpferischen Quelle, erklärt sich vermutlich aus einem steten Oszillieren zwischen den Extremen, die gleichermaßen unter Hochspannung stehen. Paradox gesagt: dominierendes Bewußtes und dominierendes Unbewußtes machen einander in jedem Satz den Rang streitig.

Der zweite Grund für die Nichtverwendung der einschlägigen Terminologie ist, daß »Verwandlung« ein breiteres Spektrum des Carrollschen Unsinns deckt und die interpretierten Erscheinungsformen nicht an eine falsche Eindeutigkeit bindet. Die Möglichkeit der Verwandlung ist der Hauptmotor für den Carrollschen Unsinn, ohne daß diese doch immer einer Traumform entspricht, wenn sie auch in ihr – oder in der erweiterten Form des Tagträumens – ihren sichtbaren Ursprung hat. Vieles gehört ins Erscheinungsbild des Zwangscharakters, vieles schreibt sich von der Tätigkeit der Abwehrmechanismen her, vieles mag damit zusammenhängen, daß Carroll Linkshänder war, und vieles ist vermutlich »nur« Spiel, das heißt motorische Reproduktion der von der psychophysischen Konstitution immer wieder gelieferten Muster. So kann sich eines der Grundmotive, die Umkehr, wohl im Traum zeigen, läßt sich aber viel leichter als Abwehrmechanismus lesen, der, einmal internalisiert, beliebiger Variierung offen steht. Andererseits haben die kleinen Mädchen für Dodgson im strengen Sinn therapeutische Bedeutung. Im selben Brief, in dem das Reden über sich selbst als ungesundes Thema abgetan wird, steht am Schluß der bezeichnende Satz: »Of course, there isn't *much* companionship possible, after all, between an old man's mind and a little child's, but what there is is sweet – and wholesome, I think.«[95] Im Umgang mit den Mädchen verlor sich seine Charakterpanzerung, so sehr, wie man weiß, daß sich auch seine physische Erscheinung verwandelte: er war locker, beweglich, sprach fließend, während er sonst stotterte. Solche »Umkehr« muß aber zusammenhängen mit einer Reduktion der Zensur, wie sie sich nur im Traum oder beim freien Assoziieren findet. Die kleinen Mädchen sind dann gewissermaßen die Couch des Analytikers. In den Briefen ist der Kontakt für uns noch am spürbarsten, wenn sich auch, durch die Niederschrift, die Zensur wieder stärker zur Geltung bringt, so daß mit Abwehrmechanismen und Zwangshaltungen – auch Übertragungsphänomenen – zu rechnen ist, die sich dann in den Büchern an prominenter Stelle inthronisieren, wie die Raupe auf ihrem Pilz, ständig herausgefordert vom befreiten Bewußtsein: die Bücher sind der Kampf Dodgsons gegen Carroll, Carrolls gegen Dodgson.

Die superfiziell so offensichtliche Persönlichkeitsspaltung hat man bisher fast ohne Einschränkung schematisch auf die Publikationen übertragen.[96] Die logisch-mathematischen Schriften, heißt es, entsprächen dem strengen und zwangsneurotischen Reverend Dodgson, unter dessen Namen sie veröffentlicht wurden; in die Unsinnbücher aber habe sich das befreite Ich, das sich selbst Lewis Carroll nannte, geflüchtet. Gewiß ist der Autor selbst der Vater der Legende: wir wissen, wie empfindlich er auf Trennung der Bereiche hielt, und wissen auch warum. Doch darf uns das nicht täuschen. In beiden Möglichkeiten, sich zu äußern, äußern sich beide Seiten der Person. In den unter Dodgsons Namen veröffentlichten Schriften finden sich durchweg unsinnige Partien, hauptsächlich was die gewählten Beispiele zur Illustration seiner Thesen angeht, aber auch in der Argumentation selber (etwa in den Pamphleten zur Universitätspolitik, die dem Christ Church-Don in Wahrheit bitter ernst war). Und die Welt Carrolls wimmelt von den Verbotsschildern Dodgsons. Es läßt sich nicht einmal sagen, daß die Akzentsetzung jeweils eine verschiedene sei, daß der Tenor der Schriften Dodgsons generell ernsthaft sei und der der Schriften Carrolls lustig. Es

gibt zahlreiche Adressen Carrolls an Kinder, es gibt die Vorworte, vor allem die zu den *Sylvie and Bruno*-Bänden, die trokkener, humorloser, frömmlerischer, prüder sind, als alles, was Dodgson je geäußert hat. In den Briefen geraten die Bereiche vollends durcheinander. Es macht keinen Unterschied, wovon im Brief die Rede war, mal sind sie C. L. Dodgson oder C. L. D., mal Lewis Carroll unterschrieben.
In einer frühen Zeichnung – dem Titelblatt der von Dodgson für seine jüngeren Geschwister geschriebenen und illustrierten Zeitschrift, *The Rectory Umbrella* (1849 oder 1850)[97] – hat der Autor selber die Einheit des Getrennten gestaltet: eine Figur, die auf Grund ihres Zottelbartes ein Mann zu sein scheint, posiert hingegossen am Boden, leicht auf einen Ellbogen gestützt – eine Pose, die in vielen seiner Mädchenphotographien wiederkehrt. Dieser »Mann« aber steckt in einem Mädchenkleid, das bis über die Knie hochgezogen ist. Diese Einheit des Getrennten wird allerdings durch das übrige Bildarrangement sogleich wieder rückgängig gemacht, wie um das Bekenntnis zu vertuschen: denn die Figur ist – auf *ihrer* Ebene – links und rechts umschwärmt von sieben züchtig, aber horizontal (!?) fliegenden Mädchengestalten, die in Körbchen ihre Gaben bringen: *Good Humour, Taste, Liveliness, Knowledge, Mirth, Content, Cheerfulness.* Darüber holpern chaotisch sechs als Knaben identifizierbare Gestalten, die die Figur mit Steinen bewerfen: *Woe, Crossness, Alloverishness, Ennui, Spite, Gloom.* Die Figur kann sich schützen gegen die Steine durch einen Schirm, der so groß ist, daß auch die Mädchen von ihm beschützt werden. Die Beschriftung auf dem Schirm lautet: *Jokes, Riddles, Fun, Poetry, Tales.* Diese Zeichnung liest sich wie das Wunschbild der erzwungenen Distinktion, das nur in der Figur selber anzeigt, wie es wirklich ist. Die Bedrohung »von oben«, durch Autorität, Erwachsensein, männliches Prinzip, aber auch: Depressivität, soll abgefangen werden durch die literarischen Erfindungen, deren Schutzfunktion im Bild des Schirms durchaus einbekannt wird. Die Mädchen, andererseits, sind durch ihre Gaben die Quellen der Inspiration. Die Zeichnung ist vermutlich ein *bewußtes* Elaborat; um den wahren Sachverhalt des Verhältnisses Carroll/

Dodgson zu rekonstruieren, muß man natürlich solches dechiffrieren, in dem die Gegenüberstellung unbewußt gestaltet ist.

Ein scharfes Bild für die von uns behauptete Uneindeutigkeit der Konfrontation ist das erwähnte der Raupe (caterpillar) im 5. Kapitel der *Alice*: der strenge und steife, in schwer zu widerlegenden Sophismen redende Schulmeister (»Repeat ›You are old, Father William‹«.[98]) – er sitzt, wie jede Autorität, *oben*, auf einem Pilz, und in diesem wiederum läßt sich vielleicht eine Transformation des Schirms aus dem *Rectory Umbrella*-Bild sehen – macht dem spontanen Kind seine immer neu erfundenen Ausbruchsversuche unmöglich. Die Extreme der Person hat der Autor wohl nirgends zwingender dissoziiert. Doch nicht nur ist es das Problem der Alice, wie sie größer werden, ihre normale Größe – sich selber also die sie ist – erreichen kann, – das komplementäre Problem stellt sich der Raupe, die, auch das bleibt im Text nicht unausgesprochen, im Zwischenstadium der Verpuppung ihrer Bestimmung entgegenreifen muß. So sind beide Wesen transitorische Erscheinungen. In der Richtung auf Verwandlung haben sie den gemeinsamen Fluchtpunkt und zugleich sind sie in diesem umgekehrt aufeinander bezogen. Die dogmatische Raupe (Dodgson) findet Verwandlung die natürlichste Sache von der Welt, das spontane Kind (Carroll) ist durch sie irritiert. Das Kind fühlt sich in seiner Größe unwohl (»Three inches is such a wretched height to be.«), die Raupe hält gerade diese Größe für die legitime (»›It is a very good height indeed!‹ said the Caterpillar angrily, rearing itself upright as it spoke (it was exactly three inches high).«).[99] Das Kind, also, das sich verwandeln *will*, aber nicht kann, möchte die Natur der Raupe haben, die Raupe, die sich verwandeln *muß*, verteidigt den *gewordenen* (vs. werdenden) Zustand des Kindes. C möchte D und D C sein. Nun ist aber D schon seiner Natur nach C, während C in seiner Fixierung D geworden ist. *Dieses* »C« und *dieses* »D« ist jedoch seiner Denotation nach »»D«« und »»C««, weshalb sie mit Fug den Wunsch verspüren, zu werden, die sie *noch* nicht sind, nämlich »»»C««« und »»»D««« . . . Die erste Frage, die die Raupe an Alice richtet, ist die Frage nach der Identität:

»Who are *you*?« Alle Beantwortungsversuche münden in die neuerliche Frage: »Who are *you*?«[100]
Das affektive Erscheinungsbild der Briefe schwankt zwischen Schelte und Zärtlichkeit. Beiden ist nicht zu trauen, denn nur die letztere will ernst genommen werden. Tatsächlich aber überwiegt bei weitem das Beschimpfen, Bescheidsagen, Zurechtweisen, der Hohn und die Rechthaberei – die Steine der Knaben aus dem Schirmbild, die eben nicht abgefangen werden. Mögen sie auch immer witzig gemeint sein – ein stereotypes »Dearest« in der Anrede und ein »your loving friend« oder »uncle« in der Schlußformel heben ihr Unbehagliches nicht auf. Die Aggression dieser Briefe, die unter der Vorspiegelung des Unsinns auf die kleinen Mädchen einschlägt, ist als Abwehrhaltung äußerst wichtig: die Mädchen sind es, die ihm die Möglichkeit verstellen, erwachsen zu werden. Ihre unselige Attraktion hemmt ihn in seiner Reaktion auf die »normale« Umwelt, zwingt ihn zur Exzentrik, boykottiert jede »erwachsene« Liebe. Die Attraktion selber entsprang seinem verdrängten *Wunsch*, nicht erwachsen werden zu müssen. (Der schwerste Schlag, der ihn je getroffen habe, sei der Tod seines Vaters gewesen, schreibt er als alter Mann[101]; doch der Vater im Himmel spielte die Rolle des irdischen weiter. Vielleicht hat auch die vielumrätselte, nicht endgültig vollzogene Ordination Dodgsons zu tun mit dem Wunsch, Kind zu bleiben, der ja zugleich die in Liebe und Ehrfurcht umgedeutete Angst vor dem Vater und die Scheu, sich mit ihm durch Erwachsenwerden oder Ordination zu identifizieren, impliziert.) Die Verdrängung des Wunsches äußert sich vor allem darin, daß die Reproduktion der Kindheit nur durch Mädchen möglich war. Kleine Jungen waren ihm verhaßt: sich mit ihnen abzugeben hätte die Reproduktion der *eigenen* Kindheit bedeutet und wäre einem Eingeständnis der Unmündigkeit gleichgekommen. Gleichzeitig brauchte die Identifikation mit Mädchen ihrer Natur nach nie zum Konflikt mit dem Vater zu kommen, da die Möglichkeit einer Identifikation mit diesem hier nicht gegeben war. Immerhin bedeuteten die Mädchen die materialisierte Wiederkehr des Verdrängten, gegen die er sich durch Reaktionsbildungen schützen mußte. Daher die überpointierte,

an der Oberfläche witzige Abwehr in den Briefen, zu der als Komplementärerscheinung die übertriebene Zärtlichkeit und Apotheotisierung der Mädchen, wie er sie vorwiegend im Umgang mit ihnen zeigte, gehört. Abwehr und Akzeption sind eine Spirale. Der für Zwangsneurotiker typische Wunsch, ungeschehen zu machen, was war, und die damit verbundene Verkehrung ins Gegenteil, führen zur Bildung der Abwehrmeachnismen[102], die dann wieder, als Abwehr der Abwehr, zärtliche Verklärung hervorrufen, und so fort. Auf diese Weise gelingt es dem Autor, Carroll wie Dodgson wechselweise zu rechtfertigen. Seine Verteidigung Dodgsons ist ein Meisterstück: einfallsreich, souverän, widerspruchsfrei. Die Verteidigung Carrolls, ohnehin nur geführt in ein paar Widmungsgedichten, einer handvoll Vorworte, mehreren Briefen und zwei, drei Figuren in den Büchern, ist ledern, sentimental, stereotyp, eine Art Pflichtmandat. Die eine scheint spontan und automatisch zu kommen, der anderen sieht man an, daß sie bewußt, vielleicht nicht ohne Widerstreben, elaboriert ist: es ist die Verteidigung Dodgsons durch Carroll, Carrolls durch Dodgson. Die eine gelingt, wie die Abwehr dem Bewußtsein ja legitim ist; die andere gerät schief, verfällt aufs Klischee, das immer dort einsteht, wo ein unsicheres Bewußtsein sich in die verbürgte Meinung flüchtet: so braucht es selber nicht verantwortlich zu zeichnen, weil dieses Plädoyer in eigener Sache für unrechtmäßig gehalten wurde. Es ergibt sich das Paradox, daß immer dort, wo »Dogson« ins Bild kommt, das entsteht, was man Unsinn getauft hat, und daß dann, wenn sich »Carroll«, der Kinderfreund, zeigt, viktorianische Schulprosa geschrieben wird.

Beim Lesen vor allem der *Alice*-Bücher muß man sich der innigen Verschränkung Dodgsons mit Carroll gewärtig bleiben. Die Welt Carrolls, das ist Alice, die Welt Dodgsons alles übrige. (Zu ihrer Schwester, in hübscher Umkehr des Gesagten, hatte Alice einmal gesagt, als man »Kings and Queens« spielen wollte, aber bloß zu zweit war: »Well, *you* can be one of them, and *I'll* be all the rest.«[103]) Beide Welten führen einen permanenten Krieg, und beide führen ihn zu Recht. Zwar zielen die Wesen des Traumlandes darauf ab, Alice ins Unrecht zu setzen – durch

Ambivalenzen der Sprache vor allem, durch Rätsel, deren Lösung es nicht gibt, durchs Pochen auf Manieren, wo sie sinnlos sind, durch die Autorität der Erwachsenen überhaupt –, und schon dadurch rechtfertigt sich die Kindlich-Naive, die Unschuld, in den Augen der Leser. Nur ist sie gar nicht so unschuldig, wie sie erscheinen mag: sie ist altklug und schnippisch, und was sie sagt, hat oft tödlichen Nebensinn. So wenn sie, scheinbar unschuldig-harmlos, es nicht lassen kann, in Gegenwart der Maus und der Vögel immer wieder ihre Katze Dinah zu erwähnen, die sich so gut aufs Jagen von Vögeln und Mäusen verstehe.[104] Man müßte in dem Zusammenhang einmal die zahlreichen Todeswitze der beiden Bücher zählen (William Empson hat als erster auf sie hingewiesen[105]): vermutlich gingen die meisten zu Alicens Lasten. Es scheint, als werde in Alice selber der Kampf zwischen Carroll und Dodgson, die Wendung gegen die eigene Person, noch einmal ausgetragen, der sich auf der breiteren Ebene zwischen Alice und den Traumwesen abspielt. Oder kommt das, weil Alice ein »Mensch« ist, und die anderen »nur« phantastische Geschöpfe? Weil er den großen Zwist als persönlichen nicht begreifen konnte, aber doch spürte, daß in Alice sich mehr als nur »ein Kind« gestaltete, nämlich das, was nicht sein durfte?

Von einem Fenster hinter der Bibliothek in Christ Church College konnte Dodgson ins Gärtchen neben der Deanery blicken, wo Alice und ihre Schwestern spielten. Zugang gab es nur durch das Haus des Deans oder durch eine nur vom Dean zu öffnende Tür in der Mauer zur Seite von Christ Church Cathedral, eine Tür mit einem großen Schlüsselloch. Dodgson konnte den Garten nicht betreten: er war zu alt, um Spielgefährte sein zu können, zu jung, um von der argwöhnischen Mrs. Liddell als Freund akzeptiert zu werden. Im Traum vom Wunderland müht sich Alice lange vergeblich, in den Garten des Wunderlandes einzudringen, den sie durch das Schlüsselloch erspäht: sie ist zu groß oder zu klein. Im Traum gelingt ihr schließlich auch die Verwandlung in die »richtige« Größe: sie *kann* eintreten. Und er mit.

Zur Syntax und Semantik Lewis Carrolls

Zwei Interpretationen

I maintain that any writer of a book is fully authorised in attaching any meaning he likes to any word or phrase he intends to use.
– Lewis Carroll, *Symbolic Logic* (166)

The keys to. Given!
– James Joyce, *Finnegans Wake* (628)

1 Die »Evidence«

Carrolls Unsinndichtung bezieht ihre extremsten Positionen in zwei Gedichten, die schon sehr früh konzipiert wurden. Das eine ist die »Evidence«, die vom White Rabbit in der Gerichtsszene des *Wonderland* verlesen wird, das andere der *Jabberwocky,* oder genauer dessen erste Strophe, aus dem *Looking Glass.* Die »Evidence« wurde im Sommer 1854 geschrieben, war um zwei Strophen länger, hieß »She's all my fancy painted him« und erschien im Herbst des folgenden Jahres in »The Comic Times«[1]; die erste Strophe des *Jabberwocky* ist datiert »Croft 1855«, heißt »Stanza of Anglo-Saxon Poetry« und hat bereits den Pseudokommentar, den Humpty Dumpty später (teilweise modifiziert) vortragen wird.[2] Beide Gedichte kommen von einer »Vorlage« her: die Erstfassung der »Evidence« entwickelt sich aus der parodierten ersten Zeile eines populären Liedes; die erste Strophe des *Jabberwocky* will sich als angelsächsische Poesie verstanden wissen, was durch die Verwendung von Pseudorunen im Manuskript unterstrichen wird.[3] Beiden Gedichten gemeinsam ist ihre Unverständlichkeit, bei gleichzeitiger Suggestion von Sinn. Diese Unverständlichkeit wird durch nichts, was Carroll geschrieben hat, überboten. Das eine Mal entsteht sie durch eine äußerste Sinnentleerung elementaren, scheinbar eindeutigen Vokabulars, im andern Fall durch eine Sinnpotenzierung der Wörter, in denen sich mehrere semantische Schichten überlagern. Der Unsinneindruck, den die Gedichte hinterlassen, ist vom Dichter beabsichtigt; er selbst hat sie als Unsinn verstanden und verstanden wissen wollen. Und gewiß hat er recht, wenn man mit traditionellen Kategorien des Verstehens sie liest, wie er selber es tat. Doch lassen sich natürlich auch Gedichte wie diese sinnvoll lesen, indem man zum Beispiel untersucht, was gewissermaßen technisch in ihnen vor sich geht und was über die Mechanismen der Sprache dadurch ausgesagt wird. So ließe sich dann etwa behaupten, die Gedichte hätten zwar keinen Sinn, aber doch eine Bedeutung, wobei unter Sinn der referentielle Sachgehalt, unter Bedeutung das durch die Verfahrensweise zwar Indizierte, aber nicht mehr lexikalisch Fixierte oder Fixierbare verstanden werden soll. Beide Bereiche fallen im traditionellen Gedicht zusammen: sie bedingen einander wechselweise, und sie werden gewöhnlich als ein und dasselbe gesehen.[4] Ihre für die Moderne so folgenreiche Trennung ist erstmals, soweit ich sehe, bei Lewis Carroll radikal vollzogen.

Das titellose Gedicht, das wir »Evidence« nennen, weil es als solche im Prozeß gegen den Knave of Hearts verwendet wird[5], findet sich am Schluß des zwölften Kapitels der *Alice in Wonderland:*

They told me you had been to her,
  And mentioned me to him:
She gave me a good character,
  But said I could not swim.

He sent them word I had not gone,
  (We know it to be true):
If she should push the matter on,
  What would become of you?

I gave her one, they gave him two,
  You gave us three or more;
They all returned from him to you,
  Though they were mine before.

If I or she should chance to be
Involved in this affair,
He trusts to you to set them free,
Exactly as we were.

My notion was that you had been
(Before she had this fit)
An obstacle that came between
Him, and ourselves, and it.

Don't let him know she liked them best,
For this must ever be
A secret, kept from all the rest,
Between yourself and me.[6]

Alice, die in ihrer obersten Schicht den »normalen« Menschen, den Leser also, vorstellt, formuliert die nächstliegende Reaktion: »›*I* don't believe, there's an atom of meaning in it.‹« Nur müßte hier gleich eingeschränkt werden: »atoms of meaning« finden sich wohl; die einzelnen, einfachen Sätze sind *in sich* verständlich, haben für sich Sinn und jeweils Bedeutung. Die Störung des Verstehens entsteht erst durch die Beiordnung von Hauptsätzen, durch die Erweiterung der Sätze durch Nebensätze, durch die Zusammenfügung der Zeilen zu Strophen und der Strophen zur scheinbaren Kontinuität des Gedichts. Die Strophen, das zeigt sich auf den ersten Blick, sind vertauschbar. Das Gedicht ist die Reihung je gleicher Teile: würden die Strophen anders gruppiert, so würde sich an der Bedeutung des ganzen nichts ändern. (So wie eine Umgruppierung innerhalb der Carrollschen Traumbücher deren Bedeutung nicht berühren würde.) Die dritte Strophe könnte an die Stelle der zweiten treten – so würde etwa die I-she-Beziehung direkt wieder aufgegriffen. Aus dem nämlichen Grund könnte Strophe 4 an die Stelle von Strophe 2 treten. Strophe 5 könnte an Strophe 2 anschließen, eine mögliche Antwort auf die dort gestellte Frage formulierend. Usw. Ebenso ließen sich einzelne Zeilen – sieht man ab vom Reimzwang, der aber den Gedanken der Zeilen nicht wesentlich ist – innerhalb der Strophen und von Strophe zu Strophe vertauschen. In der ersten Strophe ließen sich die Zeilen 2 und 4 gegeneinander austauschen, dasselbe wäre möglich in Strophe 4. Der konditionale Teil von Strophe 2 könnte, wenn das *if* zu *and* geändert würde, den zweiten Teil von Strophe 4 bilden. Zeile 2 in Strophe 5 könnte zu Zeile 2 oder 4 in Strophe 1 oder zu Zeile 2 in Strophe 2 werden. Usw. Schließlich die Wörter, um die es geht, die Personalpronomen, auch sie bleiben verwechselbar, und manche Umstellung ließe sich im Hinblick auf Sinn motivieren, wenn es um ihn ginge. Vertauschbarkeit der Teile heißt aber zugleich, daß es potentiell kein Ende und keinen Anfang gibt, und daß die Länge des Textes keine Rolle spielt. (Auch das sind wieder allgemeine Prinzipien der Unsinnliteratur.) Dies zeigt sich etwa auch daran, daß erste und dritte Strophe der früheren Fassung gestrichen werden konnten: die Streichung berührte den Sinn nicht, wohl aber die Bedeutung, sie hatte ihren Grund in der Verschiedenheit der Vokabelschichten, wie sich noch zeigen wird. In der vorliegenden Fassung werden einzig in der Schlußstrophe gewisse Reizwörter und Syntagmen eingesetzt, die die Position dieser Strophe, eben als abschließende, festzulegen scheinen.

Dennoch, was der viktorianische Leser als Unsinn verstehen mußte, gemahnt uns, geschult durch hundert Jahre dunkler Lyrik, zur Vorsicht. Ist es nicht ein änigmatisches Gedicht? Wurde hier etwas verschlüsselt, das sich auflösen ließe, fände man den Schlüssel? Wir wissen doch, daß sich seit der Romantik hinter Liedform und einfacher grammatischer Struktur, einfachstem Vokabular, nicht mehr logisch ableitbare innere Strukturen verbergen können, die nach Deutung verlangen, nicht mehr, wie bisher, nach Explikation. Wo könnte sie ansetzen? Gibt es ein »secret«, wie es die vorletzte Zeile behauptet? Doch gerade dieses, das wenigstens formell das Dunkel des Gedichts rechtfertigt, stürzt sogleich erst recht ins Dunkel, denn herrschen soll das Geheimnis »between yourself and me«. Das Änigmatische bleibt also im Gedicht, weist nicht über es hinaus. Oder doch? Das Gedicht steht ja in einem Kontext. Aber wir werden sehen, daß dieser die Verrätselung nur verwickelter macht. Herkunft und

Urheberschaft der »Evidence« sind dunkel: gefunden wird ein *Papier,* das ein *Brief* des Gefangenen zu sein scheint, in Wirklichkeit aber ein *Gedicht* ist. Das Schriftstück wurde vom Gefangenen verfaßt, ist allerdings nicht in seiner Handschrift (»›He must have imitated somebody else's hand.‹«) und trägt auch keine Unterschrift (»›You *must* have meant some mischief or else you'd have signed your name like an honest man.‹«).[7] Die Gründe also, die die Untauglichkeit des Gedichts als eines Beweisstückes belegen müßten, überantworten erst recht, mit einer Folgerichtigkeit, wie es sie nur in der Logik gibt, den Gefangenen der Schuld. Je weiter er sich distanzieren kann, desto schlimmer wird sein Verbrechen. Direkt *beweisen* läßt es sich aus dem Gedicht. Mehreren der variablen Sätze wird ein Sinn unterlegt, indem die Personalpronomen identifiziert werden: »»›*We know it to be true* –‹ that's the jury, of course . . . ›*I gave her one, they gave him two*‹ – why, that must be what he did with the tarts, you know –« – »But it goes on ›*They all returned from him to you*‹«, said Alice. – »Why, there they are!« said the king triumphantly, pointing to the tarts on the table.‹[8] Es ist klar, daß solche Identifizierung sich von Satz zu Satz, oder sogar im Satz selber, wieder aufhebt. Ein Beispiel wäre der verschiedene Sinn, der in der zitierten Stelle mit »they« verbunden wird. Solche Ausdeutung hat aber nur *den* Sinn, das Gedicht als unsinniges erst recht festzulegen, nicht es zu mystifizieren. Zweifellos läßt sich die ganze Passage als Gerichtsparodie lesen, in einer an derlei Parodien nicht eben armen Zeit. Doch gleichzeitig mockiert sie sich über Methoden der Deutung überhaupt und bezeichnet genau die Stelle, wo Sinn hier nicht zu suchen ist: in einer Festlegung der Wörter auf Eindeutigkeit. Gerade ihre Nicht-Eindeutigkeit ist eine Absicht des Gedichts, doch nicht als Konstituierung von Polyvalenz als der Möglichkeit konkurrierender, potentiell richtiger Deutungen, sondern als Retirade aus dem von der Sprache der Poesie bis dahin als selbstverständlich erwarteten Bündnis mit referentiellem Sinn.

Die Intention des Autors wird deutlicher, wenn wir die Erstfassung betrachten. Wir zitieren die ersten drei Strophen, deren zweite, stark umgearbeitet, den Anfang der »Evidence« bildet:

She's all my fancy painted him
  (I make no idle boast);
If he or you had lost a limb,
  Which would have suffered most?

He said that you had been to her,
  And seen me here before;
But, in another character,
  She was the same of yore.

There was not one that spoke to us,
  Of all that thronged the street:
So he sadly got into a 'bus,
  And pattered with his feet.[9]

Die erste Zeile verkehrt die erste Zeile eines in unerwiderter Liebe sich verzehrenden Lieds, »Alice Gray«, von William Mee: »She's all my fancy painted her«. Mees Gedicht, dessen Vertonung zu den Repertoirestücken der viktorianischen Drawing-Room-Musik zählte, hat Carroll noch einmal, am 15. März 1862, kurz bevor die *Alice* Gestalt anzunehmen begann, zu einer Parodie im engeren Sinne gereizt.[10] Sie türmt, wie die Vorlage, Epitheton auf Epitheton, doch so, daß eins dem anderen widerspricht: die Einbildung wird jeweils durch die Wirklichkeit korrigiert. Nichts ist, was es zu sein scheint:

I painted her a lip and cheek
  In colour like a rose;
I little thought the selfsame hue
  Extended to her nose!

Das schöne junge Mädchen ist in Wahrheit eine Vettel. Die Verkehrung ins Gegenteil, oder mindestens die Verwandlung in ein Anderes, ist, wie wir wissen, ein Grundmotiv des in der eigenen Identitätsproblematik gegründeten Unsinns Lewis Carrolls; hier ereignet sie sich technisch in einer Folge »fortschreitender Verneinungen«, von denen – im *Jabberwocky*-Teil des Kapitels – noch zu reden sein wird. Die Mee-Parodie ist eins der zahllosen

Beispiele und interessiert hier nur deshalb, weil sie anzeigt, welche Triebkraft das »Evidence«-Gedicht in Gang gesetzt hat. In der ersten Zeile der Erstfassung sind Absicht und Herkunft noch unverhüllt da – »*She*'s all my fancy painted *him*« –, sonst verdankt das Gedicht der Vorlage nur Rhythmus, Metrum und Strophenbau. Es macht sich los von der einfachen Identifikation des Entgegengesetzten und begibt sich in den freien Raum der chaotischen, noch nicht segmentierten Ungeschiedenheit des Identischen schlechthin. Da das Nicht-Eindeutige thematisiert wird, kann es das Est der Identität nicht geben, und so wird auch klar, warum die erste Zeile der ursprünglichen Fassung, die dieses setzt, im endgültigen Text nicht mehr vorkommen durfte: sie hätte dem Verständnis die falsche Richtung gewiesen.

Welcher Weg aber ist einzuschlagen, um zu begreifen, wie die Bedeutung des Gedichts, die wir die Ungeschiedenheit des Identischen genannt haben, gerade durch die Sinnlosigkeit des Textes sich zu erkennen gibt, ja in ihr sich erst konsequent realisieren läßt? Sehen wir zunächst einmal zu, welcher Art die Sinnlosigkeit ist – es gibt deren ebensoviele Arten wie es Arten von Sinn gibt – und wie sie hergestellt wurde. Sie ist ja keine willkürliche, sondern hat Methode. Wenn es stimmt, daß Sinn – gemäß der engen Fassung, die wir dem Begriff oben gegeben haben – nicht widerrufen werden soll (nach dem Schema *she* – *him*), sondern gar nicht erst, auch nicht in der Negation, intendiert ist, die Intention vielmehr im Nichtzustandekommen eines konkret angebbaren, durch Paraphrase – als der Auflösung von elliptisch oder verschlüsselt Gesagtem – erschließbaren Sinnes zu liegen scheint, dann ist die Frage nach dem Verfahren, nach der Weise, wie Sinn hier suspendiert wird, die einzige, die sich stellt. Ihre Beantwortung zielt zugleich auf die andere, die Frage nach der Bedeutung.

Erinnern wir uns, daß Sinn üblicherweise aus der Verzahnung der Wortbedeutungen mit der Struktur des Zusammenhangs entsteht, da jedes Wort für sich semantisch nur relativ fixiert ist. Mit Struktur des Zusammenhangs ist nicht der Satz gemeint: der Satz wäre nur ein Sonderfall der Möglichkeiten, nach denen

Zusammenhang gesetzt wird, durch den Sinn sich herstellt. Gerade die Alltagsprache zeigt ja, daß es unbegrenzte Möglichkeiten der Verwendung von Wörtern gibt, die nichts mit Sätzen, wie die Grammatik sie faßt, zu tun haben, die dennoch aber einen zusammenhängenden Sinn – das heißt ein relativ eindeutiges Verstehen der Wörter, wie es – analog – die Syntax leistet – vermitteln. Also Ellipsen, Interjektionen, Gemurmel (an der Intonation der Lautfolge zeigt sich, was gemeint ist: Zustimmung, Ablehnung, Haß, Ekel usw.), und alle Arten grammatikalisch falscher oder »unmöglicher« Wörterfolgen. Ausdrücke wie Wittgensteins »Links von süß«, Chomskys »Furiously sleep ideas green colourless.« können in den verschiedensten Zusammenhängen als sinnvolle und sogar normale, d. h. keineswegs unregelmäßige, »ungrammatische« Äußerungen verstanden werden. Es ist möglich, daß jemand, der zu einem Gespräch hinzukommt, zunächst nichts als Unsinn versteht, sowohl was die einzelnen Sätze, wie was den unmittelbaren Zusammenhang betrifft, bevor er nicht ins Thema eingeweiht ist, oder bevor sich ihm dieses nicht allmählich, im Verlauf, entschleiert und er rekursiv die vorher nicht verstandenen Sätze versteht – so wie man deutsche Sätze, wenn sie, wie dieser, das Prädikat an den Schluß stellen, nicht Schritt für Schritt, wie üblicherweise das Gespräch, sondern erst vom Ende her versteht. In einer vergleichbaren Situation befindet sich der Leser. Sein Verstehen eines Textes hängt davon ab, ob er sich auf den Zusammenhang dieses Textes einläßt. Solcher Zusammenhang kann vorwiegend referentiell sein: zum Beispiel ein Zeitungsbericht; Sprache als Vehikel; es genügt zumeist, die lexikalische Bedeutung der Wörter und ihre Syntax zu kennen, um den Zusammenhang zu verstehen. Der Zusammenhang kann begrifflich sein, wie in der Philosophie, für deren Verständnis eine Sondersprache, »symbolisch«, wie in der Psychoanalyse, für deren Verstehen eine je andere Privatsprache beherrscht werden muß; er kann, wie in den Sprachen der Poesie, gegeben sein durch Metaphern, Bilder, Motive, durch Metrum und Reim, Morpheme und Phoneme, syntaktische Figuren. In der vormodernen Poesie sind mehrere dieser Aspekte gewöhnlich verbunden und überlagern einander. Die vermeintliche Nähe zur Alltagssprache war (und ist vielfach heute noch[11]) schuld, daß allenfalls Abweichungen von dieser notiert wurden, das Ganze aber, wie diese, auf seinen »Sinn«, auf das, was außerhalb des Gedichts lag, was es, scheinbar, »nur meinte«, hin interpretiert wurde. Metaphern, Reime, syntaktische Figuren als Schaffnerinnen des Sinns. Die für die Bedeutung konstitutive Funktionalisierung aller Ebenen literarischer Texte – z. B. die Semantisierung von Morphemen, die Korrelation von Wörtern auf Grund phonemischer Identität – ließ sich so lange verdecken, bis sie in den Texten selbst gleichsam enthülst formuliert wurde, bis also evident war, daß das Regelsystem der Alltagssprache mit dem der poetischen Sprachen nichts oder nur in Sonderfällen etwas gemein hat. Die Leistung der Literaturrevolution zu Beginn dieses Jahrhunderts liegt nicht zuletzt darin, gezeigt zu haben, daß die Voraussetzungen des *Verstehens* von Dichtung falsch waren. Wie sollte man mit herkömmlichen Mitteln die Lautgedichte eines Schwitters oder Blümner verstehen, Apollinaires *Calligrammes,* die semantischen Polymerisationen Chlebnikovs, Gertrude Steins syntaktisches Assoziieren? An solchen Produkten zeigte sich, daß Literatur jenseits der konventionellen (vereinbarten) Sinnkategorien Bedeutung hat oder doch haben kann, die sich im Prozeß des Entstehens, der in der Lektüre wiederholt wird, als eine Funktion des Textes selber konstituiert. (Der Versuch, solche Literatur zu verstehen, verursachte zugleich eine Revision im Verständnis der älteren Literatur, wie die russischen Formalisten in den zwanziger Jahren und die tschechischen Strukturalisten in den dreißiger Jahren zeigten. Was die aktuelle Poesie entdeckt hatte – vor allem Chlebnikov[12] für die Russen, der Poetismus für die Tschechen – erwies sich, zugleich, als die Problematisierung vorgängiger Verfahrensweisen, die dadurch in ihren *Mechanismen* erstmals der Beobachtung zugänglich waren.) Bedeutung als konstituierte ist in der Poesie dort zu suchen, wo Bedeutendes (Signifikant) und Bedeutetes (Signifikat) aus der ihnen im normalen Gebrauch von Sprache wesentlichen Verklammerung gelöst werden, oder wo diese Verklammerung problematisiert bzw. entautomatisiert wird. Das was ein Text bedeutet, sein Signifikat, und das was bedeutend an ihm ist, sein Signifikant, stehen im Verhältnis mehr oder minder konvergierender Reihen zueinander. Was häufig unter der Kategorie der Abweichung vom normalen Sprachgebrauch gefaßt und als Spezifikum des Poetischen apostrophiert wird, läßt sich so als Ausdifferenzierung separater Reihen sehen. Wo also ein Sinnzusammenhang gestört ist und die Störung durch einen Defekt (etwa Aphasie) ausscheidet, stellt sich die Frage nach dem Wie, dem Was und dem Warum, mithin also auch nach dem Sinn des gestörten Sinns. Diese Frage ist zunächst keine metasprachliche, sondern verbleibt im Bereich der Abgrenzung des Signifikanten vom Signifikat. »Unsinn« ergibt sich für den Rezipienten dann, wenn er Signifikant und Signifikat identifiziert, nicht jedoch, wenn die Überlagerung zweier verschiedener Reihen angesetzt wird, die in sich relativ geschlossen sein können. Die Bedeutung derart gebauter Texte bestimmt sich als die – nicht kommunikativ vermittelte – sprachimmanent relevante Systematisierung von Paradigmen. Das unmittelbar Bedeutende bedeutet erst auf einer anderen Ebene als der unmittelbaren etwas, eben auf der systematischen. Unter dem Bedeuteten wollen wir also das verstehen, was dem Text allererst seine Bedeutung gibt, etwa die Morphemkombinationen mit der Wurzel »ljub-« in Chlebnikovs »Ljubcho«-Gedicht[13], die Konjugation von Nichtverben in einem Text von Stramm, der Gebrauch, etwa, der Bindewörter bei Gertrude Stein, das Paradigma der Personalpronomen in Carrolls »Evidence«-Gedicht. Die so bestimmte Bedeutung kann freilich einem weitergreifenden Bedeutungsfeld einbeschrieben werden, über das man sich metasprachlich verständigen mag. So »machen« Stramms Gedichte »Aussagen« über den Ersten Weltkrieg und über die konventionell fixierten Wortarten; Gertrude Steins *Melanctha* »macht Aussagen« über das Leben einer Negerin in der Gesellschaft der Jahrhundertwende, indem sie ihre Sprache und die der Gesellschaft zu reproduzieren versucht, wobei hier als das Signifikat die Darstellung syntaktischer Merkmale umgangssprachlicher Rede anzusehen ist. Daneben gibt es Formen von Literatur, die sich auf Aussagen über die Sprache beschränken. Es sind dies Reflexion und Thematisierung des *Materials*, die in der Tradition der Musik vorbehalten waren. Bezüge, die auf etwas außerhalb der Texte Liegendes zu zielen scheinen, sind akzidentell oder bestehen nur scheinbar: Gegenstand der Texte sind sie selber. Carrolls »Evidence« und die erste Strophe des *Jabberwocky* gehören in diesen neuen, mit der Autonomisierung der Kunst verbundenen Bereich der Literatur: sie sind ihre ersten Zeugnisse.

Und der Unsinn? Kann nach dem Gesagten das Wort überhaupt noch sinnvoll appliziert werden? Ist es nicht irreführend, wenn es »sprachbewußte« Gebilde vom Typ der Carrollschen Gedichte bezeichnen soll? Warum heißt die Lautsonate von Schwitters nicht Unsinngedicht, in der doch, in viel höherem Maße, sogar noch jedes Rudiment von Sinn sorgsam getilgt ist? Hier liegt der Verdacht nahe, daß mit »Unsinn« einfach etikettiert wurde, was sich den gewohnten, den vereinbarten Möglichkeiten des Verstehens entzog, zumal es selber keinen Anspruch zu erheben schien, als Dichtung ernst genommen werden zu wollen. Schwitters steht in der Kontinuität einer anderen, der modernen, Literatur; die veränderten Bedingungen ihrer Rezeption, überhaupt deren Möglichkeit, haben sich in einem langwierigen evolutionären Prozeß herausgebildet. Innerhalb dieser Kontinuität kommt es stets zu Differenzierungen, die im Moment ihres Auftretens als Kampf von Richtungen oder Schulen gegeneinander verstanden werden mögen, sogar als Traditionsbruch und Innovation, rückblickend aber durchaus als im Spielraum »Traditionszusammenhang Moderne« sich zutragend gesehen werden. Verstehen und Bewerten ist hier möglich auf dem Hintergrund des Vereinbarten, dem entsprochen oder nicht entsprochen wird. Selbst ein Skandal ist möglich nur im Zusammenhang eines gemeinsamen Sinnes, darin haben Skandalon und skandalisiertes Publikum ihre Voraussetzung. Anders verhält es sich bei der Unsinnliteratur. Der Abstand zu den eingespielten Verfahrens- und Verstehensweisen der Zeit ist zu groß als daß er – etwa durch eine negative Reaktion – zu überbrücken wäre. Freilich ist der Abstand nicht darum unüberbrückbar, weil die Unsinnautoren derart vorausgreifende Neuerer gewesen wären, daß sie von der eigenen Zeit nicht hätten begriffen werden können, sondern darum, weil sie sich gar nicht auf sie einließen, weil sie nicht mitspielten. Wenn man also durchaus das Paradox formulieren kann, daß Carroll und Lear radikaler vor dem Hintergrund ihrer Zeit waren als etwa Schwitters vor dem seinen – ein Paradox unter anderem darum, weil die beiden Viktorianer Erfolgsautoren waren, Schwitters hingegen ein gehöhnter Avantgardist – so ist das dadurch zu ergänzen, daß eine nicht zielgerichtete Radikalität natürlich beliebig, zufällig und wirkungslos ist. (Was die akute Sprengkraft etwa der *Alice*-Bücher betrifft, so ist zu vermuten, daß kein Kind nach Lektüre dieser Exempla die Hand gegen seine Erzieher erhob, sondern daß es im Gegenteil die Züchtigungen umso bereitwilliger ertrug, als diese Bücher durch die Exzessivität und Absurdität ihres Aufbegehrens jegliche »antiautoritäre« Regung im Kind wohl absorbiert hatten. Die hier suggerierte »Entlastungsfunktion« bezieht sich im übrigen auf die Bücher als Ganzes in einem abgeleiteten Sinn und kann zur Erklärung in sich abgeschlossener Teile wie dem »Evidence«-Gedicht nichts leisten.) Man stößt einmal mehr auf die völlige Inkohärenz des unter dem Namen »Unsinn« begriffenen. Dies ist, positiv gewendet, zugleich ein wichtiges Charakteristikum des Unsinns und der Grund für das Nichtzustandekommen eines Konsenszusammenhangs: es fehlt das *tertium comparationis* im übertextlichen Sinn, da jede Stelle nur auf die vorausliegende als ihre »Norm« bezogen ist. Vielleicht muß man sogar einräumen, daß die Radikalität der sprachlichen Verfahrensweisen sich erst aus einer Art rückwärtigen Projektion ergibt und daß die so bestimmte Bedeutung der Texte künftigen Betrachtungsweisen, die auf anderen Prämissen gegründet sind, wieder verloren geht, der Unsinn also zurückkehrt in die Intention seiner Urheber.

Die Unsinnliteratur, hatten wir gesagt, steht in keinem Traditionszusammenhang, keiner Kontinuität. Hier ist zu wiederholen, daß eine um das Erfassen spezifisch neuer Phänomene sich wie je wenig bekümmernde Literaturhistorie den Unsinn den Spielarten des Komischen zuzuschlagen bestrebt war.[14] Dieser Frage soll an dieser Stelle nicht noch einmal nachgegangen werden, doch sei, abgekürzt, gesagt, daß die Zuordnung auf der unzulässigen Verallgemeinerung der Voraussetzung des Komischen basiert: Komisches hebt sich ab von der Folie des Nichtkomischen, wohingegen Unsinn nicht einfach Sinn zur Voraussetzung hat, denn das stete Umkippen von Unsinn in Sinn und Sinn in Unsinn läßt jeden Versuch einer eindeutigen Definition – »Das heißt Sinn«, »Das heißt Unsinn« – absurd werden. – Zu ergänzen ist aber etwas anderes: selber Gebrauchs- und Verbrauchskunst mehr noch als Kinderliteratur im engeren Sinne, steht die Unsinnliteratur in gewissem Zusammenhang mit subkulturellen Phänomenen, die zu ihren wichtigsten Materialien zählen. Der gesamte Bereich der *puzzles* und *popular fallacies,* der logischen Paradoxien, des kompetitiven Denksports, der gerade in Mode kommenden Kreuzworträtsel (die sich vielleicht aus den noch von Carroll so gern geschriebenen Akrosticha herleiten, jener Gegeneinanderstellung zweier Sinnebenen allein auf Grund der unterschiedlichen Laufrichtung der Typographie, eines nicht sinnhaften, »unsinnigen« Kombinationsmoments also), der Scharaden und Conundrums, *doublets* und Syzygien, die von der viktorianischen Freizeitindustrie in Zeitungen und Magazinen, später zu Büchern anthologisiert, in Massenauflagen verbreitet wurden, ist, nicht einmal notwendig verwandelt oder aufgeschönt für die Verwendung im anderen Zusammenhang, in die Unsinnliteratur eingegangen. Im Blick auf dieses subkulturelle Material gäbe es allerdings die Möglichkeit, den Unsinn in eine Kontinuität und damit in einen Vergleichsbereich zu stellen. Das Eindringen von Trivialem in den hochkünstlerischen Bezirk im neunzehnten Jahrhundert hat man oft beobachtet, so daß also von da das behauptete Apartstehen des Unsinns, seine Diskontinuität, widerlegt wäre. Hierzu ist zu sagen, daß der Unsinn selber im Bereich des Trivialen qua Gebrauchskunst, qua Kinderliteratur verbleibt und gerade nicht die Transposition aus einem Bereich in den anderen im Sinn hat. Der Unsinn erschließt kein neues Material der literarischen Praxis: er benutzt es; und gleichwohl lehrt der Rückblick Generationen später, der Gesamtzusammenhang Moderne, daß er es erschloß. Der Unsinn gab die Antwort auf die Fragen, die ihm unbewußt blieben. Carroll und Lear haben die Dichtung der eigenen Zeit – und nicht nur die konservative, wie Carrolls Poe-Kenntnis zeigt – genau verfolgt: sie war ernst oder komisch, verspielt oder konstruiert, aber nie war sie unsinnig. Was sie selber machten, hatte nichts mit ihr zu tun. Sie gingen einen Weg, der *parallel* zur Dichtung ihrer Zeit verlief (ohne sich je – in keiner Unendlichkeit – mit ihr zu treffen), aber weit über diese hinausführte, wenn er auch schließlich in einer Sackgasse endete. Die Unsinndichtung hat nichts ausgelöst, was zur *Konstituierung* der modernen Dichtung beigetragen hätte. Die Dichtung kam auf anderen Wegen zur Revision ihrer Grundlagen, nicht englischen, wie man weiß (G. M. Hopkins blieb bis 1918 apokryph), sondern französischen. Und die Unsinndichter galten solange als poetisch irrelavant, bis die Fragen, auf die sie die Antwort gaben, nicht gefunden waren, d. h. historisch solange, bis die Dadaisten, die Surrealisten und Joyce in ihnen eigene Ursprünge entdeckten. Nachdem die Beziehung einmal hergestellt war, ließ sich von ihr aus weiter – und zu Ende? – denken: hätte *Finnegans Wake* ohne Kenntnis des *Jabberwocky* geschrieben werden können?

Unter dem Namen Unsinnliteratur sind die Werke jener Autoren zu fassen, die, ohne die affirmative oder polemische Zugehörigkeit zu einer Kontinuität, gleichsam auf eigene Faust und mit der Unschuld solcher, die höchstens ahnen, was sie tun, ohne es begründen zu können, in die terra incognita der Mechanismen der Sprache einbrachen, wie Kinder mit ihnen spielend, ohne recht zu wissen, wozu das nütze war – oder vielmehr, das wußten sie ganz genau: es war ein Unsinn, und also unnütz – und ohne überschauen zu können, daß unter anderem auf dem von ihnen entdeckten Grund und Boden die literarischen Schlachten der Nachgeborenen stattfinden würden. Unsinnliteratur ist ferner nur in einer historisch eng umgrenzten Epoche zu finden: von Lears *First Book of Nonsense* (1844) bis zu Carrolls Tod (1898), die Erscheinung deckt sich also annähernd mit der viktorianischen Ära. Danach kann es keine Unsinnliteratur mehr geben, weil es sie nicht mehr zu geben *braucht:* alles, was gerade für sie typisch ist, wird nun legitim in der Literatur selber, die Entwicklung hat sie gleichsam eingeholt.[15] Es ist möglich, daß ein-

mal die Moderne sich so eingeschliffen hat, daß ihr gegenüber eine neue Art Unsinn entstehen kann. Aber die wäre in der Sache nicht mit unserem Unsinn vergleichbar, nur in der Funktion. Um es noch einmal zu sagen: nicht daß man lacht, ist dem Unsinn konstitutiv, sondern sein Sichnichteinlassen auf erwartete Zusammenhänge, auf Kultur, *daß hier nicht mitgespielt wird.* So gesehen ist ein funktionales Äquivalent natürlich immer denkbar. Vorläufig sieht es jedoch so aus, als werde jede systemstörende künstlerische Äußerung – dieses Nichtmitspielen – vom System sofort abgefangen, ja als sei Kunst heute geradezu definiert durch die Möglichkeit zur Integration systemstörender Äußerungen. Noch die privateste Mythologie wird aus ihrem Tessiner Bergdorf an die Kasseler Rampen gezerrt. Vermutlich wird also im Privaten die Äußerung des ganz Anderen, die Carroll und Lear möglich war, künftig nicht mehr zu erwarten sein.
Das Phänomen Unsinn hat es freilich immer gegeben und wird es weiter geben. Am allgemeinsten läßt es sich fassen, wenn man es als das gestörte Verhältnis zwischen Äußerung und Kontext oder Umwelt begreift. Es gehört somit in einen Bereich, in dem auch sprachpathologisches Verhalten und der neurotische Riß zwischen Signifikant und Signifikat angesiedelt sind. Es handelt sich hierbei also keinesfalls um bedeutungslose Rede, sondern um unverstandene, erst, nach einem je eigenen Schlüssel, der kein hermeneutischer sein kann, aufzuschließende. Die Echolalien eines Kindes, die Dekomposition der Äußerungen beim Aphatiker, syntaktisch offene Wortketten eines Paranoikers – es gibt keinen Grund zu der Annahme, daß dies alles nicht Bedeutung für den jeweiligen Sprecher hätte. »Das Unsinnige«, könnte man, Jean Paul paraphrasierend, sagen, »wohnt nie im Objekte, sondern im Subjekte«[16], im Beobachter. Mit Unsinn zu bezeichnen, auch um ihn abzugrenzen etwa vom Quatsch, schlage ich all jenes vor, das in sich und aus sich selbst nicht verstanden werden kann, potentiell aber gegen eine Übersetzung in seine Signifikate, etwa durch Analyse, nicht versperrt ist. Dort, wo die Vermittlung beider Ebenen absichtlich vorenthalten wird, wo die Bezugslosigkeit hergestellt und einem in sich konsistenten Regelsystem[17] unterworfen wird, gleichwohl aber noch, auf

Grund des historisch bedingten mangelnden Konsenses als pathologisch verzerrte Rede mißverstanden werden *kann,* schlage ich vor, den Namen Unsinnliteratur zu gebrauchen. *Dieser* Unsinn wohnt allerdings »im Objekte«. Sehen wir zu, wie er sich in Carrolls »Evidence«-Gedicht eingerichtet hat.

Es sind nur schwach konturierte Verben verwendet, Verben wie »know«, »become«, »give«, »return«, »come«, deren lexikalische Streuung so breit ist, daß ein syntaktischer Gürtel allererst den Sinn zu bestimmen hätte. Die zehn Substantive des sechsstrophigen Gedichts haben entweder durch idiomatische Verwendung ihren substantivischen Charakter eingebüßt oder verflüchtigen sich, bis auf »fit«, »obstacle«, »secret«, ins Vag-Allgemeine. (Diese drei Wörter sind zudem durch ihre Stellung im Vers besonders akzentuiert: wie um sie als Drehmomente des Verständnisses zu suggerieren.) Anders präsentiert sich die Erstfassung. Dort finden sich Verben und Substantive, die in referentieller Eindeutigkeit vorab festgelegt sind (»paint«, »throng«, »patter«, und »limb«, »street«, »bus«, »feet«). Der Grund, der Carroll später nötigte, derlei Vokabeln zu eliminieren, ist die Eindeutigkeit der Wörter, die Tatsache, daß sie konkret vorstellbare Situationen bezeichnen oder solche implizieren. Diese Wörter sind Namen: Namen setzen Identität. Eindeutigkeit aber – auch im Sinne einer durch den Namen apostrophierten Identität – würde die Absicht durchkreuzen, wonach gerade im Wort als Variable die automatische Evokation eines semantischen Perzeptionsbereichs ausgeschlossen werden soll. Das Gedicht ist, so weit ich sehe, das einzige vor der Moderne, das praktisch ganz ohne Namen auskommt, ein Extremfall auch darin, als die gesamte Unsinnliteratur den Namen, speziell den Eigennamen, als konstitutives Moment benutzt. Zugleich ist es, geradezu proportional zu seiner Vorenthaltung, schreiend auf ihn angelegt, denn die Plazierung im Kontext verlangt von dem Text nichts als das sehr platte Who dunnit. »Swim« steckt, so scheint es demnach, wie eine Schlacke im Corpus des Gedichts und rechtfertigt sich allein, wieder ein Ausgriff, aus dem Zusammenhang der Szene: der Knave of Hearts ist eine Spielkarte, zweidimensional, *kann* also nicht schwimmen. Auch »fit« paßt in den Rahmen, wenngleich es, im Unterschied zu »swim«, nicht auf ihn hingeschrieben wurde; es ist in der früheren Fassung schon enthalten. Doch diese Wörter, auch »secret«, haben ihre legitime Stelle im Gedicht, weil sie das scheinbar Änigmatische stützen, weil sie die Eindeutigkeit, deren Vernichtung der Motor des Gedichts ist, scheinbar restituieren und es dadurch erst recht ins Labyrinth der Vieldeutigkeit stürzen: so wie der Versucher sich als Kokotte anträgt und dem, der sie zu haben glaubt, den Pferdefuß zeigt. Übrigens ist genau dies die Bedeutung des *Jabberwocky*-Kommentars Humpty Dumptys: durch Explikation den Sinn erst recht zu vernichten.

Einzig den Personalpronomen (und Konstanten wie »and«, »or«) kommt eine reine Eindeutigkeit zu, doch ist es die leere Eindeutigkeit der Tautologie: sie besagen nichts, da ihnen die Eigennamen als notwendiges Referendum fehlen. Und die Verwendung des ganzen Paradigmas samt den Deklinationsformen überantwortet auch sie der Präponderanz des Variablen. Von der semantischen Referenz allein läßt sich also absolut nichts über das Gedicht ausmachen; die vielwertige Offenheit der Wörter verweist auf die Syntax als Stifterin der Vereindeutigung.

Die Syntax gehorcht auf den ersten Blick den einfachsten Gesetzen: klare Subjekt–Prädikat-Objekt-Konstruktionen, die leicht durchschaubare parataktische Fügungen ergeben. Wäre die Syntax in sich intakt, nur lediglich nicht einsinnig mit der Semantik, so hätte das, wie der *Jabberwocky* beweist, genügt, um den Unsinneffekt zu erzielen. Im vorliegenden Gedicht wird aber darüberhinaus noch die Syntax in sich selbst desintegriert. Sehen wir die ersten beiden Zeilen der ersten Strophe: der Anschluß »and«, der seiner Definition nach Gleiches verbindet, verbindet Ungleiches, denn das beiden Hauptverben gemeinsame logische Objekt (»me«) spaltet sich auf als grammatisches und der Effekt entsteht, weil grammatisches und logisches Objekt in der englischen Flexion zusammenfallen. Zugleich, wenn wir die Stelle in einem anderen Code lesen, kann die zweite Zeile (»and mentioned me to him«) einerseits der von »They« regierte zweite Hauptsatz sein, andererseits ein von »you« abhängiger zweiter (konjunktivischer) Nebensatz, wobei im letzten Fall die Sinn-

schwierigkeit wieder durch »and« indiziert wird, da der Bezug auf »to her« sich mit dem auf »to him« nicht verträgt. Die Syntax also, statt den Wörtern ihren gehörigen Stellenwert anzuweisen, zwängt sie *erst recht* in die Schwebe, weil die mit ihrem Begriff verbundene Sinnerwartung uneingelöst bleibt. Dies geschieht auf vielfältige Weise: Homonyme werden unterschiedslos und ohne Gegenstandsbezug in ihrer Mehrdeutigkeit nebeneinander gesetzt wie das »They« in der dritten Strophe. Es gibt den Widerspruch zwischen Implikation und Explikation (die zweite Hälfte der dritten Strophe konstatiert einen Sachverhalt, der nach der ersten Hälfte ausgeschlossen ist); mit diesem Widerspruch hängt auch die falsche Verwendung der Konjunktionen zusammen (»though« in der dritten, »as« in der vierten Strophe). Schließlich der Widerspruch zwischen einem grammatisch (richtig) gesetzten Objekt und seinem logisch geforderten (»them« statt »us« in der vierten Strophe).
Diese Desintegration von Syntax ist an sich keineswegs unsinnig; sie gehört seit je zur Rhetorik der Spielarten des Komischen. Doch im komischen Bereich halten Leser oder Hörer den Schlüssel in der Hand, der falsche Bezüge und Widersprüche aufklärt; und gerade in diesem Durchschauen, kraft der Schlüsselgewalt (ist dies der Grund für die Überlegenheit dessen, der Komisches rezipiert?), entzündet sich Komisches. Im Unsinn gibt es den Schlüssel nicht. Dies ist seine mit der Dunkelheit des modernen Gedichts gemeinsame Achse. Hier wie dort setzt das System der Bezüge sich autonom: die Bezüge beziehen sich nur noch scheinbar auf außerhalb des Textes Liegendes, *verweisen* vielmehr *aufeinander*, und erschwerend kommt hinzu, daß das System im Fortgang seine Prämissen durchaus ändern kann. Dieser Prozeß spielt sich ganz im Gedicht selber ab; jedes Vor- oder Nachwissen – der Schlüssel der Norm fürs Komische – bleibt Stroh. »Bezüge« scheint, im Hinblick auf das betrachtete Gedicht, zunächst immer wieder auf Sachreferenz zu zielen. Diese ist aber aus dem Gedicht nicht ersichtlich. Und so gibt es keinen Fluchtpunkt, von dem aus das syntaktisch Verstellte sinnvoll erscheinen könnte. In dieser Hinsicht läßt sich sagen, daß hier die *Syntax*, mit Mitteln des Komischen, Unsinn erzeugt.

Sie erzeugt Unsinn aber zugleich mit den dem Unsinn genuinen Mitteln, indem die Bezüge im Text selber zwar permanent aufeinander verweisen, der Verweis jedoch stets gestört ist: wie die Wegweiser während der Okkupation der Tschechoslowakei, die nur noch wiesen, aber nichts mehr zeigten; und der Leser befindet sich in der Situation des Russen, von dem erwartet wird, daß er den Vorgang nicht durchschaut, auch wenn er sich von ihm irritieren läßt, was ja die Absicht des Verstellens ist: »Somehow it seems to fill my head with ideas – only I don't exactly know what they are!«[18]
Wir haben bisher die Syntax nur im kleinen betrachtet; es gehört zu ihr aber auch die Verknüpfung von Sätzen zu einer Folge von Sätzen, zu Strophen, zum Gedicht; eine Verknüpfung, die allererst den Sinn konstituieren müßte, da ja jeder Satz in sich sinnvoll sein und die Gesamtheit der Sätze dennoch sinnlos bleiben kann. Der Blick auf die »übersatzmäßigen« Formen nun läßt einen Zug hervortreten, der für die Physiognomie des Unsinns entscheidend ist: die Reihung.[19]
Die Frage, wieso überhaupt aus einer Aneinanderreihung von Sätzen ein sinnvolles Kontinuum sich bilden kann, verweist auf den diskursiven Charakter jeder sprachlichen Äußerung. In dieser Hinsicht wohnen Logik und Dialektik, Mathematik und Dichtung unterm gleichen Dach. Etwas muß im ersten Satz dasein, das vom zweiten wieder aufgenommen und weitergeführt oder zerstört wird, sofern nicht, wie in der Alltagsrede, außersprachliche Momente die Funktion des Weiterführens, Kommentierens etc. übernehmen. Für den Sinn eines Zusammenhangs ist diese Interrelation zwischen den Sätzen, Vor- und Rückverweis, unabdingbar. Wo sie nicht oder wo sie nur scheinbar besteht, läßt sich von Unsinn reden: etwas ist nur für sich selber da, sperrt sich ab gegen ein anderes, von ihm Verschiedenes. An die Stelle linearer Richtung tritt Setzung, an die von Entwicklung beiordnende Reihung. Bei Texten, auch gestörter Rede, die sich derart der diskursiven Bedingung entschlagen, schrumpft der kommunikative Sachgehalt ins nicht mehr Greifbare. Die Reihung, eine der Hauptkonstituentien moderner Lyrik überhaupt, hat allerdings Arbeiten gezeitigt, die im Wider-

spruch zu der Behauptung stehen, in denen sehr wohl die Einzelteile kommunikativ zum Mosaik zusammenschießen. Hier ergibt sich indes die Diskursivität im Nachhinein. Die Reihung entlarvt sich als unecht, weil sie aufzählend-katalogisierend »zur Sache« spricht. Jede Stelle ist verschieden weit vom Mittelpunkt entfernt; jeder kommt ein anderer Stellenwert im Mosaik zu. Das Mosaik ordnet sich im Prozeß des Verstehens zu Konturen. Reihung, wie sich der Begriff für den Unsinn gebrauchen läßt, meint ein Strukturprinzip, in dem das Wesen der Sache als die Perpetuation ihres Ursprungs (siehe das Traumkapitel) sich niederschlägt. *Jede Stelle ist gleichweit vom Mittelpunkt entfernt,* d. h. jede ist virtuell gleich wichtig. Statt diskursiver Kontinuität gibt es die additive, die quantitativ bestimmt ist. Die Stelle hat keinen bestimmten Stellen*wert* mehr, sie könnte an beliebig anderem Platz mit gleicher Relevanz stehen, und das Ganze, das *nicht* mehr ist als die Summe seiner Teile, läßt sich potentiell verkürzen oder verlängern. Die Scheinkontinuität der Carrollschen Unsinnbücher, ihre Fabel, ist eine Erfindung post festum, um die Teile, die, umgekehrt, durchaus denkbar wären als das unverbundene Hintereinander der Beiträge in den gängigen Rätsel- und Curiosamagazinen, konsekutiv lesbar zu machen. In Wirklichkeit folgt kein Teil – narrativ – aus dem anderen, jeder könnte anders plaziert sein.[20] Der Unsinn ist seinem Wesen nach athematisch. Entwicklung im Sinne von Veränderung gibt es in ihm nicht. Alice etwa, seine Kronzeugin, ist auf jeder Seite dieselbe: puzzled, verlegen, manierlich, gehorsam. Andererseits ist es durchaus die Ausnahme, wenn eine Figur nach ihrem Debüt nicht auch gleich wieder ihren Abschied nimmt. Sicher hängt die Tatsache, daß bis auf »Evidence« und *Jabberwocky* alle Gedichte der Alice-Bücher echte Parodien sind, damit zusammen, daß Carroll Gerüste brauchte, innerhalb deren er seine Einfälle aufführen konnte. Die vorgegebenen Gedichte enthoben ihn der für ihn erheblichen Schwierigkeit, die für die Lesbarkeit notwendige Kontinuität erfinden zu müssen. Andererseits liefert die Parodie als Doppellektüre die Möglichkeit, gerade auf dem Hintergrund der Vorlage die Verschiebung, die mit dem Unsinn eintritt, zu markieren. So ist *Father William,*

die Parodie auf ein Gedicht von Robert Southey, in vertauschbaren Strophen geschrieben, und die Beispiele, die für die Jugendlichkeit des Alten aufgeführt werden, sind durchaus kontingent, d. h. es ist nicht vorstellbar, warum es nicht auch andere sein könnten: wohingegen die Vorlage, auch sie nach dem Reihungsprinzip strukturiert, graduell die Vorsorge des Protagonisten für sein Alter beschreibt, von der Kontemplation der Flüchtigkeit der privaten Jugend bis zum Gedenken an Gott.
Auch in Hinsicht auf die Reihungstechnik stellt das »Evidence«-Gedicht einen Extremfall vor, da die Reihung nicht im Nachhinein – oder in Erfüllung eines vorgegebenen Musters – verschleiert wurde, sondern sich unvermittelt zeigt: die Teile – die Strophen – lassen sich *wirklich* vertauschen, ohne daß die Bedeutung des Ganzen sich dadurch änderte. Wir haben zu Beginn des Kapitels kurz aufgezeigt, wie eine solche Vertauschung aussehen könnte. Greifen wir diesen Faden noch einmal auf. Gezeigt worden war die Vertauschbarkeit auf Grund anderer grammatischer Beziehungsmöglichkeiten, ausgehend von der angenommenen Sinnlosigkeit des Gedichts. Nun gibt es aber gewiß, auch wenn wir uns bemühen, den direkten Bezug zum Kontext vorerst auszublenden, Erwartungen, die die Lektüre des Textes mitbestimmen. Die Wörter, die Sätze denotieren zwar nichts, aber sie konnotieren. Darum läßt sich sagen, daß der Text, in anderen Kontext versetzt, andere Erwartungen, ein anderes »Vorurteil« mobilisieren würde, was die frühe Fassung des Gedichts ja eindeutig belegt. In der vorliegenden Plazierung aber konnotiert der Text, wenngleich in vagster Weise, so etwas wie das Rätsel eines aufzuklärenden oder zu verunklärenden Falles. In gröbster Umschreibung (es kann keine genaue geben) ließe sich aus dieser Sicht das Resumee der Strophen folgendermaßen festhalten: 1) Hörensagen, Gerücht, 2) Was soll werden?, 3) Was wirklich geschehen ist, 4) Mögliche Konsequenzen mit Hoffnung auf guten Ausgang, 5) Mögliche Unsicherheitsfaktoren, die guten Ausgang komplizieren könnten, 6) Aufforderung zur Vertuschung. Also doch so eine Art Progreß? Es scheint aber, daß auf Grund dieses Schemas einzig die Anfangs- und die Schlußstrophe ein gewisses Recht auf relative Fixiertheit ha-

ben (so wie sich bei den Mozart zugeschriebenen Kontre-Tänzen, »mit zwei Würfeln zu komponieren, wie man will, ohne musikalisch zu sein, noch von der Komposition etwas zu verstehen«, stets dieselben Kadenztakte ergeben). Auch, oder gerade, in der Erwartung von Klärung oder Vertuschung eines Kasus ist die Reihenfolge der Zwischenstrophen nur eine zufällige. Denkbar ist genauso die umgekehrte Folge 5, 4, 3, 2, oder, mit dramatischerer Wendung, die Folge 3, 4, 5, 2 oder die Folge 2, 3 (oder 3, 2) 5, 4. Mehr noch als es die syntaktischen Anschlüsse nahelegen, scheint das von ferne Gemeinte in seiner Unbestimmtheit die Vertauschung zuzulassen. Die Technik des Gedichts, in der sich zugleich ein Grundprinzip des Unsinns zu erkennen gibt, läßt sich somit beschreiben als kontingente Reihung im Unterschied zu einer bloß zufälligen oder arbiträren. Sie verweist stets auf sich selbst unter einem Doppelaspekt: hergestellte zu sein und gleichwohl ihr Zustandekommen wie ihre Position als Möglichkeit unter Alternativen nicht zu leugnen. Erst die so bestimmte Reihung benimmt den Einfällen, aus denen der Unsinn zusammengesetzt ist, ihre Beliebigkeit.

(Die letzte Bestimmung hülfe übrigens zur Unterscheidung des Unsinns vom schlechthin Unsinnigen, wie es sich etwa in pathologischen Sprachen aussprechen kann: mögen die Äußerungen für den Patienten auch sinnvoll sein, für den Leser oder Hörer sind sie es nicht, weil das bestimmte Regelsystem, dem auch diese Sätze einer Individualsprache unterliegen – Substituierung gewisser Phoneme durch andere, Fixierung auf bestimmte Wörter, Autolalien, Verlust der Fähigkeit, Syntagmen zu bilden –, keiner erkennbaren Absicht entspringt, weil Reihung, falls sich von ihr hier überhaupt sprechen läßt, bloßer Motorik folgt, und weil schließlich Signifikant und Signifikat in der Rede als Einheit erwartet werden, während sie hier auf eine Weise zerrissen sind, deren Bedingungen kaum zu rekonstruieren sind. Jenseits der wenigen allgemeinen Gesetze, die sich für die Äußerungen Schizophrener aufstellen und die sich vielleicht analog zu den Universalien der Sprache sehen lassen, dürfte jeder Patient eine Privatgrammatik erfordern.)

Der poetische Text erstellt sein eigenes – mit dem der natürlichen

Sprache nicht notwendig zusammenfallendes – Regelsystem, von dem her der Text zu verstehen ist. Dieses System gibt sich im Verlauf des Textes zu erkennen. Es erlischt mit seinem Ende. Der Leser erwirbt es sich im Prozeß des Verstehens.[21] Die Reihung nun leistet ein Doppeltes: sie indiziert nicht nur das Regelsystem, sondern ist es selber, in jedem ihrer Teile, in nuce. Die Kontinuität eines Textes als Bedingung der Entfaltung des Regelsystems ist zwar auch hier, notwendig, gegeben, aber sie bleibt der Entfaltung äußerlich. Notwendig ist sie in dem Sinn, als jeder isoliert gelesene Teil sich einer ganzen Reihe möglicher Regelsysteme einbeschreiben ließe. Die additive Kontinuität der Reihung erst legt die Teile fest: sie weist sie als strukturell identische aus, indem sie das System, nach dem sie geregelt sind, festlegt. Aber wegen der oben aufgezeigten Möglichkeit der Strophen- (und z. T. auch Halbstrophen-) Vertauschung bleibt Kontinuität dem Gedicht äußerlich und informiert einzig über das *System*, nicht über seine *Funktion* als *Vehikel* von konkretem Sinn. Derart gereihte Gedichte sind durch den Charakter ihrer Verweisung auf sich selbst prädestiniert, Sprache in ihren materialen Bedingungen vorzuführen.

Verschlägt es der Frage nach dem Sinn von Mal zu Mal die Sprache, so wird doch immer klarer, daß das Gedicht nicht nichts bedeutet. Seine Bedeutung hat es in der Präsentation von Beziehungslosigkeit und, auf ihrem Rücken, der Auflösung von Identität, die nicht durch »Referenzen« gegeben werden, nicht durch Übertragung in einen »bedeutenden« Bereich, der sich durch die Interpretation ins »Bedeutete« rückübersetzen ließe, sondern die einzig durch sprachliche Operationen zustandekommen, wie die Inkongruenz von Wortsemantik und Syntax, die sich durch Isolation der Wörter mittels falschem und in der Kontinuität der Sätze je anders bezogenem syntaktischem Verband ausdrückt. Daß den Wörtern und Sätzen Referenz fehlt ist im übrigen ein Sekundäres. Denn das, *wovon* gesprochen wird – dies heißt konventionell Bedeutung –, ist ja sehr rasch klar: nicht *I, you, he, she* als so und so Gemeinte, sondern das *System der Personalpronomen.* Das ganz und gar Eindeutige. Das durch seine Verwendung zum ganz und gar Uneindeutigen wird. Die

Bedeutung liegt also an der Oberfläche versteckt. Sie ist eindimensional; es gibt keine »Schichten«, keine Bedeutungs*ebenen* (und die Formulierung erlaubt uns, Oberfläche mit Tiefe in eins zu setzen). Diese Bedeutung ist gleichwohl nicht einfach der ersten Lektüre gegeben – sonst empfände der Leser diese kaum, primär, als unsinnig –, doch sie erschließt sich im *close reading* als das, was sich *in der Relation* der Wörter, und nur in ihr, ausspricht. Jenseits dieser Relation sind die Wörter, fürs Gedicht, sinn- und bedeutungslos. Das Gedicht, das wie ein verschlüsseltes sich gibt und genau so von seinen ersten Hörern, dem Gerichtshof, verstanden, und wie Alice deutlich macht: mißverstanden, wird, verschlüsselt in Wahrheit nichts. Oder anders gewendet: es tut so, als verschlüssele es etwas, als bezöge es sich auf etwas, das, kennten wir es, den Text verständlich machen müßte. Es scheint angelegt auf den Kommentar, den vorab der Ton verhindert. Diese Scheinverschlüsselung markiert die Nahtstelle zwischen dem traditionellen (sogar noch dem dunklen) Gedicht und dem modernen der bloß grammatischen Bezüge: indem das Unsinngedicht Sinn suggeriert, unterwirft es sich den Bedingungen referentiell sinnvoller Gedichte und wird, da es diese nicht erfüllt, unsinnig genannt; indem es den Sinnbezug in Wahrheit gar nicht meint, sondern ganz bestimmte sprachliche – vordergründig: materiale – Bezüge zu problematisieren versucht, weist es in die Richtung derjenigen modernen Texte, die bewußt mit den Mechanismen der Sprache arbeiten, und erhält unter diesen Voraussetzungen Bedeutung. Allerdings wäre im modernen, etwa einem konkreten Text die Bedeutung als paradigmatische durchsichtig gemacht worden, und Sinnerwartungen wären, falls überhaupt benutzt, so kalkuliert eingesetzt worden, daß sie zum System der Bedeutung in nachprüfbaren Kontrast träten. So wäre aber gewiß kein Unsinngedicht entstanden. Das Unsinngedicht, läßt sich vielleicht sagen, entsteht, wenn Sinn *nicht mehr* da ist, und Bedeutung *noch nicht.*

Eine Lektüre der »Evidence« *kann* nicht absehen vom Kontext (wir werden sehen warum), für den sie zwar ursprünglich nicht geschrieben, dem sie aber eingepaßt wurde. (Da wir Carrolls

Arbeitsweise kennen, ist zu vermuten, daß eher der Kontext, in mancher Hinsicht wenigstens, aufs Gedicht hin geschrieben wurde.) Die Auslegung der »Evidence« durch den König, den ersten Leser, hat dieselbe Funktion wie Humpty Dumptys Kommentierung des *Jabberwocky:* sie weisen die Gedichte erst recht als unsinnige aus. Sie sind die Fortsetzung der Scheinverschlüsselung auf der Metaebene: die Scheindeutung. Dabei bleibt die Auslegung selber der Struktur des Unsinns treu, indem sie nur das Einzelne, das unverbundene, das Glied der Reihe, interpretiert, welchem, natürlich, Sinn sich unterlegen läßt, der im Zusammenhang erst zerbricht, so wie auf der objektsprachlichen Ebene die Zeilen in sich sinnvoll sind und der Unsinn erst durch ihre Beziehung, den falschen syntaktischen Verband, der die fehlende Verständigung über den Code anzeigt, entsteht. Dem grammatischen Bezug entspricht auf der Ebene der Auslegung durch den König die Addierung oder Reihung der Indizien, die keine sind, weil sie willkürlich als solche benannt sind, zum Faktum der Schuld des Angeklagten, die schon darum als erwiesen angenommen, ja vorausgesetzt, werden darf, weil der Kindervers »The Queen of Hearts«, das Gerippe der Fabel, es so will. Die Schuld des Knave of Hearts darf, bei solcher Autorität, als mythische gesehen werden: jeder, auch der Angeklagte, hat sie akzeptiert. Von da aus liest sich die »Evidence« wie die Rechtfertigung des Exkulpanten, eine Rechtfertigung, die sich verheddert, die zwischen den Personalpronomen, den Identitätsattributen, oszilliert, jeweils einem anderen die Schuld, mindestens Hehlerei, zuschieben will und dadurch erst recht sich selber schuldig spricht. Die »Evidence« läßt sich schließlich – zieht man ihre dunkle Herkunft (sie wurde gefunden) und ihre augenscheinliche Verschlüsselung in Betracht – als Kassiber lesen: chiffrierte Botschaft des Gefangenen an einen Komplizen, die von Befreiung (vierte Strophe), Aufforderung zur falschen Aussage (sechste Strophe) usw. redet. Es ist also möglich, abhängig von dem archimedischen Punkt, der gesetzt wird, zu einer Vielzahl sinnvoller Deutungen zu gelangen. Das zeigt, paradigmatisch, der König als erster Leser, indem seine Sinngebungen den Text potentiell mindestens zwei verschiedenen Kontexten zuordnen: einmal

wird der Text als vom Knave of Hearts selber verfaßt interpretiert, zum anderen aber impliziert die Auffassung des *we*, das der König auf die Geschworenen bezieht, diese als Verfasser.
Kontext in diesem konkreten Bezug erlaubt die Supplierung von Sinn in fast beliebigem Umfang. Virtuell lassen sich für jede Einsetzung Gründe beibringen. Das bedeutet aber keineswegs, daß *der Kontext* beliebig wäre, sondern nur, daß *dieser* es ist. So wie das Gedicht das System der Personalpronomen zum Inhalt hat, ist es situiert im Hinblick auf das *System Kontext*. Damit ergibt sich die Möglichkeit einer neuen Lektüre des Gedichts: es läßt sich nämlich lesen als Beispiel für den ersten der beiden von Roman Jakobson aufgestellten Aphasietypen, den Typus der »selection deficiency«.[22]
Das Zustandekommen sinnvoller sprachlicher Äußerungen setzt eine Doppeloperation voraus: die *Selektion* gewisser sprachlicher Entitäten (z. B. lexikalische oder morphologische) aus einem Fundus vorgegebener Möglichkeiten und deren *Kombination* zu sprachlichen Einheiten (etwa Sätzen). Die Selektion zwischen Alternativen impliziert die Möglichkeit, die eine für die andere zu substituieren: »Actually, selection and substitution are two faces of the same operation.«[23] Da ferner jedes Zeichen aus konstituierenden Zeichen zusammengesetzt ist und/oder nur in Kombination mit anderen Zeichen vorkommt, dient jede sprachliche Einheit gleichzeitig als Kontext für einfachere Einheiten und/oder findet seinen eigenen Kontext in einer komplexeren sprachlichen Einheit: »combination and contexture are two faces of the same operation.«[24] Selektion (oder Substitution) spielt sich an der (gedachten) Vertikalachse des Code ab: ihre (möglichen) Teile sind durch verschiedene Grade der *Similarität* miteinander verbunden; die Teile des Kontexts befinden sich auf der Horizontalachse der tatsächlich gemachten Äußerung im Status der Kontiguität. Bei aphasisch gestörtem Reden ist nun die eine oder die andere Seite dieser beiden Redevoraussetzungen defekt: ». . . we distinguish two basic types of aphasia – depending on whether the major deficiency lies in selection and substitution, with relative stability of combination and contexture; or conversely, in combination and contexture, with rela-

tive retention of normal selection and substitution.«[25] Für Aphatiker des ersten Typus (»selection deficiency« oder »similarity discorder«) ist der Kontext der entscheidende Faktor für die Möglichkeit des sich Äußernkönnens. Diese Aphatiker reagieren nur noch, können von sich aus nicht agieren. Ihre Sätze, sofern es noch welche sind, sind elliptische Sequenzen, die der Ergänzung durch frühere (wirkliche oder imaginäre) Sätze bedürfen. »Key words may be dropped or superseded by abstract anaphoric substitutes. A specific noun, as Freud noticed, is replaced by a very general one, for instance *machin, chose* in the speech of French aphasics.«[26] Umgekehrt erhalten sich gerade solche Wörter, die ausschließlich im Zusammenhang sinnvoll sind: »Words with an inherent reference to the context, like pronouns and pronominal adverbs, and words serving merely to construct the context, such as connectives and auxiliaries, are particularly prone to survive.«[27] Ein weiterer entscheidender Verlust, der für die Definition dieses Aphasietypus verantwortlich ist, drückt sich darin aus, daß der Aphatiker die Fähigkeit eingebüßt hat, ein Wort für ein anderes zu setzen. Hat er einmal ein Wort benutzt, so gibt es für ihn keine Möglichkeit, sein (richtigeres, spezifischeres) Synonym zu benutzen, dieses ist vielmehr für ihn inexistent geworden. Jakobson nennt die Defizienz, aus Similaritäten zu selektieren, im engeren Sinn einen Defekt der »capacity of naming« und im weiteren den Verlust der Metasprache. Unfähig, sich über den Code zu verständigen, weicht der Patient darauf aus, die horizontale, ohne Korrekturmöglichkeit objektsprachliche Kombinationsachse aufzuschwemmen mit kontextualen Redundanzen. Der Kontext hat die Funktion von Substitution und Selektion aufgesogen.

Es fällt nicht schwer, die Befunde dieser spezifischen Sprachstörung in die Lektüre des »Evidence«-Gedichts einzusetzen. Sogenannte Schlüsselwörter fehlen gänzlich. Das einzige, das dafür gelten könnte – *secret* in VI. 3 –, ist geradezu das Modell einer Implikation. An die Stelle von Schlüsselwörtern sind Personalpronomen und Zahlwörter getreten, deren Sinn erst durch referentielle Bindung zustande käme, welche unterbleibt. Der Verlust der Fähigkeit zu benennen führt einerseits zu einem

Ausweichen in Abstrakta (*matter, affair*), andererseits zu Umständlichkeit und Gespreiztheit anstelle präziser Formulierung wie etwa *My notion was that* (V.1) anstatt z. B. *I felt that, I thought that* usw. (Weitere Beispiele für diesen Sachverhalt in I.3, II.1,3, IV.1,2, V.3.) Umgekehrt haben sich, wie vom Typus erwartet, gerade die Signale der Satzkonstruktion erhalten, also die Konjunktionen, Präpositionen und Bindewörter, und im selben Zusammenhang dürfte der peinlich-genaue Gebrauch der Satzzeichen zu sehen sein. Aber diese Signale sind wenig mehr als Hülsen, sie verweisen und beziehen *an sich,* ohne in den meisten Fällen Verweis oder Verbindung konkret herzustellen. Hierin zeigt sich der konstatierte Verlust der Metasprache. Denn ließe sich die jedem nichtgestörten Text inhärente Verständigung über den Code auch hier voraussetzen, dann wäre eben die Verwendung der Wörter geregelt und prinzipielle Mißverständnisse (falsche oder doppelte Bezüge etc.) träten nicht auf.

Entscheidend für die Interpretation dieses Textes als eines aphatisch gestörten ist aber seine rigorose Kontextabhängigkeit. Sie zeigt sich praktisch in jeder Zeile. Wenn man zählen will: nur in 4 Zeilen von den 24 steht kein Personalpronomen, die übrigen haben deren bis zu vier (III.1). Pronomen sind, wie Jakobson an anderer Stelle ausführt, deiktischer Natur und kommen dadurch in der Sprache dem Gestus am nächsten. (Er kommt zu dieser Beobachtung nicht, wie man erwarten könnte, auf Grund von Demonstrativa, sondern auf Grund von Personalpronomen in einem Gedicht von Brecht.[28]) Diese Pronomen implizieren also geradezu etwas außerhalb des Textes Liegendes, wenn es in ihm schon nicht gegeben ist. Der Zeigecharakter von Verbrechen, Anklage, Beweisaufnahme, Indiz, Schuld usw. ist darum für die Plazierung des Textes in besonderem Maße plausibel. Womit wiederum nicht gesagt sein soll, daß diese Plazierung die einzig denkbare ist. Das meiste ist ohnehin in der kontextlosen Erstfassung bereits vorhanden, wie etwa das extrem kontextabhängige *this fit* in V.2. Der konkrete Kontext ist auch nicht entscheidend für den Text, genausowenig wie er es für die Rede des Aphatikers ist. Entscheidend für den Status unseres Texts ist der Entwurfcharakter im Hinblick auf einen Kontext. Diese

»Teleologie« des Gedichts hat Carroll gespürt, als er es aus seiner Isolation löste und ihm einen – möglichen – Kontext erfand. Auch damit nimmt das Gedicht eine Sonderstellung unter den übrigen kontextlos in den Kontext der *Alice*-Bücher eingestreuten Gedichte ein, unter denen – auch in diesem Zusammenhang – der *Jabberwocky* den genauen Gegenpol zur »Evidence« darstellt. Er wird übrigens nicht zuletzt nach dem Modell des zweiten Aphasietypus, der »combination deficiency«, zu lesen sein.
So verlockend es ist, die Probleme des »Evidence«-Gedichts mit Hilfe des ersten Aphasiemodells zu lösen, ganz auf geht auch diese Rechnung nicht: pathologisch gestörter Rede steht gegenüber ein bewußt gemachtes Gedicht, dessen Künstlichkeit sich gerade durch die Kalkulierung der Sinnzerstörung innerhalb von Metrum, Reim- und Strophenschema immer von neuem erweist. In diesen Widerspruch ist der Text zurückzubringen. Es konstituieren ihn zwei einander ausschließende Bedingungen der Rede: die situationsunabhängige poetische, für deren Status eine innertextliche *Folge* notwendige Voraussetzung ist, und die situationsabhängige, die für die Alltagsrede (und, wie wir gesehen haben, auch für den Mechanismus einer bestimmten Redestörung) charakteristisch ist, welche stets auf außerhalb der reinen Redefolge Liegendes, vorwiegend Außersprachliches, sich bezieht. Diese nicht zu vermittelnden Bedingungen sind in unserem Text zusammengepreßt: sie sind der Grund für das Verständnis des Textes als eines unsinnigen, in das wir ihn nunmehr wieder entlassen.

2 *Jabberwocky*

In vielem ist der *Jabberwocky* – oder genauer: seine erste Strophe, auf die wir uns, aus Gründen, die noch zu nennen sind, zunächst beschränken – das Gegenstück zur »Evidence«. War im einen Fall radikale Sinnentleerung die Absicht, so ist es im andern rigorose Sinnpotenzierung. In beiden Fällen stellt sich der Effekt dadurch ein, daß die Reduktion von Komplexität, als die Vorbedingung von Sinn, nur teilweise geleistet ist. Zugleich wird beidemale die Absicht durch eine Umkehr des Augenscheinlichen erreicht: an der Oberfläche sind die Wörter der »Evidence« lexikalisch eindeutig, die des *Jabberwocky* dunkel und lexikalisch nicht existent; im Prozeß des Lesens zeigt sich, daß einerseits die Eindeutigkeit nur eine scheinbare ist, und daß zum andern das Dunkel-Unsinnige einer – hypothetischen – Vieldeutigkeit entspringt. Der Unsinn des einen Gedichts entsteht durch die Syntax, der Unsinn des anderen durch die Semantik.

Ohne Zweifel ist der *Jabberwocky* eines der berühmtesten Gedichte der englischen Sprache, und das berühmteste Unsinngedicht überhaupt. Kaum ein anderes englisches Gedicht ist paradoxerweise so häufig übersetzt worden – in alle wichtigen modernen Sprachen und sogar ins Lateinische gleich zweimal.[29] Wenn Übersetzen interpretieren heißt, dann bietet sich hier, sollte man denken, ein weites Feld. Indessen kommt der Text wohl kaum wegen seiner Vieldeutigkeit der Übersetzung gelegen – diese würde eher, wie im Fall von *Finnegans Wake*, eine Übersetzung verhindern –, sondern deshalb, weil seine Methode – die Technik, nicht wie das Gedicht, sondern wie seine Wörter konstruiert sind – vom Autor mitgeliefert wird, im Kommentar Humpty Dumptys. Es fragt sich überhaupt, wieweit der Ruhm des Gedichts auf der Verbindung von Text und Kommentar gründet. Ein Vierteljahrhundert älter als der *Jabberwocky* ist Poes *Raven* (1845), dessen Technik im Jahr darauf sein Dichter in *The Philosophy of Composition* beschrieb. Poes Argument war die Machbarkeit von Gedichten. Doch nicht nur dies sollte von epochaler Bedeutung für die Entwicklung der Lyrik werden; bedeutsamer, so scheint es, war die – bei Poe noch unvermittelte, seither aber im Werk selber sich abspielende – Verbindung von Text und Kommentar, ohne die die moderne Literatur nicht zu denken ist. Daß Carroll Poe gekannt hat und die Methode des *Raven* ausdrücklich empfiehlt, fand sich zufällig an unerwartetem Ort.[30] Wann allerdings er ihn las, ließ sich nicht ermitteln. Dennoch liest sich der *Jabberwocky*, was das Verhältnis von Text zu Kommentar und die »Machbarkeit« des Gedichts betrifft, wie eine Parodie auf die Methode Poes. Hinzu kommt die »Dunkelheit« des Unsinngedichts, die sich als gemachte bekennt. Eine Aussage über den *Jabberwocky,* so wird impliziert, ist nur dann sinnvoll, wenn sie ihn nicht an seiner Oberfläche nimmt, was beim traditionellen Gedicht der Viktorianer gewöhnlich Voraussetzung des Verstehens ist, sondern wenn sie versucht, tiefer liegende Zusammenhänge (d. h. nicht: »darüberliegende« symbolische oder allegorische) aufzudecken, die allererst ein Verstehen möglich machen. Man muß sich vorstellen, daß sozusagen die Parodie der Moderne an deren Anfang steht, lange bevor sie sich institutionalisiert haben konnte; oder anders gesagt, daß Carroll, in der Verkleidung des Unsinns, entscheidende Kriterien der Moderne bereits problematisierte. Und so wie der dunkle Stil der Moderne vielfältiger, durchaus konträrer Deutung offen zu stehen scheint, so wurde der *Jabberwocky* von Science-Fiction-Autoren auf ihre Weise weitergedacht, d. h. gedeutet (die Hermeneutiker haben sich um ihn nie gekümmert). *Mimsy were the Borogoves* heißt eine Geschichte von Lewis Padgett, in der die Wörter des *Jabberwocky* als einer Sprache der Zukunft zugehörig gedeutet werden; wer sie versteht, erfährt eine Technik, in ein vierdimensionales Kontinuum überzugehen. Ein anderer Autor, Frederic Brown, dechiffriert in *Night of the Jabberwock* das gesamte Carrollsche Werk als realistische Beschreibung einer von der uns bekannten unterschiedenen Seinsebene.[31] Wie wenig solche »Exegese« ihrem Text auch verbunden bleibt, wie sehr sie vielmehr oft nur Beleg für das Ingenium des »Exegeten« ist (aber geht Philologie anders vor als diese Science Fiction?), sie bleibt doch legitim: da sie der Intention des Autors, wie sein Text zu lesen sei, folgt: Sinngebung des Sinnlosen im Fall von Carrolls Kommentar; polysemantische Gleichzeitigkeit im Fall von *Finnegans Wake,* in dem noch das scheinbar abwegigste Motiv sich rechtens verfolgen läßt, da »alles« im Buch aufgehoben sein soll.

Der *Jabberwocky* wurde 1872 in *Through the Looking-Glass* veröffentlicht. Geschrieben wurde er früher, vermutlich zwischen April 1858 und Mai 1862, in der Zeit, für die die Tagebücher fehlen.[32] Genaueres wissen wir nur über die erste Strophe des Gedichts, die ja aber mit dem Rest inhaltlich nichts und sprachlich wenig zu tun hat. Diese erste Strophe entstand 1855 und findet sich im August des gleichen Jahres in der letzten der fünf hauptsächlich von Carroll selbst für seine Geschwister verfaßten und bebilderten Crofter Familienzeitschriften, *Misch-masch.* Die Strophe ist als altenglisches Fragment kaschiert: »Stanza of Anglo-Saxon Poetry« heißt die Überschrift. Der Text selbst ist zunächst in Pseudorunen geschrieben, darauf folgt, in Versalien und leicht antiquierter Orthographie, die aus dem *Jabberwocky* bekannte Strophe:

TWAS BRYLLYG, AND THE SLYTHY TOVES
DID GYRE AND GYMBLE IN THE WABE:
ALL MIMSY WERE THE BOROGOVES;
AND THE MOME RATHS OUTGRABE.[33]

Der Strophe schließt sich folgender Glossar an:

BRYLLYG (derived from the verb to BRYL or BROIL), »the time of broiling dinner, i.e. the close of the afternoon.«
SLYTHY (compounded of SLIMY and LITHE), »smooth and active.«
TOVE a species of Badgers. They had smooth white hair, long hind legs, and short horns like a stag. Lived chiefly on cheese.
GYRE verb (derived from GYAOUR or GIAOUR, »a dog«) »to scratch like a dog«.
GYMBLE (whence GIMBLET) to screw out holes in anything
WABE (derived from the verb to SWAB or SOAK) »the side of a hill« (from its being *soaked* by the rain).
MIMSY (whence MIMSERABLE and MISERABLE) »unhappy«
BOROGOVE An extinct kind of Parrot. They had no wings, beaks turned up, and made their nests under sundials. Lived on veal.
MOME (hence SOLEMOME, SOLEMONE, and SOLEMN) »grave«.
RATH A species of land turtle. Head erect, mouth like a shark,

the fore legs curved out so that the animal walked on its knees, smooth green body. Lived on swallows and oysters. OUTGRABE past tense of the verb OUTGRIBE (it is connected with the old verb to GRIKE or SHRIKE, from which are derived »shriek« and »creak«) »squeaked«.[34]

An diesem Glossar ist zweierlei bemerkenswert: daß er überhaupt geschrieben wurde, und die Ingeniosität der Explikationen. *Daß* er geschrieben wurde, hat seinen Grund zunächst in der Tarnung der Strophe: ein »angelsächsischer Text« verlangt danach. Daß er indes in keinem ursächlichen Zusammenhang zum Text steht, auf den er vorgeblich bezogen ist, daß er vielmehr nur Regeln angibt, nach denen er *hätte geschrieben sein können,* an die er sich im übrigen, wie die spätere Verwendung des Textes zeigt, selber nicht hält, schon dies deutet darauf hin, daß der Glossar mehr sein soll als Wissenschaftsparodie: indem er den Unsinn ernst nimmt, erschafft er ihn erst recht; das Gedicht wird nicht etwa klarer, wenngleich die Wörter es anscheinend werden, sondern konfuser, weil der Unsinn sich vervielfacht.

Wieder, wie so oft bei der Unsinndichtung, wie etwa auch im »Evidence«-Gedicht, findet eine Dissoziation des notwendig – zumindest erwartungsgemäß – Zusammengehörigen statt: Laut- und Syntaxkomponente auf der einen Seite und semantische Komponente auf der anderen sind isoliert besetzt. In der *Jabberwocky*-Strophe läßt sich die Dissoziation nicht, wie im »Evidence«-Gedicht, im Text selber austragen, weil die dissoziierten Bereiche ungleich weiter auseinander liegen. Ein Regelsystem läßt sich nicht erschließen, da die Elemente, weil sie arbiträr gebildet und auf Außeninformation angewiesen sind, nicht aufeinander bezogen werden können. Die Strophe hat aber darin ihre gemeinsame Achse mit der »Evidence«, daß ihr »jeder« Kommentar billig wäre, obschon die Gründe dafür kategorial verschiedene sind. Das *Recht* auf den je eigenen Kommentar wird später in Humpty Dumptys berühmtem Satz apostrophiert werden: »When *I* use a word, it means just what I choose it to mean – neither more nor less.«[35] Und wir werden noch sehen, was passiert, when *we* use a word. Diese extreme Entfernung zwischen den in der Normalsprache untrennbar verbundenen Komponenten ist einer der Gründe, weshalb der *Jabberwocky* sich als Carrolls modernstes Gedicht liest. Erst unter den Verfahren der Moderne finden sich solche, in denen die die Äußerungen der Normalsprache konstituierenden Faktoren isoliert und für sich poetisch genutzt werden. Die »Brücke« – von den Lauten zur Syntax, von der Syntax zur Semantik usw. –, kann durchaus gesprengt sein. In der ersten Strophe des *Jabberwocky* gibt es diese Brücke in Wahrheit auch nicht: aber Carroll erfindet sie. Und in dieser Erfindung, in dem, was *zwischen* Text und Glossar virulent wird, zeigt sich der wahre, der bare Unsinn, dem gegenüber die Texte an seinen Enden bloß dunkel und undurchschaut im Fall der Strophe, einfallsreich und komisch im Fall des Glossars wirken. Dennoch sind die Endtexte für sich in der Willkür ihrer Kohärenz natürlich ebenfalls unsinnig, und was die Beziehung leistet, ist, daß sie sie, als aufeinander bezogene, nur unsinniger werden läßt, indem sie eine Art Kausalnexus hinzuerfindet, der eine weitere Form von Unsinn, eben die des Verhältnisses Laut/Syntax und Semantik, entstehen läßt und gleichzeitig die Teile, die er vermittelt, affiziert. Der Unsinn der Strophe beruht auf der Diskrepanz zwischen einem vollkommen intakten lautlich-syntaktischen System und dem, was durch dieses System bezeichnet, in ihm verbunden, wird, nämlich, streng genommen, nichts. Oder genauer: es wird ständig ein Sinn suggeriert, der aber, seiner Struktur nach, nicht zustandekommen darf, sonst handelte es sich eben um ein dunkles Gedicht. Verstärkt wird die Sinnsuggestion dadurch, daß jedes Morphem und jedes Phonem, daß die Syntax rein englisch ist. Die Strophe gehört auf Grund ihrer Bauteile ganz zur englischen Sprache, so wie andererseits die Lautgedichte eines Blümner etwa sich sozusagen indoeuropäischen Materials bedienen. Der angebliche semantische Sinn der Strophe wird nachgeliefert im Glossar, dessen Unsinn sich weniger in der Methode der Explikationen oder den Baugesetzen der Unsinnwörter ausspricht – »GYRE verb (derived from GYAOUR or GIAOUR »a dog«) »to scratch like a dog«: das ist bloß Witz, Einfall –, sondern vielmehr in

der Konfiguration dessen, was die Vokabeln an »Inhalt« tragen sollen.
Dieser Inhalt, der sich aus der Aneinanderreihung der Erklärungen ergibt, wie sie sich am augenfälligsten in Tenniels Illustration zu Humpty Dumptys Kommentierung der Stelle im *Looking-Glass* zeigt, enthält eine Reihe der Elemente, die den Sachgehalt des Unsinns strukturieren und dadurch zugleich die Rechtmäßigkeit der Verbindung von Semantik und Grammatik in diesen Versen zu unterstreichen scheinen: am wichtigsten ist die Zusammengesetztheit des Ganzen und in sich geschlossener Teile aus Nicht-Zusammengehörigem, das, was man die Verschränkung verschiedener Kontexte nennen könnte, ein Verfahren, das später für die Surrealisten, am besten exemplifiziert in ihrer Collagetechnik, strukturbildend wurde.[36] Ein Beispiel hierfür, das zugleich für die Entwicklung des Carrollschen Unsinns aufschlußreich ist, wären die *toves*. Im Glossar zur *Stanza* sind sie »a species of Badgers. They had smooth white hair, long hind legs, and short horns like a stag. Lived chiefly on cheese.« Eine Dachsart also mit Hirschattributen, deren Haar einer weiteren Tierart entstammt, künstliche Tiere, die sich, natürlich, von einem Zivilisationsprodukt nähren. Humpty Dumpty – 17 Jahre später – fällt folgendes dazu ein: »*Toves* are something like badgers – they're something like lizards – and they're something like corkscrews . . . also they make their nests under sun-dials – also they live on cheese.«[37] Das besagt, daß die Wesen – Tenniels Zeichnung belegt es – als rein zusammengesetzte vorzustellen sind. Sie sind nicht mehr etwas Bestimmtes mit willkürlich ihnen beigefügten, heterogenen Attributen, sondern etwas erst noch zu Bestimmendes: es bildet sich aus den – gleichwertigen – Teilen, denen die Qualität von Komponenten, nicht mehr die von Attributen zukommt. Dachse, Eidechsen und Korkenzieher stehen auf einer Ebene. Was so entsteht, ist reziprok zu lesen: es bedeutet sowohl die Einbeziehung der Natur in die Warenwelt wie die der letzteren in die erstere. Die Kategorien werden als vertauschbare vorgeführt. Das ist, wenn man will, Unsinn. Das Neue der Carrollschen Dichtung bemißt sich also nicht allein an der sprachlichen Differenz zum Herkömmlichen, es schafft

zugleich einen ganz anders gearteten, sich mit dem bekannten nicht mehr deckenden Raum.[38] Was bisher die je neue Dichtung sprachlich innovierte, ohne das, worauf sie in ihrem Sachgehalt bezogen war (ich meine die *Dinge* der Welt, nicht ihre Interpretation), in Frage zu stellen; was andererseits die phantastische Literatur, mit denkwürdiger Blindheit gegenüber den Bedingungen ihrer als bloßes Vehikel verstandenen Sprache, inhaltlich hinzuerfand, findet sich in der Carrollschen Unsinndichtung vereint. (In dieser Hinsicht ist vermutlich der einzige, von Carroll sicher nicht gekannte, Vorläufer Rabelais.)[39] Jedoch kommt die Verbindung von sprachlich Neuem mit sachlich Neuem nur punktuell zustande, es ist ihr noch nicht möglich, ein ganzes Werk zu konstituieren, wie es den Surrealisten später gelingt. Und häufig entsteht sie nur durch eine Konstruktion *außerhalb* des Textes, wie in der *Jabberwocky*-Strophe: als die Resultante aus Gedicht und Kommentar. Analog zur surrealistischen Praxis sind solche Punkte wie Schocks eingesetzt. Der Name Unsinn bestimmt sich von diesen Punkten her – Punkten, die ein sonst intelligibles Gewebe durchlöchern –, weil die Schocks nicht anders denn als Verstoß gegen den Sinn verstanden wurden, auch wenn sie in sich durchaus logisch waren und der Verstoß nur durch den Widerspruch zweier Logiken oder zweier Codes zustandekam. Solche Punkte, an denen sich die Verbindung zwischen sprachlich und sachlich Neuem vollzieht, sind am häufigsten Wortspiele, Puns, Homonyme, ohne die kaum eine Seite der Carrollschen Schriften – der mathematischen wie der poetischen – auskommt und die sich manchmal zur sprachlich-sachlichen Innovation materialisieren – am gelungensten sicher in der Mock Turtle aus dem Wunderland: sie ist, im wörtlichen Sinn, eine Warenkreation (mock turtle soup), Ware, die anthropomorph geworden ist, ironische Umkehr eines sich allenthalben vollziehenden Prozesses. Zugleich tritt sie, bei Tenniel, mit der der Ware eigenen Verlogenheit ins Bild als die *Verkörperung* aus Schildkröte und Kalb, analog zum Namen als Etikett, das verführerisch auf eine Sache weist, die in Wahrheit eine ganz andere ist. Die fleischgewordene mock turtle wäre nichts anderes als ein Kalb. – Eine weitere, auch von Lear oft genutzte Möglichkeit, sind Neologismen. In ihnen kommt etwas ganz Partikulares zu Wort, etwas Eindeutiges, das dennoch für den Leser in sich nicht zu verstehen, sondern, wenn überhaupt, nur aus dem Kontext zu erahnen ist, weil es der Person seines Erfinders verhaftet bleibt – in solchem Maße, daß es für diesen selbst vielfach nicht möglich ist, den Neologismus rational aufzuschlüsseln. Denn Neologismen stellen sich gewöhnlich dann ein, wenn das Bewußtsein schläft, suspendiert ist oder unkontrollierbare Schübe aus dem Unbewußten es momentan beherrschen: in Traum, Tagtraum und Fehlleistung. Hier werden Verbindungen gesehen, Zusammenhänge gestiftet, die einem wachen Bewußtsein absurd erscheinen, erscheinen müssen, denn sonst hätten sie sich verständlich ausgedrückt, was sie aber auf Grund ihrer Herkunft nicht können, und die nur in der Relation des Traums oder der Fehlleistung ihren – bei dem Mangel an Material in der Unsinndichtung kaum mehr auf einen latenten Inhalt analysierbaren – Sinn erhalten. Der Ursprung des Carrollschen Unsinns aus Traum und Tagtraum läßt sich recht gut belegen, so daß es nicht schwer fällt, in den Neologismen seinen Verdichtungen und Verschiebungen Analoges zu sehen. Doch so wie die stärksten Schocks sprachkritischer und behavioristischer Natur oft als Commonsense eingesetzt sind – auch dies analog zu einer späteren Technik, der dadaistischen –, so werden die Neologismen im Nachhinein legitimiert, indem ihr rationaler Ursprung, ihre Machbarkeit, behauptet wird. Das geheime Motiv hinter diesem Vorgang scheint aber der Wunsch, etwas zu vertuschen, zu sein. Wenn nach Freud anzunehmen ist, daß »bei unverständlichen Wortneubildungen an Zusammensetzungen aus Bestandteilen mit sexueller Bedeutung« gedacht werden darf[40], so erklärt sich der spontane Drang zur Interpretation aus der Angst, etwas preisgegeben zu haben. Die Zensur schaltet sich ein und verschiebt die Bedeutung, um andere Lesemöglichkeiten auszusperren. Damit sind die Taue zum »wahren« Verständnis hier ein für allemal gekappt.

Die Theorie der Entstehung der berühmtesten Neologismen, der Portmanteau-Wörter, wird Jahre später im Vorwort zum *Snark* nachgeliefert. Portmanteau- oder Schachtelwörter entstehen, heißt es da, wenn jemand, der sich nicht entschließen kann, welches von zwei Wörtern er als erstes, welches als zweites aussprechen soll, beide »auf einen Sitz« sagt. Demnach wären sie nichts anderes als Versprecher (die bei dem stotternden Carroll sicher *auch* physiologisch begründet waren), d. h. Fehlleistungen, aber solche, die an der Oberfläche eines entscheidungsuntüchtigen Bewußtseins zustandekommen, keine tiefer motivierten: ein Beweis, denke ich, für den Versuch der Vertuschung ihrer Abkunft. Zustande aber kommen sie nur, heißt es ferner, wenn der Sprecher im Besitz eines »perfectly balanced mind«, »that rarest of gifts«, ist. Also das Gegenteil der Verfassung, in der einer, der sich verspricht, sich befände. Die Artikulation bezeichnet nun nicht mehr eine Entscheidungsunfähigkeit, sondern das Erfassen von Alternativen in der Gleichzeitigkeit. Die – bewußt oder unbewußt – als Fehlleistung empfundene Artikulation wird somit nicht nur wegerklärt – der Fehler wird zugleich in eine echte, fast exotisch seltene Leistung umgefälscht. Es kommt aber *noch* eine konträre Aussage: das Schlußbeispiel, das Carroll zum Portmanteau-Wort gibt – hätte Shakespeares Justice Shallow sich zwischen William und Richard zu entscheiden gehabt, so hätte er auf die Frage »Under which king, Bezonian? Speak or die!« in Todesangst geröchelt: »Rilchiam!«[41] – dieses Schlußbeispiel liquidiert nun wieder den »perfectly balanced mind«. Dies ist aber nicht einfach die Zurücknahme auf die Stufe der Fehlleistung, denn die Balance ist ja, zumindest technisch, gewahrt. Die Portmanteau-Theorie ist vielmehr unter dem Gesichtspunkt einer »fortschreitenden Verneinung« zu betrachten, die für Carrolls gesamtes Werk konstitutiv ist. (Diese »Verneinung« dürfte sich aus dem psychischen Zwang erklären, stets etwas zurücknehmen zu müssen, Durchbrüche aus dem Es sowohl wie aus dem Über-Ich. Dadurch entsteht eine fast motorische Folge von sich verheddernden Bekenntnissen und deren Zurücknahme, die sich gegenseitig kontern. »Evidence« und *Jabberwocky* entstammen solchen Impulsen.) In »Rilchiam« ist die »Oberflächen-«, die technische Fehlleistung ausgewiesen als der perfekte Balanceakt angesichts der tödlichen Katastrophe (die im übrigen auch nicht ist, als was sie vorgeführt wird, denn der originale

Shallow hatte sich nur zu entscheiden zwischen Harry und Harry). Eine Schrittfolge, die in keiner Synthese zum Abschluß kommt.

Die Verneinung als Gegenentwurf, oft gleichzeitig die Aufhebung im Sinne des conservare wie im Vorwort zum *Snark* implizierend, ist ein Motor fast aller Texte Carrolls: zum Snark gibt es das Boojum; Alice existiert nur (so Tweedledum), weil der König träumt, wachte er auf, ginge sie aus – bang! – wie eine Kerze; zu Sylvie gibt es Lady Muriel, zu Bruno Arthur Forester und vielleicht Eric Lindon; Humpty Dumpty grinst von einem Ohr zum andern, und Alice wagt sich nicht auszumalen, was passiert, wenn das Grinsen sich »trifft«; die Cheshire Cat, ein besonders konsequentes Beispiel für die Identität des sich Ausschließenden, kann »da« sein, auch wenn sie »sichtbar« abwesend ist; dieselbe Bedeutung hat das in *Sylvie and Bruno Concluded* konstruierte Fortunatussäckel, dessen Innenseite identisch ist mit der Außenseite: »whatever is *inside* that Purse, is *outside* it; and whatever is *outside* it, is *inside* it. So you have all the wealth of the world in that little purse!«[41a] Überhaupt kann das zentrale Verwandlungsmotiv auch unterm Aspekt der »fortschreitenden Verneinung« gelesen werden. So wie beiden, Verwandlung und Verneinung, die Ursache gemein ist – die Identitätsunsicherheit –, so kann auch die Wirkung sich in gleichen Bildern manifestieren, obwohl die in der Über-Ich-Schicht zugrunde liegenden Modi der Bewältigung verschiedene sind.

Das Grundmuster der Verneinung kann bei Carroll aber auch in einer ausschließenden Zweiteilung resultieren, einem gleichberechtigten Nebeneinander aufeinander zugeordneter, voneinander ausgegrenzter Teile, die sich zu keiner, sei's fiktiven, Synthese auf der einen Ebene des Textes zwingen lassen. Dies ist die Figur des unlösbaren Paradoxes, der Aporie. Sie findet sich oft genug auch theoretisch als die Aporie von »Theorie und Praxis« formuliert. So wenn Alice nicht entscheiden *kann,* ob Humpty Dumpty, das Ei, einen Gürtel oder eine Krawatte um den Bauch/Hals trägt; so wenn der Frosch, im *Wunderland,* Alice am Eintreten ins Haus der Duchess *argumentativ* hindern kann, praktisch aber nicht; oder wenn Alice mit der Red Queen, im *Looking-Glass,* aus Leibeskräften rennt und am Ende feststellt, daß sie immer unterm selben Baum gewesen sind – »›. . . it takes all the running *you* can do to keep in the same place.‹«[42] –: eine logische Aporie, die auflösbar nur ist, wenn sie in einem anderen Code gelesen wird, nämlich vor dem Hintergrund der Konkurrenzgesellschaft (analog zur Caucus Race als das bewußtlose sich Abrackern, um wenigstens den Status quo zu behaupten) oder im Zusammenhang der Theorie von der Relativität der Bewegung.

Humpty Dumptys Erklärungen der *Jabberwocky*-Wörter (oder Carrolls frühere, die zum Teil anders sind) stellen das Gedicht in dieses Bezugsfeld. Im Sinne der »fortschreitenden Verneinung« löschen sie den Unsinn zunächst aus, stellen ihn aber auf der nächsten Stufe, wenn die Unbekannten im Text durch Einsetzen der Annotationen gelöst werden sollen, umso ärger wieder her. Zugleich aber ist das Verhältnis von Text zu Kommentar ein paradoxes im Sinne der Aporie. Beide stehen unvermittelbar nebeneinander. Die Verbindung besteht nur darin, daß die Ebenen zwar einander tilgen, die Tilgung selbst aber nicht ursächlich von ihrem Objekt bestimmt, sondern nur eine gesetzte ist. Das pure *Prinzip* der Verneinung hat hier jeden konkreten Bezug überflüssig gemacht. Wozu dann überhaupt ein Kommentar? Um zu zeigen, daß *in ihm,* in der lexikalischen Erklärung der Wörter, der Sinn *nicht* zu suchen ist. Aber wo wäre er dann zu suchen?

Die *Jabberwocky*-Strophe ist, wie gesagt, nicht als ein für sich stehendes Gedicht konzipiert: die erste Niederschrift in *Mischmasch* (1855) hat bereits den Kommentar. Mit einer so gearteten Verbindung tritt – über seine »inhaltlichen« Bestimmungen hinaus: Gedicht = Unsinn, Kommentar = Sinn, Bedeutung = Unsinn – oberflächlich gesehen eine Zweiteiligkeit ins Bild, die von der Erscheinung des Carrollschen Unsinns nicht zu trennen ist. Das Grundprinzip der Zweiteiligkeit kennt die beschriebene fortschreitende Verneinung nur als einen prominenten Sonderfall. Andere Manifestationsformen dieses Prinzips sind die Verdoppelung (Tweedledum und Tweedledee) und die Opposition.

Königsbeispiel für die letzte Form ist natürlich die Theorie des *Looking-Glass,* in dem alles prinzipiell das Gegenteil von dem ist, was es *vor* dem Spiegel ist, jede Figur, jede Handlung also zu sich selbst in Opposition steht. Daß der *Jabberwocky* gerade dieses Buch introduziert, leuchtet dann von dem so erkannten Prinzip her sofort ein, nachdem die Kontextunabhängigkeit die Beliebigkeit seiner Position im Ganzen zunächst unterstrich. Die drei Modi der Zweiteilung sind in diesem Gedicht aufs raffinierteste gesetzt. Das also scheint der Sinn der Opposition Gedicht/Kommentar zu sein: rückzuverweisen auf die Technik der Zweiteilung in Strophe und Gedicht. (Und programmatisch vorauszuweisen auf die Technik des Buches.) Damit ist der Kommentar eben doch ein Schlüssel, nur ein anderer, als der er erscheint.
Es sollen dazu die Mechanismen der Zweiteilung möglichst vollständig, wenngleich ein bißchen stur vielleicht, aufgeführt werden, um zu zeigen, in wie vielfältiger Gestalt, bis in die kleinsten Elemente hinein, sie sich findet. Betrachten wir dabei zunächst wieder nur die erste Strophe. Hier die endgültige Fassung aus dem *Looking-Glass*:

'Twas brillig, and the slithy toves
  Did gyre and gimble in the wabe:
All mimsy were the borogoves,
  And the mome raths outgrabe.[43]

1. Versschema abab, deutliche Zäsur nach dem zweiten Vers.

2. Gleichmäßige Jamben in der ersten Strophenhälfte; freiere Jamben in der zweiten (Betonungsmöglichkeit der Senkung des ersten Fußes in Vers 3; nur drei Versfüße und doppelte Senkung des ersten Fußes in Vers 4, wodurch der Strophenabschluß, und zugleich dessen metrische Differenz zum übrigen Gedicht, unterstrichen wird).

3. Beide Strophenhälften bestehen aus zwei durch »and« verbundenen Hauptsätzen. Doch in der zweiten Hälfte sind die Hauptsätze mit den Versen identisch, während in der ersten Hälfte ein Teil des ersten Verses den ersten Hauptsatz und ein

Teil des ersten Verses und der zweite Vers den zweiten Hauptsatz bilden. Der zweite Vers der ersten Hälfte ist durch die durch »and« verbundenen zwei Prädikate ebenfalls zweigeteilt. Diese Zweiteilung korrespondiert der oberen Zweiteilung. So entsteht eine vertikale Zweiteilung der oberen Hälfte (eine andere *Struktur*, die *neben* der grammatischen Zweiteilung besteht) und eine grammatisch und typographisch horizontale Zweiteilung der unteren Hälfte: vom »and« aus gesehen also, das verschiedene Funktion und Bedeutung hat, sind die Hälften oppositionell aufeinander bezogen.

4. Die zweiten Hauptsätze der Hälften sind parallel konstruiert: Subjekt-Prädikat. Die ersten Hauptsätze der Hälften chiastisch (spiegelsymmetrisch) zueinander: der erste Hauptsatz der ersten Hälfte: Subjekt-Prädikat; der erste Hauptsatz der zweiten Hälfte: Prädikat-Subjekt, als Inversion. Hierdurch ist der dritte Vers von den anderen Versen unterschieden. Die beiden ersten Hauptsätze sind ferner dadurch voneinander unterschieden, daß der erste im Singular, der zweite im Plural steht. Hierdurch ist der erste Hauptsatz von allen anderen Hauptsätzen unterschieden. Zusammengefaßt: der erste Teil des ersten Verses und der dritte Vers unterscheiden sich vom Rest der Strophe, aber nicht durch dasselbe. Hierdurch ergibt sich, auf anderer Ebene, wiederum ein chiastisches Verhältnis der ersten Hauptsätze zu den zweiten.

5. In der jeweils ersten Zeile ist das Reimwort das Subjekt, doch, wiederum chiastisch, ist es im ersten Fall Subjekt des zweiten Hauptsatzes, im zweiten das des ersten.

6. Der zweite Vers beginnt mit dem Prädikat, der vierte Vers endet damit.

7. Innerhalb der Strophenhälften gibt es einen internen Chiasmus von verschiedener Qualität. In der ersten Hälfte ist er phonemisch (»br*i*llig« – »g*i*mble« einerseits, /sla*i*ði/ – /dʒa*i*r/ andererseits), in der zweiten Hälfte ist er syntaktisch (Prädikat-Subjekt einerseits, Subjekt-Prädikat andererseits). In der kategorial verschiedenen Opposition (Lautform vs. Syntax) spiegelt sich das, was in anderem – inhaltsbezogenem – Zusammenhang »Verschränkung verschiedener Kontexte« genannt wurde.

8. Alle Subjekte sind regelmäßig gebildet. Bis auf »'T« stehen sie im Plural und enden auf stimmhaftes s. Das zweite und das dritte Subjekt (»toves« – »borogoves«) ist dazu noch ein Reimwort. Zwischen den Subjekten 1 und 4 einerseits und den Subjekten 2 und 3 andererseits ergibt sich wieder ein chiastisches Verhältnis.

9. Nur die Subjekte des jeweils zweiten Hauptsatzes der Hälften (»Toves«, »raths«), die beide monosyllabisch sind und im Plural stehen, haben Attribute (»slithy«, »mome«). Hierdurch wird die in (8) genannte chiastische Gliederung der Subjekte durch eine andere chiastische Gliederung überlagert: Subjekte 1 und 3 gehören einerseits zusammen, Subjekte 2 und 4 andererseits.

10. Alle Prädikate sind verschieden gebildet (außer, daß sie im Präteritum stehen): das der ersten Hauptsätze hat zwar die gleiche Wortart, steht aber in verschiedenen Numeri, das des zweiten Hauptsatzes der ersten Hälfte ist mit »to do« gebildet, das des zweiten Hauptsatzes der zweiten Hälfte ist ein starkes Verb. (Also nur *ein* regelrecht konjugiertes Verb. Daß es schwierig ist, mit Verben umzugehen, erwähnt Humpty Dumpty: »›They've (sc. words) a temper, some of them – particularly verbs: they're the proudest – adjectives you can do anything with, but not verbs – however, *I* can manage the whole lot of them!‹«[44]) Auf Grund der Wortarten können die Prädikate wieder chiastisch gesehen werden: Prädikate 1 und 3: Hilfsverben, Prädikate 2 und 4: Verben.

11. Lautverdoppelungen gibt es in allen Versen, zwei im ersten Vers (»br*il*l*ig*« – »*th*e sli*th*y«), drei im zweiten und dritten Vers (»*Did* *g*yre and *g*im*b*le« – »wa*b*e« und »*mimsy*« – »b*oro*goves«), eine im vierten Vers (»*mome*«). Wieder ein Chiasmus der Form 1 + (2 + 3) + 4. Gegenläufig zu dieser Figur ist die Reihenfolge der Lautverdoppelungen, in der Vokale und Konsonanten alternieren.

12. Die am häufigsten vorkommenden Phoneme sind die sog. Halbvokale (Liquide und Nasale):

1. Vers 3 Liquide (r,l,l) + 1 Nasal (n)

2. Vers 2 Liquide (r,l) + 3 Nasale (n,m,n)
3. Vers 3 Liquide (l,r,r) + 2 Nasale (m,m)
4. Vers 2 Liquide (r,r) + 3 Nasale (n,m,m)

Also von Vers zu Vers ein Wechsel in der Häufigkeit: im ersten und dritten Vers mehr Liquiden, im zweiten und vierten Vers mehr Nasale. Parallel zur chiastischen Verteilung der Halbvokale (1–3: 2–4) verläuft ein gradueller Wechsel innerhalb der Qualität dieser Lautgattung (vom l zum r und vom n zum m), so daß die Verse 1 und 4 in Opposition zueinander treten.
Bei den Vokalen fallen die Schattierungen der o-Gruppe und deren Diphthongierung zu /ou/ auf: /ɔ/ in »'Twas« und »boro –«, /ɔ:/ in »All«, /ou/ in »toves«, »-goves« und »mome«. Bis auf die letzte stehen sie an prominenter Stelle, wobei dieses aber durch seine Verbindung mit »raths«, welches das einzige lange /a:/ in der Strophe aufweist und dadurch von allen anderen Vokalen geschieden ist, auch wieder eine Sonderstellung bekommt.
Ist es ein Zufall, daß die auffällige Durchwirkung der o-Gruppe mit der Liquiden- und Nasalgruppe (besonders r und m) wie ein Echo auf Poes »nevermore« wirkt, den Refrain desselben Gedichts, das die Verbindung von Text und Kommentar präfigurierte?
Fassen wir zusammen: Die *Jabberwocky*-Strophe ist nach den Regeln der normativen Syntax geschrieben. Regelmäßig sind ferner Wortbildung, Metrum und Reimschema. Der Lautstand ist eindeutig englisch. Die Strophe ist zweigeteilt, und jede Hälfte ist noch einmal (durch je zwei Hauptsätze) zweigeteilt. Zweiteiligkeit ist das allgemeine Prinzip der Strophe. Sie läßt sich an den grammatischen Teilen der Strophe überall nachweisen. Stilistisch zeigt sie sich entweder in symmetrischen (parallelen) oder in chiastischen Fügungen. Häufig überlagern bzw. ergänzen parallele Figuren die chiastischen, so daß eine Art doppelter Zweiteiligkeit entsteht.
Durch die feste Verankerung in den Schemata eines normal gebauten Gedichts (G. M. Hopkins[45] und Jakobson[46] haben Parallelismus und Opposition als Grundstrukturen poetischer

Sprache überhaupt nachgewiesen) läßt die Suggestion nicht nach, daß damit konkret Faßbares bezeichnet wird. Der Anfang – »'Twas« – scheint ein narratives Gedicht einzuleiten, Reime und Alliteration implizieren die Identischsetzung des Nichtidentischen, in Vers 3 kommt es durch Inversion und, wegen der iktischen Doppelung im ersten Fuß, beschleunigten Rhythmus zu erhöhter Spannung, die durch die doppelte Senkung im vierten Vers und seine durchwegs langen iktischen Quantitäten wieder beruhigt wird. Diesem *Effekt* der Formalien käme im normalen Gedicht nur die Stützfunktion für das referentiell Bezeichnete zu, und die neuartige, originelle Ökonomie der Strophe spricht sich darin aus, daß die übliche (erwartete) Überdeterminierung der poetischen Verfahrensweise reduziert wird. Grammatik, Rhythmus und Stilfiguren tragen semantische Implikationen, die mit der Wortsemantik der Zeilen nichts zu tun haben. Insofern sind die Verse ein Gedicht über die Möglichkeiten DES GEDICHTS, und lexikalisch faßbare Vokabeln würden nur ablenken auf den Sonderfall. In anderer Hinsicht freilich sind die Unsinnwörter dem Gedicht nicht äußerlich, denn das beobachtete Prinzip der Zweiteiligkeit ist durch sie auf einer qualitativ anderen Ebene durchgehalten, der des Verhältnisses der Formalien zur Lexik. Beide trennt ein Riß, der ebenso wenig heilbar bleibt wie der zwischen Strophe und Kommentar oder der zwischen der Strophe und dem Rest des Gedichts. Dennoch gibt es Korrespondenzen zwischen dem Getrennten: der in der Strophe *exakt entfalteten Zwei*teiligkeit entspricht, parallel und gleichzeitig oppositionell, eine in jedem Wort *komprimierte,* gleichwohl *diffuse, Mehr*teiligkeit des Gemeinten, deren Konnotationen so breit gestreut sind, daß sie jeder Ingeniosität eines Kommentators sich öffnen und ihn Korrelierbares, die Vokabeln semantisch Verbindendes, erfinden lassen. (Ließe sich »brillig« nicht eleganter erklären als Verstümmelung von *(A)pril-lig?* »Toves« nicht als Plural von *toff,* das als Variante von *tuft* Haarbüschel heißt, und sonst Stutzer? »Wabe« als imaginäre Variante von *web?* Also Toupets, die der Aprilwind zaust, daß sie aus ihrer kunstvollen Vertäuung sich zu lösen drohen, oder für den Lenz geschmückte sanfte Stutzer, Flaneure, die in den Fangschnüren vorüberstreichender Mädchen zappeln?[47] Die nicht aufzulösende Paradoxie dieser Zeilen liegt darin, daß die exakt gesetzten Formalien diffusen Sinn suggerieren, wohingegen den diffusen Vokabeln exakter Sinn attestiert wird. Die Verse bekommen ihre Bedeutung aus dieser Spannung, der spiegelverkehrten Bezogenheit der Teile zueinander. Aus dieser Perspektive ist der Kommentar integraler Bestandteil der Strophe, weil seine Fiktion erst die Spiegelung schafft.

Bevor wir die Zweiteiligkeit oder Spiegelung des *Jabberwocky* als Ganzes analysieren, soll versucht werden, die Strophe, analog zur »Evidence«, als dem zweiten Jakobsonschen Aphasietypus zugehörig zu bestimmen. War für den ersten Typus aphasisch gestörter Rede der Verlust der Selektions- und Substitutionsfähigkeit charakteristisch, bei gleichzeitiger, übermäßiger Abhängigkeit von einem realen oder fiktiven Kontext, so ist der zweite Typus, umgekehrt, durch den Verlust der Kombinations- und Kontextfähigkeit gekennzeichnet, wobei das Selektions- und Substitutionsvermögen relativ intakt bleibt. Dieser zweite Typus wird von Jakobson *combination deficiency* oder *contiguity disorder* genannt.[48] Der Verlust des Kontexts bedeutet zweierlei: einmal das Unvermögen, größere sprachliche Einheiten zu bilden, die sich gegenseitig interpretieren, zum andern die Unfähigkeit, eine Einheit (etwa ein Wort) als Kontext für kleinere Einheiten (Phoneme, Morpheme) zu nehmen. Diese letzte Einbuße ist, in unserem Zusammenhang, maßgeblich beteiligt an der Entstehung der Unsinnwörter: sowohl die Durchdringung zweier Wörter zum Portmanteau gehört hierher, wie auch die Aufhebung oder Ignorierung der Wortgrenzen in Ausdrücken wie *wabe* (interpretiert als entstanden aus »*way be*fore, *way be*hind, *way be*yond«) oder *mome* (aus »fro*m* h*ome*«). (Daß derlei Herleitungen der Aussprache nicht abgehört werden können – *wabe* wird einsilbig, *mome* zweisilbig gelesen – gehört gleichsam ins Kapitel Etymologie.) Die größeren sprachlichen Einheiten, die von diesem Aphasietypus aufgegeben sind, sind formal an sich erhalten, doch handelt es sich um Satzstereotypen, Hauptsätze einfachster grammatischer Form, die auch im Aphasiemodell überleben können. Im Unterschied zum ersten Modell, das die syntaxkonstruierenden Ausdrücke (Bindewörter, Konjunktionen usw.) konserviert, erweist sich hier das »kernel subject word« (Subjekt, Prädikat) am resistentesten. Die *Jabberwocky*-Strophe bietet ausschließlich solche Kern- oder Schlüsselwörter, die, wie um nicht von ihnen abzulenken, nur in einen stereotypen Satzverband eingebunden sind. Der Kommentar zeigt, daß diese Wörter durchaus als Knäuel (»word heap«) degenerierter Sätze oder Phrasen verstanden werden können. In dem Maße wie sie, jedes für sich, konnotieren (wechselseitige Erhellung oder Interpretation auf der Kontiguitätsachse ist ja ausdrücklich ausgeschlossen), türmen sie sich auf der Vertikalachse der Selektions- und Substitutionsmöglichkeit ins kaum noch Unterscheidbare, d. h. sie überbesetzen diese Achse, der Typus saugt gleichsam in dieser Achse kompensatorisch auf, was er an Kontiguitätsvermögen verlor. An diesem Punkt zeigt sich der genaue Gegensatz der Strophe zum »Evidence«-Gedicht, das den Verlust der Selektionsfähigkeit durch Aufschwemmen der horizontalen Kombinationsachse kompensierte. Die Verfügung über selektive Operationen beim zweiten Aphasietypus zeigt sich ferner in der Strophe selber an einem Beispiel für Similarität (»gyre and gimble«), vor allem aber in der Verbindung von Text und Kommentar: der Kommentar bringt substitutionelle Umformulierungen (Erstfassung und *Looking-Glass*-Version bieten außerdem zum Teil verschiedene Lösungen), wie sie für den Aphatiker des ersten Typus gänzlich ausgeschlossen, für den des zweiten aber konstitutiv sind. Es sind sozusagen die Einfälle des Patienten zu seinem eigenen manifesten Traumtext. Mitschuld an dem Zwang zur steten Substitution mag ferner ein weiteres Symptom dieses Typus sein, daß nämlich Wörter »may be grasped as known but not understood«.[49] Dies kann dazu führen, daß die Wörter ihre signifikative Funktion einbüßen und nur noch distinktiv, wie Phoneme, fungieren. Aus dieser Sicht haben die additiv gereihten Satzgegenstände (»slithy toves«, »borogoves«, »mome raths«) und die Satzaussagen (die ersteren »did gyre and gimble«, die letzteren »outgrabe«) rein distinktiven Charakter.

Wie bei der »Evidence« geht die Einbeschreibung ins Aphasiemodell natürlich nicht auf, da mehr oder weniger bewußt gemachte Verse in Rede stehen. Aber die Annäherung ans Modell ist doch beträchtlich. Diese zeigt sich im narrativen Zusammenhang auch darin, daß das Gedicht ausdrücklich als kontextloses konzipiert ist. Im Unterschied zur »Evidence«, die vom Kontext aufgegriffen und interpretiert wird, da sie potentiell auf ihn angelegt ist, bleibt der *Jabberwocky* strikt isoliert: wie aus dem Nichts ist das Gedicht auf einmal in Alicens Hand und wird von ihr nach ratloser Lektüre sogleich wieder beiseite getan. Später, im Humpty Dumpty-Kapitel, das die Erläuterungen bringt, wird die erste Strophe lediglich als Exempel dunkler Sprache zitiert und bleibt unverzahnt mit dem erzählerischen Verlauf.

Betrachten wir abschließend den *Jabberwocky* als Ganzes, so wie das Gedicht im ersten Kapitel des *Looking-Glass* steht:

1 'Twas brillig, and the slithy toves
Did gyre and gimble in the wabe:
All mimsy were the borogoves,
And the mome raths outgrabe.

2 »Beware the Jabberwock, my son!
The jaws that bite, the claws that catch!
Beware the Jubjub bird, and shun
The frumious Bandersnatch!«

3 He took his vorpal sword in hand:
Long time the manxome foe he sought –
So rested he by the Tumtum tree,
And stood awhile in thought.

4 And, as in uffish thought he stood,
The Jabberwock, with eyes of flame,
Came whiffling through the tulgey wood,
And burbled as it came!

5 One, two! One, two! And through and through
The vorpal blade went snicker-snack!
He left it dead, and with its head
He went galumphing back.

6 »And hast thou slain the Jabberwock?
Come to my arms, my beamish boy!
O frabjous day! Callooh! Callay!«
He chortled in his joy.

7 'Twas brillig, and the slithy toves
Did gyre and gimble in the wabe:
All mimsy were the borogoves,
And the mome raths outgrabe.[50]

Alice liest das Gedicht im Buch, das neben dem White King liegt. (Seinem Buch?) Es ist in Spiegelschrift geschrieben (die erste Strophe ist zunächst auch in Spiegelschrift gedruckt), und Alice muß es vor einen Spiegel halten, um es lesen zu können. »Why, it's a Looking-glass book, of course!« sagt sie, und das heißt, daß es sich auch um ein Spiegel-*Gedicht* handelt, und dies, wie aus der Analyse der ersten Strophe geschlossen werden kann, in mehr als nur typographischem Verstande. Andererseits ist das zur Urstrophe hinzugekommene Gedicht, wenn man will, die Parodie eines Heldenliedes und erzählt – mehr oder weniger klar – einen konkreten Vorgang: wo ist da der Spiegel? Er liegt, wieder, an der Oberfläche des Verfahrens, als permanente, geschachtelte Spiegelung.

Das Gedicht ist im Sinne spiegelgleicher Symmetrie strikt zweigeteilt. Erste und siebente Strophe, die identisch sind, stehen schon äußerlich in Opposition zu allen übrigen, weil ihre sämtlichen Schlüsselwörter der Unsinnsprache angehören, die anderen Strophen aber nur unsinnige Versatzstücke aufweisen und sonst fast klar verständlich sind. Inhaltlich hat Carroll die erste (= siebente) Strophe in der Crofter Fassung folgendermaßen paraphrasiert (wobei die Paraphrase zwar nur, wie wir sahen, als eine Lesart unter möglichen figuriert, aber kraft ihrer *Intention* gewichtig ist): »It was evening, and the smooth active badgers were scratching and boring holes in the hill side: all unhappy were the parrots and the grave turtles squeaked out.«[51] Das ist ein unschuldiges, leicht melancholisch getöntes Naturidyll.[52] Die Kunstfiguren der Idylle (es sind ja »toves«, nicht »badgers«)

stehen in direktem Gegensatz zu dem »realen« Kampf auf Leben und Tod, der sich zwischen und in ihr abspielt. So ist zur formalen Opposition auch noch eine – hypothetische – inhaltliche getreten, und zwar eine, die für Carroll existentielles Ausmaß besaß, wie im *Snark*-Kapitel zu zeigen sein wird: die Idylle als Rettung vor dem Leben und Alternative zum Tod. Die leere Spiegelung der Strophe in sich selbst zeigt eine Qualität der Idylle, die ihr bei Carroll immer einbeschrieben bleibt: die des Narziß. Die fünf restlichen Strophen sind wieder zweigeteilt in den Rahmen und die eigentliche *geste.* Die Strophen des Rahmens (2. und 6. Strophe) sind in der direkten Rede geschrieben, alles übrige steht in der dritten Person. Der Rahmen impliziert zum einen den – in Warnungen gehüllten – Auftrag eines Vaters an seinen Sohn, zum Kampf auszuziehen, und gibt zum andern dem Dank nach vollbrachter Tat Ausdruck. Also neben dem symmetrischen Rahmen die gleichsam spiegelverkehrte Zweiteilung in Vorher und Nachher. Die Strophen selber sind zweigeteilt: die zweite durch das doppelte »Beware«, deren erstes sich in eine doppelte, zugleich reimende (»jaws« – »claws«) Warnung vor dem Jabberwock spaltet und deren zweites sich in die Warnung vor zwei ähnlich gefährlichen Fabeltieren (Jubjub bird, Bandersnatch) ebenfalls aufspaltet. In der sechsten Strophe ist die Dankrede bei der Heimkunft auf zwei Verse verteilt: die Dankesinterjektionen sind durch die Zäsur im Vers zweigeteilt, deren zweite Hälfte noch einmal durch die Alliteration.

Die drei inneren Strophen, die *geste,* gruppieren sich um die mittlere, die vierte, dadurch, daß sie das bisher übliche, später allerdings noch in der sechsten durchbrochene, Reimschema (abab) verändern: das Schema ist jetzt abcb, mit Binnenreim im c-Vers. Die Strophen sind wieder wie symmetrisch aufeinander bezogen: Auszug und Vorbereitung zum Kampf in der dritten, Kampf und Heimkehr in der fünften. Dem jeweils dritten Vers kommt durch den Binnenreim eine Sonderbedeutung zu: Merkmale des Zweierprinzips, noch verstärkt, in der dritten Strophe, durch die Reduplikation (»Tumtum tree«) und, in der fünften, durch die starke Zäsur. Die fünfte Strophe, die den Kampf schildert, wird vollends von dem Prinzip beherrscht. (Verstünde man die Wörter auch nicht, wüßte man aus der Form doch genau, wovon die Rede ist: wie in der ersten Strophe ist in Syntax, Lautform und Stilformen semantisch hereingeholt, was den Versen lexikalisch fehlen mag.) Im c-Vers ein bedeutungsschwerer Binnenreim (»dead« – »head«), im b-Vers eine Alliteration (»snicker-snack«), im a-Vers noch einmal ein Binnenreim, sogar ein doppelter; diese beiden Halbverse bestehen zudem noch aus je zwei identischen Hälften, von denen die des ersten das Prinzip der antagonistischen Zweiteiligkeit – konkret und abstrakt zugleich – formulieren: »One, two! One, two!« Der gleichsam reinen, dreifachen Setzung des poetischen Prinzips und ineins damit der sich hierin aussprechenden dramatischen Gipfelung zufolge ist diese a-Zeile, der Moment des Kampfes, das Zentrum des ganzen Gedichts. Es gibt indes noch ein zweites Zentrum (wieder das Doppelungsprinzip!), das die Symmetrie des Gedichts und der syntaktische Aufbau indizieren.

Die vierte Strophe, die Mitte des Gedichts, ist unter anderem dadurch ausgezeichnet, daß sie als einzige aus einem einzigen Satz besteht. Alle anderen Strophen haben nach dem zweiten Vers eine Zäsur, die Hauptsatz (oder Hauptsätze) von Hauptsatz (oder Hauptsätzen) trennt. Die Mittelstrophe trägt dem Prinzip der Zweiteilung anders Rechnung: statt der üblichen Unterteilung (1 + 2) + (3 + 4) hier die Unterteilung 1 + (2 + 3) + 4. Somit sind die Mittelzeilen der Mittelstrophe das – zunächst technische – Zentrum des Gedichts. Das Embedding dieser Verse in der Strophe wird dadurch verankert, daß diese Zeilen den Hauptsatz der Strophe bilden. Diese Zeilen sind wieder eingerahmt (wie das ganze Gedicht aus Rahmen von Rahmen von Rahmen ... besteht) durch zwei Temporalsätze (die einzigen echten Nebensätze des Gedichts) in der ersten und vierten Zeile. Der Rahmen wird spiegelsymmetrisch dadurch, daß die erste Zeile mit einem Temporalsatz beginnt, die vierte mit einem solchen aufhört. Die zentralen Zeilen beschreiben genau den Moment, in dem der Jabberwock auftritt. Es sind dieselben, die Tenniel illustriert hat, und ebendiese Illustration sollte ursprünglich das Frontispiz zum *Looking-Glass* werden.[53] Diese Zeilen sind die einzigen im Gedicht, die formal ohne correspondance bleiben. Warum? Weil in ihnen *das Problem* sich stellt, vor dem alle Häutungen in ein Gegenteil (Dodgson/Carroll, Spiegel usw.) nutzlos bleiben. *Dieses* Problem läßt sich lösen durch das »vorpal sword«, so wie Alice sich durch einen ähnlichen Hieb, durch den Sprung in die Wachdimension, von der Bedrohung durch die Traummonstren befreien kann; im *Snark* ist Befreiung dieser Art nicht mehr möglich: hier obsiegt, auf einer Ebene, »das Problem« in Gestalt des Boojum. (Daß mit dem Zentrum des Gedichts ein Nerv getroffen war, geht vielleicht auch daraus hervor, daß Carroll sich außerstande sah, »tulgey wood«, den *selva oscura* (?), zu erklären, aus dem doch immerhin mühelos das Anagramm *ugly woe* sich ziehen ließe. Allerdings wußte er auch mit »vorpal sword«, dem Mittel der Befreiung, nichts anzufangen; dieses Wort ist inzwischen plausibel von A. Taylor als Kontamination aus »verbal« und »gospel« erklärt worden[54], womit genau jene Schutzfunktionen genannt sind, durch die er die stete Bedrohung seines Ich durch die Es-Kräfte sich vom Leib zu halten hoffte: Kreativität und Religion.)

Daß dieses, augenscheinlich formale, Zentrum des Gedichts für Carroll eine über das Gedicht selber hinausgehende Bedeutung hatte, ergibt sich gewiß daraus, daß Carroll der Illustration der Stelle den prominentesten Platz im Buch einräumen wollte. Das ist um so erstaunlicher, als der Jabberwock gar nicht als handelnde Figur im Text auftritt, sondern nur als Zitat, als Text im Text. Mit unserer Interpretation des Jabberwock als »des Problems« Carrolls, das zu unterlaufen er sich der verschiedensten Abwehrmechanismen bediente, stimmt überein, daß sein Über-Ich sich, Einrede gebietend, bei etwa dreißig Müttern erkundigte, ob der Jabberwock nicht »too terrible a monster, and likely to alarm nervous and imaginative Children« sei »to retain it as the frontispiece«. Die Mütter müssen seine Vermutung bestätigt haben; so wurde das Blatt transferiert. An seine Stelle trat – der Bekenntniszwang vermag zwar den Gegenstand, an den er sich bindet, zu verschieben, läßt sich aber nicht liquidieren – das Bild des White Knight, jener auch für den zeitgenössischen Leser kaum verhüllten Selbstkarikatur des Autors. Der Mechanismus ist interessant: die mehr oder weniger eindeutige Selbstdarstellung ersetzt die bis zur Unkenntlichkeit verkappte, statt Vertuschung erst recht das Eingeständnis. Was soll das? Das eine ist das ungefährliche Porträt des kauzigen Kinderfreunds, wie ihn alle Welt kannte, das öffentliche Erscheinungsbild. Das andere ist die Allegorie der Intimsphäre, gefährlich schon darum, weil sie Carroll selbst nur »dunkel« (konturlos, aber eben doch) bewußt war. Die Entscheidung, daß der White Knight die Stelle des Jabberwock einnahm, ist zwar eine Entscheidung der Über-Ich-Funktionen Zensur und Gewissen, doch ist es immerhin die eine, die im Bereich der eigenen Person verbleibt – es hätte vier Dutzend andere Möglichkeiten gegeben. Das *Looking-Glass ist* ein Buch über Carroll. Was bei der *Alice* sich nur extrapolieren läßt – hier steht es auf dem Titelbild und in dessen dem Leser verborgener Vorgeschichte, die beide zusammen sich zum Bilde Carrolls ergänzen.

Zu fragen bleibt nach dem Grund für die zwei Zentren im Gedicht, einem spannungsbedingten und einem formalen, »eigentlichen«. Mag – jenseits der gewissermaßen technisch geforderten Doppelung – im einen, dem formalen, die innere wie äußere Realität chiffriert sein, der Carroll sich konfrontiert sah und vor deren Bedrohungen er sich in stets neue Verwandlungen flüchtete, und im andern, dem spannungsbedingten, die Wunschvorstellung, sich – ein für allemal – befreien zu können, so ist die Frage nach der Gleichgewichtigkeit der Zentren, ihrer verschiedenen poetischen Motivierung, nicht gelöst, sondern nur anders gestellt, hätten sie doch gewiß inhaltlich *und* formal in eins zusammengezogen werden können. Es scheint jedoch, daß der *Effekt* des Gedichts das Gleichgewicht stört, indem er die größere Aufmerksamkeit aufs zweite Zentrum lenkt. Hierbei würde es sich um die aus dem Traum bekannte Verschiebung handeln. Aus Gründen der Zensur wird der Traum »gleichsam anders zentriert, sein Inhalt um andere Elemente als Mittelpunkt geordnet als die Traumgedanken«[55]. Im zweiten, gewissermaßen manifesten, Zentrum des *Jabberwocky* würde die Wunscherfüllung über den bedrohlichen, aus verdrängten Schichten auftauchenden Gedanken triumphieren. Dies zweite Zentrum ist, wie wir

sahen, mehrfach motiviert, indem es nicht nur die inhaltliche Perspektive verschiebt, sondern dem ersten Zentrum zugleich seine formale Sonderstellung streitig macht dadurch, daß es sie – rhythmisch, alliterativ, semantisch, sozusagen auf den Begriff gebracht – in sich hereinnimmt. Listiger kann eine Zensur schwerlich manövrieren. Aber der verdrängte und immer neu zu verdrängende Gedanke, *das Problem,* sitzt im ersten Zentrum. Daß dieses der wahre, persuasiv nicht wegzuredende Kern ist, erhellt aus der Technik des ganzen Gedichts: so wie in die normale, regelmäßige Struktur der ersten Strophe das Ganz-Andere, das Unverständliche in Gestalt der Unsinnwörter hereinbricht, so zerbricht die regelmäßige Zweierstruktur des Gedichts in der Mittelstrophe, und so bricht der Jabberwock – »whiffling« – in den Bannkreis des kontemplierenden Jünglings.
Ein letztes Wort noch zum *Jabberwocky* im Zusammenhang des *Looking-Glass.* Das Gedicht ist eingesetzt als ein *Lese*erlebnis Alicens. Das kann bedeuten, daß Befreiung nur »in der Literatur« möglich ist (vielleicht auch nur in zitierter Literatur, in der Literatur früherer Zeiten, der *geste,* als Probleme sich durch einen Schwertstreich aus der Welt schaffen ließen), nicht aber im Leben, weder dem Carrolls, der darum in die Literatur flieht, noch »im Leben« der Alice, nämlich dem Buch. Das Buch ist in gewissem Sinn eine Spiegelung des Lebens seines Schreibers (vergleichbare Frustrationen, ähnliche Unfähigkeit, zu dominieren, mit etwas fertig zu werden, statt dessen ein stetes Procedieren in andere (Schach-)Felder: das Ausweichen als spielimmanente Lösung der Probleme, denn wenn man sich ihnen »stellte«, würde man ja »geschlagen«), und Alicens Position ist nur darin der Carrollschen überlegen, daß sie sich – eine Wunschvorstellung – durch den Sprung in eine andere Dimension, in den Wachzustand, retten kann. Für Alice bedeutete der *Jabberwocky* dann eine Handlungsanweisung: wie sich zu verhalten wäre bei dem, was nun kommt. Gleichzeitig bereitet er sie auf die Methode des Kommenden vor, die Spiegelungen, die im Buch meist ebensosehr kaschiert sind wie im Gedicht, d. h. intern als solche erkannt werden, spontan aber nicht notwendig erfahren werden müssen, denn wer im Spiegel steckt, handelt genauso »richtig«

(nur eben »verkehrt«) wie der, der vor ihm ist. (So gesehen wäre die Befreiung die automatisch verkehrte. Sie ist es insofern, als sie nichts löst, sondern sich hinwegsetzt.) Drittens scheint an der *Stellung* des *Jabberwocky* am Anfang des *Looking-Glass* bedeutsam, daß er in einem *Buch*, vermutlich in einem Buch des *White* King, steht.[56] Vielleicht ist damit der Hinweis gegeben auf das *Looking-Glass* als *Buch*: es könnte ebensosehr bloß Geschriebenes sein wie der *Jabberwocky*, und es ist es ja. Und dann, mitten im Buch, der Hinweis auf den *Red* King (er ist die Spiegelung des *White* King, denn Alice ist inzwischen *im* Spiegel, vorher war sie erst am Rand) als den, der alles – auch Alice – träumt: das heißt, daß das Buch nicht ein *Buch* ist, sondern ein *Traum*, oder, als Buch, nur dessen Spiegelung. Den Traum so vom Ausgedachten, *bloß* Geschriebenen trennen, heißt aber, ihn zurückgeben an das, dem er sich verdankt: ans Leben und den nokturnen Inhalt aller Tage.

Die Jagd nach der Selbstverwirklichung

Zu *The Hunting of the Snark* An Agony in Eight Fits

So, whatever good meanings are in the book, I'm very glad to accept as the meaning of the book.
– Lewis Carroll über das *Snark*

Daß das Snark so harmlos nicht ist – »on the which we might lovingly gaze«[1], – wie der Bellman der verschüchterten Mannschaft glauben machen möchte, nützlich, wenn auch exzentrisch, faßbar nach allen Regeln der Jagd, der Börse, der Hygiene und des Herzens, wenn auch, in einer Landschaft, die eher an den Mond denn an Eppinger Förste denken läßt, schwer zu fassen, daß die Welt mithin nicht in fromme Snarks und reißende Boojums zerfällt, das weiß, aus Gründen, der einzige, der eine gewisse Kenntnis von Nutzen und Nachteil dieser Wesen von Haus aus mitbringt, der Baker: jeden Abend nach Einbruch der Dunkelheit kämpft er im Fieber mit dem Snark. Die Aussicht auf einen allnächtlich wiederkehrenden Nachtmar mag nicht unbedingt dazu angetan sein, den Träumer von dessen freundlichen Absichten zu überzeugen, wie ihm die Welt – und er sich wohl auch selber – einreden will. (Schließlich zieht er sieben Röcke und drei Paar Stiefel übereinander, als er auf die Jagd geht: er muß es wohl wissen.) Immerhin ist vielleicht nur das schiere Entsetzen, das die Bedrohung durch das Boojum auslöst, schuld an der allgemeinen Verharmlosung der Snarks. Denn nachweislich ist das Snark seiner Natur nach janusköpfig, und selbst der Bellman, der nur unschuldige Eigenschaften herzuzählen weiß, unterteilt die Gattung in zwei Klassen: »Distinguishing those that have feathers, and bite, / From those that have whiskers, and scratch.«[2] Das Boojum beißt zwar weder noch kratzt es – es vernichtet im Nu und total –, doch vielleicht ist es nur eine höhere Spezies der Gattung, ein Snark, das seine schillernde Verpuppung abgestreift hat und zu sich selber gekommen ist.

Das ganze Gedicht entwickelte sich aus einer einzigen Zeile. Carroll notierte im Tagebuch, bei einem Spaziergang in der Nähe von Guildford am 18. Juli 1874 hätte ihm auf einmal der Satz: »For the Snark *was* a Boojum, you see« im Kopf gesteckt.[3] Jahre später, in einem Aufsatz über ›»Alice« on the Stage‹ für die Zeitschrift *The Theatre* (April 1887), erzählt er den Moment ausführlicher:

I was walking on a hill-side, alone, one bright summer day, when suddenly there came into my head one line of verse – one solitary line – »For the Snark *was* a Boojum, you see.« I knew not what it meant, then: I know not what it means now; but I wrote it down ...[4]

Nun sind gewiß die Namen, von denen der Satz redet, *in sich* nicht unbedingt erhellend: deren *Beziehung* aber wohl. Der Satz sagt nämlich nichts anderes als: jemand ist jemand anderes. Für Carroll, der Dodgson hieß, und für Dodgson, der sich Carroll nannte, dürfte dieser Gedanke, der sich konstitutiv durch das gesamte Werk zieht, also durchaus nicht so, wie er meinte, aus dem Blauen gekommen sein – es sei denn, blau ist die Farbe des Unbewußten. Für jemand, der sich ständig dem Gedanken ausgesetzt sieht, jemand anders zu sein, sein zu wollen oder sein zu müssen, stellt sich ferner das Problem nicht einfach als Identitäts*tausch*: jemand ist nicht nur jemand anders, sondern jemand anders ist auch jemand. So war das Snark zwar ein Boojum, aber eben gleichzeitig auch noch ein Snark. Die Modi der Identität durchdringen einander: Carroll konnte steifer, frömmlerischer, rechthaberischer suadieren als Dodgson, und in den mathematischen Texten Dodgsons finden sich Carrollsche Volten auf Schritt und Tritt. Jemand ist bei ihm stets jemand anders, und gerade, wenn er »sich seiner« sicher weiß.
Vier Tage, nachdem Carroll die denkwürdige Zeile eingefallen war, machte er eine Strophe daraus: die Zeile wurde die letzte der Strophe, die Strophe wurde die letzte des letzten Gesangs des ganzen Gedichts.[5] Das Ganze also: eine Regression, zum Ursprung. Die folgenden anderthalb Jahre wandte Carroll auf Erfindung und Ausarbeitung des Gedichts, von dem er in dem

genannten *Theatre*-Artikel sagt, es habe sich nacheinander von selber zusammengestückelt (»pieced itself together«).[6] Wieder, wie früher bei den *Alice*-Büchern und später bei *Sylvie and Bruno,* ist die Methode ein Puzzle-Spiel mit Teilen, die sich unter der Hand ergeben – wie die letzte Zeile des Snark, und häufig mit derlei Implikationen. Die Schwierigkeit ist, die heterogenen Teile in die plausible Reihenfolge einer Geschichte zu ordnen. Die Katastrophe im *Snark,* von der sehr bald feststeht, wen sie trifft, könnte jeden Augenblick hereinbrechen, zugleich läßt sie sich beliebig lang hinauszögern. So wie es gleichgültig ist, wann Alice aufwacht: der Sinn ihrer Geschichte änderte sich nicht. Darum sind Carrolls Bücher immer ein *work in progress,* dem nur durch das zufällige Druckdatum der Fortgang abgeschnitten wird.

Carroll schickte den »fertigen« Text des Snark am 7. November 1875 an seinen Verleger Macmillan.[7] Bis zur Veröffentlichung am 29. März 1876 hatte er indes nicht nur hier und da ergänzende Strophen eingefügt, sondern zwei völlig neue Gesänge dazugeschrieben: »The Beaver's Lesson« und »The Barrister's Dream«. Die »Lektion« ist ein Um- oder Abweg, ein Einschub, der die Spannung des Ganzen erhöht, indem er sie vorübergehend verlagert. Das Snark kommt darin nicht vor, dafür sein angsterregender Vetter, der Jubjub Bird, der mit dem Snark die Veranlagung teilt, menschliche Eigenschaften zu besitzen und gleichzeitig eßbar zu sein. Die »Lektion« ist das erste Gleichnis von denen, die vom rechten Weg abkamen – »The Barrister's Dream« ist das nächste, »The Banker's Fate« das dritte: wie die Gefährten von Bunyans Pilgrim verlieren sie das Ziel aus den Augen, weil sie sich in ephemeren Händeln verheddern. »The Barrister's Dream« war, abgesehen vom Vorwort, das letzte, was Carroll für sein Epos schrieb: eine Gerichtsszene (die übrigens schon einmal eins seiner Bücher beendet hatte: *Alice in Wonderland.* Hier hatte die Emanation der kleinen Mädchen, derer das Himmelreich ist, die Welt in Trümmer trompetet; dort läutete der mit dem Allmächtigen verschmolzene Archdeacon Dodgson, der Vater, in Gestalt des Bellman die Totenglocke: nur an dieser Stelle heißt seine Glocke *knell.* Es scheint nicht müßig, einmal die Aufmerksamkeit zu lenken auf den *kreativen* Schlußstrich unter die Werke, der sich mit dem formalen nicht deckt; hier kann sich, wie im Beispiel, eine geheime Intention zeigen, die der formalen Analyse verborgen bleibt). Als das ganze Gedicht praktisch fertig war, als also Carroll herausgefunden hatte, worauf das Snark hinauswollte und was es sollte, konnte er seinen Sinn präzisieren, nämlich das konkret fassen, was die erste Zeile formelhaft gesagt hatte: das Snark als Proteus. Die Variationsbreite der Verwandlungen reicht dabei vom Verteidiger des Angeklagten bis zum Richter, der lebenslängliche Verbannung als Strafe bestimmt. Die Verwandlung gerade ins Gegenteil ist der Witz – einer, der sich als zentrales Motiv Carrollschen Schreibens im Kapitel über Traumtechnik hatte belegen lassen. Die Identifizierung mit der jeweiligen Rolle ist vollständig. Die letzte Hand, die Carroll an sein Werk legte, brachte modellhaft auf den Begriff, was der eigentliche Schluß durch Hypostasierung der Katastrophe zu verschleiern trachtete, aber gleichwohl als deren Sinn sich analysieren läßt.

Die Jagd nach der Erklärung des Gedichts dürfte ebenso exzentrisch gewesen sein wie das Gedicht selbst. Rossetti, dessen Körper durch übermäßigen Chloralgebrauch, wie es heißt, geschwächt war und der, seit Buchanan (»Thomas Maitland«) 1870 ihn als Exponenten der »Fleshly School of Poetry« vernichtend kritisiert hatte, von einer weltweiten Verschwörung gegen sich und sein Werk überzeugt war, hielt das *Snark* für einen dünn verschleierten persönlichen Angriff.[8] Weniger subjektive Leser wollten darin das Streben nach dem Absoluten entdecken, nach Ruhm, nach Geld, nach Popularität, bis hin zur Erkundung des Nordpols.[9]

Carroll stellte sich zunächst allen Erklärungsversuchen gegenüber dumm und behauptete, er habe nichts als Unsinn im Kopf gehabt. An Florence Balfour schrieb er am 6. April 1876:

When you have read the »Snark«, I hope you will write me a little note and tell me how you like it, and if you can *quite* understand it. Some children are puzzled with it. Of course you know what a Snark is? If you do please tell *me:* for I haven't an idea what it is like.[10]

Zwar erzählte er später Beatrice Hatch und ihren Schwestern, *Snark* sei ein Schachtelwort (portmanteau) aus *snail* und *shark,*[11] doch wir wissen aus Humpty Dumptys Jabberwocky-Exegese, daß solche nachträglichen Erklärungen nur den einen Sinn haben: den Sinn, so es einen gibt, erst recht zu vertuschen. Jahre später, kurz vor dem Tod, schrieb Carroll in einem Brief über das *Snark:*

I'm very much afraid I didn't mean anything but nonsense! Still, you know, words mean more than we mean to express when we use them: so a whole book ought to mean a great deal more than the writer meant. So, whatever good meanings are in the book, I'm very glad to accept as the meaning of the book. The best that I've seen is by a lady (she published it in a letter to a newspaper) – that the whole book is an allegory on the search after happiness. I think this fits beautifully in many ways –. . .[12]

Das klingt sehr merkwürdig nach allem bisher über das Snark Gesagten. Sollte das eine der üblichen Carrollschen Finten sein, mit denen er sein – »bewußtes« – Nichtwissen drapierte, um von dem, was sein Unbewußtes wissen mochte, abzulenken? Ein Abwehrmechanismus? Wie stimmt das überein mit Carrolls üblichem Bescheid: »I meant that the Snark was a *Boojum.*«?[13] Oder gibt es da eine Verbindung: das Snark als das Glück, das sich als – ja was? – entpuppt?

Daß es sich um eine Jagd nach dem Glück – in dem je verschiedenen Sinn, den seine Jäger ihm geben – handelt, läßt sich belegen. Jeder sieht wie er's treibt, jeder sieht wo er bleibt: Adam Smiths Schlächter wird hier, vor dem Hintergrund des hemmungslosen viktorianischen *laissez faire,* zu Ende gedacht. Es geht um ein privatistisches Ziel, kein allgemeines. Das zeigt sich daran, daß das Ziel nicht gemeinsam und kooperativ, d. h. linear, verfolgt wird, sondern zirkulär: wie in der Caucus Race des *Wonderland* rennt jeder für sich, auf eigene Rechnung gewissermaßen – und

am Schluß hätte jeder gewonnen und bekäme einen Preis, wenn nicht, im *Snark,* etwas dazwischenträte.
Schon der Refrain

They sought it with thimbles, they sought it with care;
  They pursued it with forks and hope;
They threatened its life with a railway-share;
  They charmed it with smiles and soap.

scheint zu sagen, daß von einem Jagen im übertragenen Sinne die Rede ist – und nicht nur deshalb, weil der Sprachspieler Carroll verschiedene Verben zum Begriff der Besitzergreifung zusammenstellt und deren Bedeutungen dann noch, mit Hilfe des Zeugma, doppelt bezieht. Ein weiterer Anhaltspunkt für den Befund ist die Vorbereitung zur Jagd: der Banker endossiert einen Blankoscheck, der Barrister disputiert, der Maker of Bonnets and Hoods erfindet eine neue Schleifenart, der Beaver klöppelt seine Spitzen weiter. In weitsichtiger Perspektive freilich legt sich über diese Lesart eine andere: zwar gehen die Herren ihren privaten Zielen nach, doch sind diese zugleich öffentliche, nämlich die durch die Arbeitsteilung bedingten vielfältigen Schritte, die zur Erreichung eines einzigen komplexen Zieles nötig werden. Das auf den ersten Blick beliebige Nebeneinander läßt sich also lesen als Kohärenz, sofern der Focus geändert wird. Der Eindruck des Unsinnigen entsteht dadurch, daß abstrakte Modelle als realistische Interaktionen vorgeführt werden.
Beide Perspektiven, die nah- wie die weitsichtige, treten bei der Jagd selber in eine Ebene. Der Butcher, der seinen geheimen Wunsch, den Beaver zu töten, verdrängen mußte (auf Holidays Illustration trägt er, gleichsam als archetypisches Emblem, eine Mütze aus Biber)[14], erfüllt ihn sich dennoch in der sublimierten Form, die die Kultur gestattet. Durch Appellation ans Höhere gelingt es ihm, den Beaver auf immer in seine Gewalt zu bringen. Das ES wird »domestiziert« – Tiere sind bei Carroll gewöhnlich weiblich oder männlich; der Beaver ist ein »It« – und zur Akzeption eines Über-Ich (Wissen, Bildung, Kultur) »überredet«. Wir wissen ja, wie so etwas passiert, nämlich ohne sogenannte *bewußte* Zwänge. In dem, was hier Freundschaft heißt, ist die Ver-

söhnung einander ausschließender Triebe erzwungen – und perpetuierbar. Nackte Beherrschung hätte die Auflehnung provoziert. Durch Pervertierung in Freundschaft kappt sie den Widerspruch. Weiter: wer ein Gewissen hat, hat gelernt, daß er darauf stolz sein kann. So ist auch der Beaver zufrieden mit seinem Los, das er für das große hält. Seine hauswirtschaftlichen Qualitäten finden endlich die ihnen gebührende Würdigung: das werkelnde Es wird zur Arbeit veredelt. Beide, Butcher und Beaver, haben ihr Snark gefunden, allerdings nur in Gestalt des Jubjub Bird, eines, sagen wir, natürlichen Vetters, also bucklige Verwandtschaft. Diese Symbiose Butcher/Beaver nimmt sich aus wie der Entwurf eines Ich-Ideals: ein Lust-Ich und ein Realitäts-Ich – Teile *einer* Person – existieren distinkt nebeneinander. Ihre Verbindung mag sich Rationalisierungstendenzen verdanken (Unmöglichkeit, »allein« zu »existieren«, Arbeitsteilung, Bequemlichkeit, Institutionalisierung sado-masochistischer Bedürfnisse) – vermittelt ist sie nicht, die Bereiche sind reinlich geschieden, wobei einer höchstens als Entlastung für den anderen fungiert. Genau das mag dem Autor bei seiner Dodgson/Carroll-Spaltung vorgeschwebt haben, eine Art totale Schizophrenie als Konsequenz der inkompatiblen, aber für die Hygiene der eigenen Seele notwendigen Bedürfnisse. Es ist müßig, darüber zu spekulieren, wie Carroll sich befunden, was er geschrieben hätte, wäre sie gelungen. Was er geschrieben *hat*, entwickelt sich aus der ständigen Übertretung der Kompetenzen.

Auch der Barrister findet sein Snark, ein echtes, doch nur im Traum. Sein Traum ist die juristische Omnipotenz der eigenen Person. Der Fall, der verhandelt wird, ist unerheblich. Von Belang ist, daß der Protagonist die jeweilige Rechtsposition mit einer alle Einrede ausschließenden Stringenz vertritt. Der ahumane Kern der juristischen Praktik, die hier persifliert wird, ihr nicht wahrheits- sondern positionsbedingtes Denken, zeigt sich darin, daß das Snark problemlos von der Rolle des Verteidigers in die des Anklägers usw. hinüberwechseln kann. Die Autarkie des Apparats erträumt sich der Advokat: höchstes Glück eines, der in seinem Beruf »aufgeht«, worauf alle anderen Passagen des Gedichts, in denen er vorkommt, bereits gedeutet haben.

Endlich der Banker. Sein Glück ist offenbar, im Gegensatz zu dem der drei bisher genannten Typen, ein rein materialistisches. Darum, das wäre die Moral, erfüllt es sich auch nicht: sein Glück ist die wetterwendische Fortuna, die Spekulation. Er ist der eigentliche Verlierer der Jagd, der Geprellte, denn sein Streben ist unstatthaft. Sein Show-down ist die Vergeltung, die von oben kommt. Das Bandersnatch stammt aus der Familie der Boojums, wiederum bucklig, und überbringt, dazu ist es gut, eine Botschaft: die Peripetie.

Das Snark als Wunscherfüllung – im Sinne der je verschiedenen Glücksvorstellung – zu interpretieren, macht zwar bei Beaver, Butcher und Barrister kaum Mühe, aber schon beim Banker scheint sich eine solche Deutung zu verbieten – wie nicht erst beim Baker.

Bekanntlich hat Freud den Traum als Wunscherfüllung gedeutet. Es schien auf der Hand zu liegen, daß dies sich schwer, oder gar nicht, mit Straf-, Angst-, Prüfungsträumen usw., sicher der Mehrzahl, vereinen ließ, und doch mußte an ihnen sich die Richtigkeit der Theorie erweisen. Freud hat gezeigt, daß und wie die Glyphen der Träume in eine lesbare Sprache übersetzt werden mußten, um verstanden zu werden, wobei er den Lexikalismus älterer Übersetzungstheorien – der dennoch in Jungs Archetypenlehre später wieder auferstehen sollte – durch semantische Variablen ersetzte, die Eindeutigkeit jeweils erst im Prozeß des Übersetzens, des Verstehens, erhielten, wenn nämlich die Invarianten des Träumers, oder das was dafür galt, seiner Geschichte und Situation, suppliert waren. So ließ sich auch solches als Wunscherfüllung deuten, was ihr augenscheinlich widersprach, wobei der manifeste Eindruck der Angst etwa von jenen Kräften rührte, die den Wunsch als verbotenen zensierten und unter Verschluß halten wollten. Sollen wir annehmen, daß das Schicksal des Banker als Erfüllung, sagen wir, eines Todeswunsches zu verstehen ist? Aber gibt es dafür irgendeinen Anhaltspunkt im Gedicht? Wenn von ihm die Rede ist, so im Zusammenhang mit Geld, was freilich nicht verwunderlich ist, da die Snark-Jäger ja nur durch ihren Beruf – in jeder Hinsicht – gekennzeichnet sind. Der Beruf steht hier für das Nomen,

das im Unsinn Carrolls und Lears sich immer als das Omen (und sei's über den Reim, den man auf es machen kann) entdeckt. Beruf und Berufung sind, im lutherischen Sinn, noch eins[15], aber deren Einheit enthält hier bereits jene später, im Fortschreiten der Industrialisierung sich anbahnende, bewußtlose Identifikation des Einzelnen mit seinem Beruf[16], die das Individuum als solches weder braucht noch gelten läßt. Die Einheit von Beruf und Berufung äußert sich darin, daß der Einzelne nur *in* und *mit* seinem Beruf ist, was er ist, daß er sein Glück nur *durch* den Beruf finden, nur *in ihm machen* kann und macht: »Vertraue du Gott und bleibe in deinem Beruf.«[17] Vielleicht ist das Schicksal des Banker auch von daher ein verdientes – der erfüllte Wunsch der Wendung gegen die eigene Person –, weil es ihm nicht gelingt, mit den ihm zu Gebote stehenden Mitteln – Geld und Geldverkehr – das Unheil abzuwenden: er hat seinen Beruf verfehlt, war nicht berufen.
(Daß der Butcher, der doch offensichtlich auch nicht seinen Beruf – gar seine Spezialisierung: die Schlachtung von *Bibern* – zur via regalis nimmt, dennoch reüssiert, erklärt sich daraus, daß er ihn verinnerlicht. Die Verinnerlichung, die das Glück herstellt, ist wesentlich nicht verschieden vom Glück der anderen, denn dieses kann immer nur ein einzelnes sein, da es in *diesem* Beruf seine Wurzel hat, und nie ein allgemeines, für alle Snark-Jäger gleichermaßen erfahrbares, werden. Das »In-sich-Gehen« des Butcher ist die einzige Möglichkeit, das größte Kulturtabu, den Mord, nicht zu verletzen.)
Daß das Glück immer nur ein Partikulares, Individuelles ist, und folglich auch das Unglück, gehört zur Ideologie der bürgerlichen Gesellschaft. Das wahre Glück hat zwar listigerweise erst im Jenseits seine bleibende Statt (vor diesem Hintergrund, *auch* vor diesem, ist das Verschwinden des Baker zu lesen, hinter dem sich eine Aszenz vermuten läßt), doch das kleine Glück, der Vorgeschmack, winkt jedem, der seine Pflicht tut, jedem, der auf dem ihm von der Gesellschaft zugewiesenen Platz tut, was seines Amtes. (Daß die Pflichterfüllung die Vorbedingung des Glückes ist, sagt der Bellman selbst – implizite – am Schluß der Rede im vierten Gesang, mit der er die Jäger auf die Jagd schickt:

For England expects – I forbear to proceed:
'tis a maxim tremendous, but trite![18]

Er braucht Nelsons geflügeltes Wort nicht zu Ende zu zitieren – »England expects every man to do his duty« –, denn er darf sich darauf verlassen, daß jeder der Angesprochenen es – verinnerlicht hat. Doch er beendet es mit utilitaristischer Konsequenz:

And you'd best be unpacking the things that you need
To rig yourselves out for the fight.)

Das kleine Glück ist der ideelle Surplus der Arbeit, ihr materieller läßt sich dadurch umso leichter übergehen und vergessen. Gleichzeitig verspricht dieses Glück dennoch sublim die Klassengegensätze zu tilgen (in Wahrheit präludiert es nur den Demokratisierungsprozeß, der commune opinione dem Tod vorbehalten ist), indem nämlich das eines Schlächters genauso viel *wert* ist wie das eines Bankiers: es wird ja nie konkret, d. h. der konkrete Surplus geht auf andere Rechnung.
Auf Grund dieser »Struktureinheit« des bürgerlichen Glücks ist es Carroll möglich, einen Längsschnitt durch die Pyramide der Gesellschaft legen und die Mitglieder verschiedener Klassen auf einer Ebene versammeln zu können. (Genauer gesagt, es werden die Unterschiede und Schichtungen innerhalb *einer* Klasse – Klein- und Großbürgertum – außer Kurs gesetzt. Die Randklassen Aristokratie und Proletariat im traditionellen Sinn bleiben aus dem Spiel. Doch ist es vielleicht nicht abwegig, in der Spezialisierung von Bäcker und Schlächter – der eine kann nur Brautkuchen backen, der andere nur Biber schlachten – ein Indiz für die Verproletarisierung des Handwerkers durch die Fabrik zu sehen, und andererseits im Bankier einen Vertreter der neuen Spielart der Aristokratie, des Geldadels.) Vermittelt ist die Vertikalstruktur technisch durch die für das Gedicht wichtigste Kommunikationsform, den Befehl, für den wiederum der Bellman, Mitte und Haltepunkt des Ganzen, die Chiffre darstellt. Die hier vorgeführte Form der Gleichzeitigkeit, des hypostasierten Miteinander, erzwungenen Nebeneinander und verkappten Gegeneinander der Klassen oder der Schichtungen innerhalb einer

Klasse war dem viktorianischen Roman, der sich doch als Roman eben der Gesellschaft verstand, unmöglich, denn die Gegensätze definierten sich in ihm vollends und gerade, wenn es zu Berührungen zwischen den Klassen kam, d. h. dieser Roman gab pyramidale *Quer*schnitte. Gegensätze im Sinne der Klassengesellschaft gibt es im *Snark* nicht; sie verlieren sich im edlen Wettstreit um »das Eine, auf das es ankommt.«
So entsteht der Unsinn dieses Gedichts: aus der Eliminierung der gesellschaftlichen Position im Zusammenhang (man »redet miteinander«, als gäbe es die Differenz nicht, die automatisch durch die Definition der wenigstens zwei Protagonistengruppen durch ihren Beruf gesetzt ist); aus der Tatsache, daß, umgekehrt, jeder nur für sich redet, für seine Klasse oder – eher altfränkisch – für seinen Stand (die Unmöglichkeit der Vermittlung zwischen den Klassen führt zu einem Aneinandervorbeireden: jeder redet für sich, doch nicht mehr wie die Figuren Sternes oder des Carroll der *Alice*-Bücher darum, weil Sprache Isolation bedeutet, weil jedes Sprechen auf die Kluft verweist, die zwischen Sprechendem und Hörendem durch die Sprache aufgerissen wird – Wortspiele und andere Zeichen für die »Unsicherheit« von Sprache sind im *Snark* vergleichsweise selten, spielen vor allem keine konstitutive Rolle wie in anderen Texten Carrolls; die Unsinnwörter, die alle aus dem *Jabberwocky* stammen, werden als »bekannte« Vokabeln eingesetzt –, sondern jeder redet für sich, weil er nur für sich zu reden gelernt hat: für die eigenen Interessen). Das Für-sich-Reden ist sinnvoll nur im Kontext der eigenen Klasse, im Querschnitt durch die Pyramide, wie ihn, wie gesagt, der zeitgenössische Roman vorführt; durch den Längsschnitt werden die Sätze unsinnig, weil sie aus ihrer Bezugsebene gelöst sind. Zwar bleiben sie in sich sinnvoll, aber die Bedeutung, die ihnen der Kontext geben müßte, bleibt ihnen versagt. (Man vergleiche die Analyse des »Evidence«-Gedichts, wo der gleiche Sachverhalt für einen Kurztext nachgewiesen wird.) Was im gesellschaftlichen Kontext aus Übereinkunft als sinnvoll verstanden wird, ist, ohne diesen Kontext, für den Hörer nicht zu verstehen. Miteinander sprechen kann nur, wer dieselben Interessen mit denselben Methoden verfolgt. Es sind Paradigmen der Ent-

fremdung, die Carroll da erfindet, sechzehn Jahre vor Erscheinen der ersten englischen Ausgabe der *Lage der arbeitenden Klasse in England,* wobei wir sicher sein dürfen, daß Carroll Engels oder Marx kaum dem Namen nach kannte, ganz zu schweigen von den großen Stoffen ihrer Bücher. – Es sind im *Snark,* aus anderer Sicht, Sprachspiele, die die Protagonisten spielen: keiner kennt die Regeln, nach denen der andere spielt, sie enden an den Grenzen der jeweiligen Person bzw. dessen, wofür sie, hier, steht. Doch der Unsinn bekommt ein zusätzliches Turning of the screw, wenn man hinzunimmt, daß jeder dem Nämlichen nachjagt und von ebendiesem redet. Sätze wie

. . . the Banker endorsed a blank cheque (which he crossed),
And changed his loose silver for notes.

und

The maker of Bonnets ferociously planned
A novel arrangement of bows:[19]

haben dieselbe Bedeutung, der eine ist die Übersetzung des anderen.

Wenn der Banker, wie alle anderen, auch nur sein Sprachspiel spielt, auch nur dem Glück (seinem) nachjagt, warum wird es ihm, als einzigem bisher, verwehrt? Warum reüssiert er nicht mit seinem Geld? Ist er ein Baron de Nucingen, der darum seine Esther nicht kriegt, weil er sie sich nur erkaufen, nicht aber erlieben kann? Carroll hat sich über Geld nie geäußert, doch in seinem forciert neutestamentlichen Denken dürften die Wechsler rettungslos *vor* dem Nadelöhr gesessen haben. Sein Bankier ist die böse Replik auf den bekannten Satz von Lafitte: »Von nun an werden die Bankiers herrschen.«[20] Das Glück ist, seinem Verständnis zufolge, wenn auch nicht ideell, so ganz gewiß nicht materiell. Auf der Ebene des manifesten Inhalts spielt sich das Los des Banker in Carrolls Vorstellungsbereich ab – ein Gleichnis für die, die vom Wege abkamen, hieß es oben. Es gibt aber, wenn wir von den Implikationen der Figur qua *Banker* absehen, noch einen zweiten, allgemeineren manifesten Inhalt dieses Gesangs: was dem Banker zustößt, läßt sich als die – klinisch beinah

exakte – Beschreibung eines Alptraums lesen. Im Hinblick auf die – regressive – Gesamtpsychose des Gedichts – auf den schwach gelungenen, wohl stets vom Tabubruch, dem Tod, bedrohten Versuch, das Lustprinzip unter das Realitätsprinzip zu bändigen, folgte der Rückschritt in den narzißtischen Omnipotenztraum des Barrister, der den Identitätsverlust gerade noch überspielen konnte – bahnt sich jetzt die Krise an: auf sie folgt, im letzten Gesang, der Tod.
Ernest Jones beschreibt in seinem Buch *On the Nightmare* die »three cardinal features of the malady« – den Alptraum oder das »Alpdrücken«, wie das Phänomen von älteren deutschen Autoren genannt wird, versteht Jones als *Krankheit* – und faßt sie folgendermaßen zusammen:

(1) agonizing dread;
(2) sense of oppression or weight at the chest which alarmingly interferes with respiration;
(3) conviction of helpless paralysis.[21]

Die der Agonie vergleichbare Angst braucht im Fall des Banker nicht weiter belegt zu werden. (Man erinnere sich in dem Zusammenhang, daß Carroll das Gedicht als Agonie verstanden wissen wollte – »in eight fits«.[21a]) Das zweite Symptom ist schwerer nachzuweisen. Oder dürfen wir seine Versuche, sich loszukaufen, seine an Börsenklischees gemahnende Athletik – »He skipped and he hopped, and he floundered and flopped«[22] – als traumimmanente Regression verstehen, den angesichts der Gefahr im Bewußtsein sich abspielenden Rückzug auf eine Phase, die »Sicherheit« verspricht, ohne doch motorisch wirksam zu werden? Oder einfacher: das Zappeln kann – quasi als Traum im Traum – als Befreiungsversuch von »oppression or weight at the chest«, die nur von diesem Symptom aus rückwärts erschließbar wären, entstanden sein. Immerhin »fainting he fell to the ground« und ist gänzlich preisgegeben. Und das wichtige somatische Indiz dieses Teilsymptoms, das in keiner der Krankengeschichten fehlt, die Atemnot, ist indirekt erwähnt: »He was black in the face«. Nicht rot, was genügt hätte, sondern schwarz, fast erstickt. Das dritte Symptom – »helpless paralysis« – läßt sich

aus einer antizipierenden Bemerkung – »he knew it was useless to fly« – und aus seinen Folgen erschließen, der Aphasie. Paralysiert war der Banker offenbar nur temporär, nach Rückkehr des Bewußtseins ist er nur noch paretisch. Seine Parese hat die Gesichtsnerven affiziert (»senseless grimaces«; die Illustration zeigt die eine Gesichtshälfte verzerrt) und eben die Sprachzentren (». . . he . . . chanted . . . words whose utter inanity proved his insanity . . .«; Holiday versteht das »chant« wörtlich: er legt dem Banker ein Notenblatt mit der Vortragsbezeichnung »con imbecillità« zu Füßen). Parese, Hemiplegie usw., verbunden mit Aphasie, die zur Idiotie führen können, als Folge des Paralysegefühls bei besonders heftigen Alpträumen, ist ein bei Jones mehrfach zitierter Befund.[23]
Der Alptraum kann, ätiologisch, gewiß als Ausdruck des »Gefühls der würgenden Lebensangst«[24] in Folge der vom System diktierten täglichen Kampfhaltung, des permanenten sich-behaupten-Müssens-auf-dem-eigenen-Platz gelesen werden. Wichtiger aber erscheint, mindestens im Zusammenhang der Herkunft dieses Gedichts, der von Jones aufgedeckte gewöhnlich sexuelle Ursprung des Alptraums, dessen Heftigkeit proportional zur Verdrängung sexueller Lust steht. (Überziehen wir die Stelle, wenn wir in den »frumious jaws« des Bandersnatch ein Indiz für die Richtigkeit der These erblicken? Nicht nur, daß das Wesen, wie alle Incubi und Succubi, durch die Luft kommt, scheint wichtig, sondern auch die Art des Angriffs. Es ist durchaus vorstellbar, daß der Schnabel – geschlossen – »gehackt« hätte, ähnlich dem »Geierschwanz« Leonardos, den Freud interpretiert hat[25], hingegen ist ausdrücklich – *nur* aus Reimgründen? – von »jaws« die Rede, die etwas Klaffendes haben. Gehen wir zu weit, wenn wir in das »savagely snapping« vaginale – oder orale – Kontraktionen hineinlesen?) Immerhin bekommt von hier aus der Banker vor allem als Projektion Carrolls Profil. Für die Selbstdarstellung des Autors in allen seinen Figuren, die an anderer Stelle behauptet wurde und auf die später noch einmal einzugehen sein wird, ließen sich bisher im Falle des Banker keine Anhaltspunkte finden. Sie ergeben sich erst aus der Freilegung des latenten Inhalts der Stelle, während sie

sonst sich gewöhnlich am Erscheinungsbild direkt aufzeigen lassen. Schon daraus läßt sich auf die Tiefe des Verdrängten schließen, auf etwas, das sich in der Neurose, die herausgebildet wurde, um existieren zu können, nicht mehr ohne weiteres verkraften läßt. Diese Neurose – es wird von ihr noch zu reden sein – war die symptomatische Ich-Ambivalenz als Folge der steten Transformationen anziehender Objekte in abstoßende und umgekehrt, war die Kombination von Anziehung und Abstoßung, Wunsch und Versagung, die zum Daseinsmodus Carroll-Dodgson erhoben wurde. Der Kompromiß mit der eigenen Ambivalenz, der eine kontinuierliche Reproduktion im Werk – quasi als permanente »Selbst«-Bestätigung – zeitigte, verliert die Möglichkeit seines Funktionierens angesichts einer bestimmten Traumkonstellation, der des Alptraums, die ein trotz aller Zensur die innerste Existenz bedrohendes, wahrhaft »ruhestörendes« Moment nach oben bringt. Mir ist nicht bekannt, ob Carroll sich je über das im Alptraum Implizierte geäußert hat. (Man sehe jedoch seine – wahrscheinlich unbeabsichtigte – Verwendung des für unseren Zusammenhang interessantesten Synonyms für Alptraum, »incubus«, das Vielfältiges denotiert. Vgl. Anm. 32.) Daß aber die Erfahrung des Alptraums ihm nicht unbekannt war, darauf läßt sich aus einem der frühesten erhaltenen Gedichte, *Horrors,* schließen, das der Achtzehnjährige für die Hauszeitschrift *Rectory-Magazine* schrieb.[26] Auch hier wird, allerdings in einer deutlich als Traum bezeichneten Situation, ein Wesen von einem menschenfressenden Monster attackiert, ohne sich wehren zu können: »I could not speak, I could not fly, / I fell down in that place.« Zugleich weiß man, daß Dodgson, und wie sehr er, unter Schlaflosigkeit litt, die wiederum, der Sexualpathologie zufolge, den gleichen Ursprung haben kann wie der Alptraum (der, für die Viktorianer wenigstens, unlösbar mit dem Sexuellen verbunden gewesen zu sein scheint)[27]. Und über die Schlaflosigkeit hat Carroll sich wiederholt geäußert. Ein ganzes Buch, die mathematischen *Pillow Problems* – Aufgaben samt ihren Lösungen aus Algebra und ebener Geometrie, Trigonometrie, Differential- und Wahrscheinlichkeitsrechnung – verdankt solchen schlaflosen Stunden seine Entstehung. Der vollständige Titel der ersten Auflage (Mai 1893) lautete: *Pillow Problems thought out during sleepless nights.* Ab der zweiten Auflage, die vier Monate später nötig wurde, änderte Carroll die »sleepless nights« zu »wakeful hours« und fügte eine gewundene Begründung bei, er habe nie unter »insomnia« gelitten, auch sei seine Gesundheit nicht zerrüttet, wie man aus den »sleepless nights« habe schließen wollen, nur komme es manchmal vor, daß ein »worrying topic« einen quäle, und da könne man sich mit derlei Gedankenspielen ablenken. Die »worrying topics« waren im Vorwort zur ersten Auflage spezifischer gewesen:

Perhaps I may venture, for a moment, to use a more serious tone, and to point out that there are mental troubles, much worse than mere worry, for which an absorbing subject of thought may serve as a remedy. There are sceptical thoughts, which seem for the moment to uproot the firmest faith; there are blasphemous thoughts, which dart unbidden into the most reverent souls; there are unholy thoughts, which torture, with their hateful presence, the fancy that would fain be pure. Against all these some real mental *work* is a most helpful ally.[28]

Mindestens die »unholy thoughts« dürften sich einem Bekenntniszwang verdanken, der im Vorwort zur zweiten Auflage vertuscht, einem Bekenntnis, das, mit der dem Zwangsneurotiker eigenen Typik, rückgängig gemacht werden sollte. Daß derlei wache Stunden alles andere als harmlos waren, dafür spricht die unermüdliche geistige Aktivität, mit der Dodgson sie zu füllen suchte: einerseits der verzweifelte Versuch, die Angst an etwas Konkretes zu binden, andererseits Gedanken*spiele* als Ersatz für andere, *Lösungen* d. h. Entspannungen als Frucht der Anstrengung der grauen Zellen.[29]

Im Vorwort zu dem vier Jahre früher (1889) erschienenen ersten Band von *Sylvie and Bruno* entwirft Carroll eine andere, primitivere, Methode, sich der Schrecken der Schlaflosigkeit zu erwehren. Er beschreibt u. a. zwei Buchprojekte. Das eine ist eine Bibel-Anthologie, das andere eine Prosa- und Vers-Anthologie nicht biblischer Autoren. Die Stücke sind – abgesehen von ihrem moralischen Gehalt – nach ihrer Memorierbarkeit auszuwählen, denn »such passages would be found useful, to repeat to one's-self and to ponder over, on many occasions when reading is difficult, if not impossible: for instance, when lying awake at night – . . .«[30] Die Notwendigkeit von derlei Viatica verbürgen ihm die »auctores« – von jeher *auch* Mittel zur Verschleierung eigener Interessen und Präventiv für die Kompromittierung – d. h. er zitiert aus den Vorlesungen eines gewissen Robertson über die Korintherbriefe. Robertson schreibt:

If a man finds himself haunted by evil desires and unholy images, which will generally be at periodical hours, let him commit to memory passages of Scripture, or passages from the best writers in verse or prose. Let him store his mind with these, as safeguards to repeat when he lies awake in some restless night, or when despairing imaginations, or gloomy, suicidal thoughts, beset him. Let these be to him the sword, turning everywhere to keep the way of the Garden of Life from the intrusion of profaner footsteps.[31]

Eine Vorstellung wie »evil desires« wäre Carroll wohl nie in die Feder gekommen, und sicher nicht nur aus der bewußten Angst, zuviel zu sagen, denn dafür waren seine »desires« allen Anzeichen nach zu tief verdrängt. Sie verrieten sich nur unversehens, nebenbei, in den berühmten unzensurierten Momenten, also etwa auch, wenn er sich der Autorität eines Zitats anheimzugeben glaubte, oder wenn die Motorik des Eiferns um ein gottgefälliges Sinnen und Trachten Wörter zeitigte, die sich in einem gar nicht beabsichtigten Sinn lesen lassen und die auch für ein ungeschultes Auge eindeutig zweideutig sind.[32] (In Letztem zeigt sich einmal mehr das Carrollsche Paradox: daß häufig das eindeutig Gemeinte – die ernsten Worte des Kinderfreunds – durch die Beliebigkeit des Gesagten so extrem ins Klischee gerät, daß ein zweiter Sinn mitläuft, der das Gemeinte in sein Gegenteil verkehrt, indem es komisch wirkt und, eben wegen der Kontrolllosigkeit, Rückschlüsse auf das erlaubt, was abgewehrt werden soll; daß andererseits das zweideutig Gemeinte, da es konstitutives Moment des Carrollschen Unsinns ist, eindeutig verstanden

wird, nämlich in seiner sprachkritischen Implikation: wenn Alice mißversteht, hat der Leser immer schon verstanden – auch daß sie mißverstehen *muß*, damit die Geschichte weitergehen kann.)
Aus all dem läßt sich auf das Vorhandensein von Alpträumen und sexuellen Phantasien bei Carroll schließen. Die mathematischen Exertionen und mehr noch der Gedächtnisfundus an repetierbaren Sprüchen und Versen lassen an das Rühren der Schamanentrommel denken, um böse Geister abzuwehren. Und wie beim Schamanen werden die bösen Geister auch nur bei ihrem mythischen Namen genannt – Bandersnatch oder Jubjub Bird, Snark, Boojum oder Jabberwocky –, weil sich vor jeden sie klinisch bezeichnenden sofort die Zensur schiebt und den wahren Sachverhalt an die Poesie weitergibt, die bekanntlich anderen Gesetzen gehorcht.
Es gibt eine recht bezeichnende Stelle, wo ein Wort von »ugly dreams« fällt – die Verbindungen mit »dream« entstammen sonst fast ausschließlich dem Begriffsfeld »happy«, »sweet«, »child« –, die bezeichnend nicht zuletzt deshalb ist, weil Carroll sich auch hier wieder distanziert, indem nicht er solche Träume gehabt zu haben gesteht, sondern indem er sie dem – abstrakten, immer schlecht abstrakten – Kind unterschiebt. Die Sätze stehen in dem »Easter Greeting to every child who loves ›Alice‹« von 1876, das Exemplaren des *Snark* beigelegt wurde. Die Stelle ist auch darum interessant, weil sie, sozusagen in einer Ebene, die beiden Bedeutungen von »dream« gibt, die *er*träumte und die *ge*träumte:

Do you know that delicious dreamy feeling when one first wakes on a summer morning, . . . when, lying lazily with eyes half shut, one sees as in a dream green boughs waving, or waters rippling in a golden light? It is a pleasure very near to sadness, bringing tears to one's eyes like a beautiful picture or poem. And is not that a Mother's sweet voice that summons you to rise? To rise and forget, in the bright sunlight, the ugly dreams that frightened you so when all was dark – . . .?[33]

Dasselbe Bild taucht auf breiterer Ebene, in den Topos vom

Leben als Traum transformiert, fünf Absätze später, das Easter Greeting beschließend, wieder auf:

Surely your gladness need not be the less for the thought that you will one day see a brighter dawn than this – when lovelier sights will meet your eyes than any waving trees or rippling waters – when angel-hands shall undraw your curtains, and sweeter tones than every loving Mother breathed shall wake you to a new and glorius day – and when all the sadness, and the sin, that darkened life on this little earth, shall be forgotten like the dreams of a night that is past![34]

Das Umkippen ins Gegenteil, Carrolls Grundfigur, also auch hier, in einer bewußten Exposition. Daß es sich nicht einfach um »schlechte« Träume gehandelt hat, an die Carroll denkt, sondern um ihr Extrem, die Alpträume, dafür mag die Tatsache sprechen, daß sie sich in keine Normalität mehr auflösen können: am Gegenpol steht die *Idylle,* ein Zustand totaler Harmonie, buridanischen Equilibriums. (So wie aus den Schrecken von Industrialisierung und Arbeitsteiligkeit William Morris sich in den Entwurf einer morgenthauschen Graslandschaft auf Londoner Stadtgebiet flüchtete.)[35] Eine Art Idylle beendet die grausige Eskalation der *Alice in Wonderland:* noch sind es nur Konturen, die sich verwischen; dem Traum wird durch seine mechanistische Erklärung der Stachel genommen und fügt sich, verbunden mit dieser, zu einem neuen, gar nicht mehr schrecklichen Bild, dem ländlicher Verklärung. Am Schluß des *Looking Glass – nach* dem verrätselnden Prosaschluß – steht ein Gedicht, das retrospektiv-nostalgisch die Kinderidylle zurückholt und implikativ – über die Todesmetaphern – die Sehnsucht nach einem anderen, wahren Idyll formuliert, dem Jenseitigen. Hat der Tod hier indes noch seine Melancholie, so stilisiert er sich fünf Jahre später – im *Easter Greeting* – zur reinen, und das heißt hier auch: zur spannungslosen Idylle. Und das letzte Kapitel von *Sylvie and Bruno Concluded* (1893) heißt »Life out of Death«. Es beschreibt das konkrete Überleben Arthurs, des melodramatischen Protagonisten, und mündet in ein Transzendieren des Ich-Erzählers in ein höheres Leben, das nichts »Tödliches« mehr hat.

Am Ende dieses Buchs der Verwandlungen und der Identitätspolyvalenz steht eine letzte Verwandlung, die, die alle Unterscheidungen in die Ferne rückt: das Paradies. Man muß die Stelle vor dem Hintergrund des *Easter Greeting* lesen, um den *angel*, eben den Todesengel, zu verstehen. Und vielleicht ist es erlaubt, in der Hypostasierung des LOVE, dem letzten Wort, zumal in dessen Kombinierung mit der Himmelsbläue, deren Ursprung die Liebe sei, eine Paradiesformel zu sehen, in Verkürzung und Säkularisierung und Sentimentalisierung des letzten Verses von Dantes Paradies: »L'Amor que move il sole e l'altre stelle.« –:

»But oh, Sylvie, what makes the sky such a *darling* blue?« Sylvie's sweet lips shaped themselves to reply, but her voice sounded faint and very far away. The vision was fast slipping from my eager gaze: but it seemed to me, in that last bewildering moment, that not Sylvie but an angel was looking out through those trustful brown eyes, and that not Sylvie's but an angel's voice was whispering – – – »IT IS LOVE«.[36]

Tod und Verklärung – angezeigt durch Vokabeln wie »faint«, »very far away«, »slipping from my eager gaze«, »that last bewildering moment« – bleiben so diffus, daß sie sowohl den Erzähler wie seine Geschöpfe meinen können, das Ende also die selige Auflösung aller, als Ziel und Wunsch, intendiert.
Erst im Tod verwirklicht sich die reine Idylle. Sie ist hienieden ebenso wenig möglich wie das reine Glück. Das 19. Jahrhundert, ein Albert Memorial aus Theologie und Profitgesellschaft, erfand darum den Todeswunsch, den Willen zum Tod, nachweisbar von Isoldens Liebestod bis zu Freuds Analysen, um von konkreten Bedürfnissen, nicht zuletzt sexuellen, abzulenken. Carrolls Banker (ausgerechnet der Kapitalist: vielleicht weil er von der Gesellschaft am meisten aus Irdischem sich definiert) steht an der Grenze, ohne sie überschreiten zu können, denn wenn er sich auch nicht mehr verständlich machen kann, so kann er sich doch noch äußern. Das Los des Banker ist, formal gesehen, der Vorhalt, der sich im Los des Baker auflöst. Dem Banker hat der Alptraum die Sprache nur verschlagen. Das ist noch diesseits der Grenze. Dem Baker nimmt er sie vollends, und zwar mitten

im Wort. (Mitten im Wort: das erinnert auch daran, daß die Schreibe »Baker« sich als Reduktion von »Banker« liest, der Baker graphisch aus einer Mitten-im-Wort-Verkürzung *entsteht* – genau wie es sein Ende sein wird.) Zwischen dem, der gerade noch lebt, und dem, der schon nicht mehr lebt, vollzieht sich der Umschlag: von der Pein der Aphasie ins Glück der Sprachlosigkeit.

Gehen wir noch einmal zurück, Rekapitulieren wir, wie der Bellman der Mannschaft das Snark beschreibt: die Ambivalenz des Objekts, das gejagt wird, ist evident. Es ist keine einfache Ambivalenz, sondern eine, die sich von Kategorisierung zu Kategorisierung weiter auffächert, von Antinomie zu Antinomie fortschreitet. Der Bellman impliziert zunächst, daß das Snark ein Zwitterwesen aus Tier (es ist eßbar) und Mensch ist.[37] Die Eßbarkeit ist ein ambivalentes Vergnügen, denn zwar ist es »crisp«, andererseits aber »meagre and hollow«. Seine menschliche Seite unterteilt sich in hedonistische Exzentrik einerseits, ernsthafte Strebsamkeit andererseits: es steht beinah so spät auf, daß es die Tageszeiten verkehrt, frönt überhaupt faulem Ferienleben (seine Liebe zu Badekarren), versteht aber Witze nur langsam, Wortspiele anscheinend überhaupt nicht, dazu ist es ehrgeizig. Zwei Enden, die sich nicht treffen, die offenbar, in ihrer Kombination, unsinnig sind. Doch vor dem Hintergrund des viktorianischen Bürgers, vor der schizophrenen Moral von Arbeit und Freizeit, entwirft die Kombination ein »erstrebenswertes Ziel« für die desorientierten Jäger: zu werden wie alle ist in diesem Kontext die Moral der Jagd. Die Gattung der Snarks ist wiederum zweigeteilt: in solche, die Federn haben und beißen, und solche, die Schnurrbärte tragen und kratzen, Vogelwesen einerseits, Vierfüßler vermutlich andererseits, Klassen, die in keiner bekannten Weise verwandt sind. Der ganze Phänotyp Snark schließlich kann sich als Boojum entpuppen. Das ist die letzte Antinomie, eine, die sich nicht mehr benennen läßt, sondern die *sich nur noch zeigt.* So wie man einem Zaun nicht ansieht, ob er elektrisch geladen ist oder nicht. Es ist eine Eigenschaft des Snark, daß es Boojum sein *kann,* eine coincidentia oppositorum, die sich nicht im Erscheinungsbild äußert.

Die Jagd, die wir eine Jagd nach dem Glück genannt haben, wird nach der Beschreibung des Snark in fortschreitenden Antinomien zumindest dubios. Aber: was eigentlich ist für Carroll Glück?

Es läßt sich nachweisen, daß Carroll »happiness«, »happy« und deren Synonyme fast ausschließlich dann verwendet, wenn er von kleinen Mädchen – im weiteren Sinne der Kindheit – spricht. Denken wir dazu, daß er notorisch und fast zwanghaft seine Leimrute – in Form von spontan erfundenen Geschichten, Rätselspielen, die er in zahlreichen Schachteln auf Reisen und Spaziergängen mit sich führte, Einladungen zum Photographiertwerden – nach kleinen Mädchen aussteckte, wo er sie fand oder vermutete oder erhoffte[38], Bekanntschaften provozierend (der schüchterne Mr. Dodgson!), Freundschaft und »love« (was zweideutig ist) oktroyierend, so läßt sich ahnen, in welcher Landschaft diese Allegorie von der *Jagd* nach dem *Glück* sich eigentlich abspielt.

Beinah alle Attribute des Snark lassen sich unschwer auf die kleinen Mädchen übertragen: ihre »Eßbarkeit« ist Carroll nicht fremd, was sich aus manchen Briefen belegen läßt (in einem steht die Frage: »What are little girls made of?« und die Antwort heißt »Sugar and spice, and all that's ni- -«[39]); zu erinnern ist vor allem auch an den »Vampirbrief«, s. u.); ihre Liebe zu Badekarren teilen sie mit dem Autor, für den Seebadeorte wie Eastbourne oder Sandown auf der Isle of Wight die erfolgreichsten Jagdgründe waren; »puns« und »jests« dürften ein beliebter Zeitvertreib Carrolls und der Mädchen gewesen sein, und die behauptete stumpfe Reaktion ist – in *diesem* Interpretationszusammenhang – nichts als das für Carrolls Umgang mit den Mädchen bezeichnende »teasing«. Den Konnex zwischen dem Glück und den kleinen Mädchen (über das Snark als tertium comparationis) hat Carroll selber in einem ein Jahr vor seinem Tod geschriebenen Brief einbekannt. Indiz hierfür sind ihm die Badekarren des Gedichts,

as indicating that the pursuer of happiness, when he has exhausted all other devices, betakes himself, as a last and desperate resourse, to some such wretched wateringplace as Eastbourne, and hopes to find, in the tedious and depressing society of the daughters of mistresses of boarding-schools, the happiness he has failed to find elsewhere.[40]

Das Eingeständnis wird also gleich wieder zurückgenommen, indem es als Surrogat verstanden werden will, was es ja auch ist, wenngleich es von Carroll nie als solches begriffen oder gar formuliert wird. Die Charakterisierung der Gesellschaft der Mädchen als »tedious and depressing« kontert das Wunschbild in einer Schärfe, die selten ist; »gemeint« ist sie freilich wieder umgekehrt, ohne doch den ersten Sinn zu tilgen: sie gehört ins Feld des »teasing«, in dem die Antinomie der Beziehung generell sich konkretisiert. Übrigens verläuft die – handlungsbezogene – Praktik des »teasing« ganz analog dem *Wortspiel* als der Einheit von Sinn und Gegensinn.
Von hier, vom »teasing« her, verstehen sich auch die antinomischen Attribute, mit denen der Bellman das Snark bedenkt, und der durchweg peiorative Ton, mit dem er sie vorträgt. Sie sind mit Carrolls Vorstellungen vom Glück nicht nur nicht unvereinbar: sie machen es aus. Denn fast immer, wenn er an seine kleinen Freundinnen schreibt, hüllt er sich in einen scheltenden, zurechtweisenden Ton, »macht« sie »schlecht« oder gefällt sich in der verdächtig leicht zu durchschauenden Pose der Verachtung. (Gleichzeitig grüßt er sie »affectionately« oder als »loving friend« und verschickt brieflich Küsse.) Der Witz liegt darin, daß Carroll offenbar nicht meint, was er sagt; und der zweite, der psychologische Witz, der wahrscheinlich Carroll nicht bewußt war, darin, daß er doch sagt, was er meint. (Daß es einen Unterschied zwischen Sagen und Meinen gibt, läßt Carroll in der Mad Tea Party anklingen.)[41] Man darf annehmen, daß er sich im persönlichen Umgang ebenso verhielt. Denn die bedeutendsten Geschichten, die er aufgeschrieben hat, die *Alice*-Bücher – nachweislich dieselben, die er erzählt hat[42] –, beschreiben ein Mädchen, das sich fortwährend ins Unrecht setzt, in Wahrheit aber (der in der Ironie implizierten Wahrheit nach) ins Unrecht *gesetzt* wird und dadurch seine Unschuld und Lauterkeit

kundtut (von hier gesehen wäre das Finale des Boojum der Triumph der Monstren aus dem Wunderland). Auf der psychologischen Wahrheitsebene indessen läßt sich die Aggression gegen Alice, gegen die Mädchen der Briefe, keineswegs als rhetorische abtun. Obschon sie einerseits ein Mechanismus ist, die Affektion vor sich selber zu verbergen, richtet sie sich doch gleichzeitig gegen das in den Mädchen, womit er sich identifiziert und was ihn am Erwachsenwerden, am Mannwerden, hindert, die Kindheit, an die sein Bewußtsein fixiert ist, so daß das »teasing« als ein Schritt auf dem Weg zur Symptombildung gelesen werden muß. (Die Abwehr gegen die Mädchen kann sich sogar bis zu dem Wunsch steigern, sein Objekt zu vernichten. Stimmt die Identifikation des Snark mit den Mädchen – gleichgültig ob diese nun die Projektion der eigenen Kindheit sind –, so weist die Beschreibung ihres Geschmacks auf Kannibalismus. Beispiele hierfür, auch in der Abart des Vampirismus, finden sich in den Briefen.)[43] Die antinomische Charakterisierung der Snarks, also, ist zu sehen als strukturgleich dem Verhältnis zu den kleinen Mädchen.

Die Ambivalenz aus Attraktion und Aggression zeigt sich im Gedicht selber am besten an der zentralen Stelle, wo das Snark gegenwärtig ist: in der Erzählung des Baker. Der Baker *will* das Snark fangen. Warum erfährt der Leser nicht: er macht sich auf die Jagd. Doch eine Art Legitimation qua Befehlsform wird mit den Worten des Onkels nachgeliefert: »Fetch it home by all means«. Das ist keine Begründung, aber der Onkel, der Ältere, muß es wissen: er hat die Verfügung. Es scheint, als werde der Neffe in dem, was er tut, von seinem Onkel getrieben und bestimmt. (Er hat ja nicht einmal einen eigenen Namen, sondern ist nach dem Onkel genannt. Und Namen setzen Identität.) Der Onkel ist vergleichbar der autoritären Figur von Archdeacon Dodgson, der für Carroll stets ein statuarisches Vorbild war.[44] Der übermächtige Archdeacon Dodgson ist, wie Ph. Greenacre gezeigt hat, möglicherweise die Ursache für die Kindheitsfixierung, deren äußeres Zeichen die Attraktion durch kleine Mädchen war. Daß der Baker überhaupt auf die Jagd geht, daß Carroll sich mit kleinen Mädchen abgibt, läßt sich so als das – direkte oder indirekte – Diktat durch die Vaterfigur verstehen. Immerhin ist der Lohn der Jagd fragwürdig genug. Der Baker sagt:

»I engage with the Snark – every night after dark
In a dreamy delirious fight.«[45]

Es ist die Wachtraumsituation, der Carroll sich in seiner Schlaflosigkeit konfrontiert sah, die Gefahrenstufe, in der das Verdrängte sich über seine verbotene Schwelle drängen wollte. Es ist ein Sisyphus-Kampf: »every night after dark«. Nicht zufällig bleibt unklar, ob der Baker das Snark gefangen hat oder nicht. Die beiden folgenden Verse der halb zitierten Strophe –

»I serve it with greens in those shadowy scenes,
And I use it for striking a light.«

scheinen zu besagen, daß er es gefangen hat. Aber wozu muß er dann noch kämpfen? Der Gegensinn belegt einmal mehr die Ambivalenz des Snark und dessen, wofür es Chiffre ist. Und solange Haben-wollen und Nicht-haben-können noch im Streit miteinander liegen, bleibt der Gegenstand auf – wenn auch gefährlicher – Distanz. »I serve it with greens«: es läßt sich zum Schweigen bringen, im Schummerzustand memorierter Bibelstellen. (Umgekehrt wird es auf der nicht-allegorischen Sinnebene gerade dadurch *genährt*: durch Abwiegelung perpetuiert.) »I use it for striking a light«: inspiriert durch die Drohung entstehen die mathematischen Gedankenspiele, die aus dem *selva oscura* hinausführen, vermutlich nicht ohne auch hier die gegenläufigen Konnotationen des Lichtbringers zu implizieren. (Daß es sich um einen Traum handelt, daß der Baker das Snark weder gefangen noch nicht gefangen hat, ist für die psychologische Situation irrelevant.)
Aufschlußreich an der Erzählung des Baker ist ferner die Parallele zum *Jabberwocky*. Hier wird ein Neffe, dort ein »boy«, die beidemale »beamish« heißen, ausgeschickt auf die Jagd. Aber während der »boy« im *Jabberwocky* – ganz in der Konvention der *geste* – seine gordische Tat vollbringt und zum Dank vom Vater (?) in die Arme genommen wird, bleibt der Neffe im *Snark* an sein Weidwerk gebannt, ohne sich lösen zu können, und der

Onkel ist aus dem Bild verschwunden. Der *Jabberwocky* ist der Wunschtraum, sich mit einem Schlag vom Bedrohlichen zu befreien. Das *Snark* ist realistischer. Carroll gestaltet die Verklammerung mit seinem Problem, mit dem er sich nur immer wieder neu herumschlagen kann, ohne daß es ihm möglich wäre, sich von ihm zu befreien – so wenig wie von der Vaterfigur.[46] Vielleicht hat hier das für Carrolls Unsinn konstitutive Moment der Wiederholung seinen Ursprung. Er kann nur befreit *werden:* durch das Boojum, den Tod. Sein Opfer wäre sein Henker, und ist doch gleichzeitig Erlöser.

Die Doppelnatur des Snark reproduziert also sein ambivalentes Verhältnis zu den Mädchen. Carroll wird nicht müde, das annehmlich Harmlose der Snarks zu beteuern und die unschuldigen Freuden ihrer Jagd – in einem der Tochter Lord Denhams gewidmeten Exemplar des Gedichts steht: »Hunting Snarks is innocent and wise!«[47] –, doch unter der Hand formuliert es sich eben »contrariwise«[48]: so wie wenn einer versichert, mit dem Gottseibeiuns wäre wirklich der liebe Gott gemeint. Aggression und Affektion sind vermittelt im Stil, dem literarischen sowohl wie dem des Umgangs. Die Neurose, die sich in dieser Mischung ausspricht, ist die Möglichkeit des Überlebens mit der Kindheitsfixierung, die Carrolls Unbewußtes sich geschaffen hat.[49] So gesehen ist das Snark allerdings harmlos. Eine ernstliche Gefahr tritt dann ein, wenn das Mischungsverhältnis gestört wird, wenn also etwa die Affektion durch Aggression nicht mehr ausbalanciert ist, wenn jemand (ein Kind) auf einmal jemand anders (die mögliche Geliebte) ist – und das heißt chiffriert: wenn das Snark sich als Boojum entpuppt. Diese Gefahr ist nicht nur als Möglichkeit da – sie ist emphatisch gesetzt in der letzten Zeile des Gedichts: »The Snark *was* a Boojum, you see.« Das befürchtete Andere *bricht* – versuchsweise – *herein.* Wir sind vag darüber informiert, daß es für Carroll »vernichtend« gewesen sein muß, als die 20 Jahre jüngere Alice Pleasance Liddell Captain Reginald Hargreaves heiratete.[50] Wir wissen, daß er von da an fast allen Kontakt zu Alice abbrach; daß ihm schon Jahre zuvor das Liddellsche Haus mehr oder weniger verboten war; daß sein Neffe und Biograph Collingwood anläßlich der »Three Sunsets« von dem »shadow of some disappointment« sprach, der über Carrolls Leben gelegen habe.[51] Vielleicht – hätte Alicens Mutter nicht Carrolls Briefe an die Tochter vernichtet, und Collingwood oder die Schwestern nicht wichtige Teile der Tagebücher aus diesen Jahren[52] – vielleicht wüßten wir dann genauer, was ein Boojum ist.

Wenn die Snarks die kleinen Mädchen sind, so sind sie zugleich er selber, denn die eigene Kindheit ist es ja, die sein Wiederholungszwang permanent in ihnen aufsucht. Tatsächlich lassen sich die vom Bellman genannten, einander widersprechenden Eigenschaften des Snark unschwer auf die Doppelperson Carroll-Dodgson hin interpretieren. Namentlich die Ambivalenz zwischen Tagdieberei (»Unsinn treiben«) und ambitiöser Ernsthaftigkeit. Konkret ist die Liebe zu Badekarren, jene ins Meer hinausgeschobenen privaten Umkleidehäuschen, ein Indiz für des voyeuristischen Carroll sprichwörtliche Freude am Badeleben; er erwähnt sie in zahlreichen Briefen und Gedichten. Weiter der Umschlag eines als harmlos-freundlich akkreditierten Wesens in sein Gegenteil: es gibt verschiedene Berichte von einstigen Freundinnen Carrolls, die diesen Umschlag als in der Person des Autors spontan sich vollziehend beschreiben. So den von Isa Bowman, der Freundin der letzten Jahre, mit der er einmal ein Panorama der Niagara-Fälle besuchte: Carroll habe ihr, berichtet sie, die unsinnigsten Geschichten über den Hund im Vordergrund des Panoramas erzählt, plötzlich aber – »in the midst of his laughter and glee« – zu stottern angefangen, als er merkte, daß Erwachsene zuhörten, habe sein Dodgsongesicht aufgesetzt und sei rasch mit ihr davongegangen.[53] Anderen Berichten zufolge kann der Umschlag mitten im Wort erfolgt sein, was bei einem Mann, der stotterte, sicherlich gleichzeitig physiologisch begründet war. Auch der allnächtliche Kampf ist, wie sich aus dem Vorwort zu den *Pillow Problems* schließen läßt, wesentlich ein Kampf gegen die Kräfte des eigenen Unbewußten. Und die Rettungsmanöver sind ebenfalls – übertragen – die in dem Vorwort beschriebenen.

Eine gewisse Schwierigkeit besteht bei der Übertragung in der Zuordnung des *it* in der Strophe. Doch so wie die fünf vom

Bellman genannten »unmistakable marks« fünf kategorial verschiedenen Aspekten entsprechen, so bezieht sich, denke ich, das doppelte *it* auf Verschiedenes. Es ist denkbar, daß in »I serve *it* with greens« das Es durch ein Sedativum zum Schweigen gebracht wird, während in »*it*'s handy for striking a light« das Über-Ich es ist, das dem Ich ein Licht der Vernunft aufsteckt. Auf derlei syntaktische Mehrdeutigkeit sind wir vorbereitet durch das Evidence-Gedicht, wo ein- und dasselbe Personalpronomen sich auf eine Reihe verschiedener Namen beziehen muß, da der Kontext so variabel gehalten ist, daß jede eindeutige Zuordnung der Pronomen sich ausschließt. Und »theoretisch«, im Sinne einer Entfaltung des Sprachspielcharakters der Rede, sind wir vorbereitet durch die »trockene« Geschichte der Maus (im dritten Kapitel der *Alice in Wonderland*):

... Stigand, the patriotic archbishop of Canderbury, found it advisable –«
»Found *what*?« said the Duck.
»Found *it*«, the Mouse replied rather crossly: »of course you know what ›it‹ means.«
»I know what ›it‹ means well enough, when *I* find a thing,« said the Duck: »it's generally a frog or a worm. The question is, what did the archbishop find?«[54]

Eindeutigkeit setzt immer nur der Name, kein *it* braucht sich »notwendig« auf etwas Vorhergehendes zu beziehen; es tut es nur aus Konvention, und wir wissen, aus Konvention, d. h. dann wenn wir Mitspieler sind im Sprachspiel, was gemeint ist, wie in der Geschichte vom Erzbischof. Aber das Problem, das sich hinter solchen transformatorischen Verkürzungen wie den Personalpronomen verbirgt, verschwindet darum nicht: Syntax und Semantik *können* verschiedenen Strukturen folgen; der Bezug *kann* ein rein syntaktischer sein, der den semantischen verschleiert. Das Phänomen ist aus der Umgangssprache genugsam bekannt. Übrigens können wir jetzt sagen, daß die beiden *it* in der Erzählung des Baker sich doch, und zwar auch in der Bedeutung des Snark als Chiffre, auf dasselbe beziehen, ohne daß Snark und Chiffre als syntaktische Gegenstände indes identisch wer-

den: auf das Snark beziehen sich die *it* direkt als auf die ungeschiedene Einheit des Unsinnigen; die Chiffre hingegen wird durch sie erst einmal auseinander gelegt – dadurch indiziert sie, die gedeutete Chiffre, die Differenz zu ihrem eigenen Zeichen. Setzen wir das Snark mit dem Autor gleich, so folgt, daß die Jagd eine Suche nach dem eigenen Ich, dem Ich des Autors, ist. Für die Lektüre des Gedichts folgt daraus weiter, daß *alle* Jäger als Emanationen ihres Urhebers zu lesen sind. Eine Identität suggerierende Einheit ist in der Schrift hergestellt durch das gemeinsame B der Protagonisten.[55] Die Jäger sind zudem, da nichts Gegenteiliges mitgeteilt ist, alle *B*achelors, wie der Autor, so daß Beruf, »Name« und Zivilstand »identisch« sind. Die Jagd nach dem Snark wäre, buchstabenmagisch gesehen, eine Jagd nach dem *Anderen* und damit ein Stück Befreiung vom alten Ich, das im Snark zu sich selber käme, befreit und doch es selbst. Sie entpuppt sich als Jagd nach dem Ich auch in dem Sinn, und das ist ihr resignativer Kern, daß sie ein Rückfall, Rückschritt, eine Regression ist aufs *B*, den alten Adam der Christen und die Frühstufe der eigenen Person, von der, als der Versklavung an die eigenen Ursprünge, sich zu befreien man ausgezogen war. *Dieses* Bild des Ich, das Boojum, ist die enthüllende Wahrheit des Bildes von Sais, das den Beschauer vernichtet.
In jeder Figur müssen sich Züge Carrolls nachweisen lassen, nur gibt es in jeder »Dissociation of a Personality« ausgeprägte, gewissermaßen ausgewachsene Ichs und eine Reihe fragmentarischer. Diese Splitter-Ichs sind – in der Reihenfolge ihres Erscheinens im ersten Gesang – der Boots, der Bonnet Maker, der Broker und der Billiard-Marker. Es läge in der Potentialität des Gedichts, daß auch sie noch zu manifesten Ichs ausgebildet würden: so wie der Barrister, der im Einführungsgesang mit nur einem Vers vorgestellt wird – für den Baker sind, zum Vergleich, 8 *Strophen* aufgewendet –, *nach* »Abschluß« des Gedichts doch noch einen eigenen Gesang bekam. (Die Werke Carrolls sind ja weder »geschlossen« noch »offen«: sie hören einfach auf. Sie sind nicht nach innen gerichtet und nicht nach außen. Paradoxer gesagt: die relative Abgeschlossenheit der Einzelteile steht im Widerspruch zu den sie jeweils auslösenden Faktoren, die als

außengerichtete Funktion, den Leser einbegreifendes Mittel, verstanden werden können. Nur das Ende, das »letzte Ende«, steht mit teleologischer Finsterkeit immer fest und suggeriert eine Abgeschlossenheit, die aus der Kontingenz des Davorliegenden nicht abgeleitet werden kann. Wann im übrigen das Ende gesetzt ist, ist so beliebig wie es gewaltsam ist.)

Die einzige Figur, die gleichsam außer Konkurrenz mitzulaufen scheint, ist der Bellman. Er ist die Autorität, alle anderen sind seine Subjekte. Sein Herrschaftsanspruch wird niemals in Frage gestellt, ohne daß er ihm in seiner Hilflosigkeit, Uninformiertheit und wohl auch Uninteressiertheit (er jagt nicht mit, schickt nur andere aus: läßt andere für sich arbeiten!), je gerecht zu werden vermag. Das einzige, was ihm einfällt, ist, seine Glocke zu läuten, dieses Insignium eines säkularisierten Potentaten, das, gewissermaßen aus Übereinkunft, jede Diskussion ertötet. Das Machtsymbol Glocke – nebenbei ist sie Bestandteil seines Namens, definiens, und der andere Teil, *man,* akkreditiert ihm eine Allgemeinheit, die den übrigen Figuren, denen das rein derivative Suffix *-er* gemeinsam ist, versagt bleibt – ist allgegenwärtig: auch da, wo sein Träger nicht anwesend ist, reicht sie auf Holidays Illustrationen – mit einer Ausnahme[56] – ins Bild, mit dem Arm, der Hand, die sie schwingen gleichsam als Verzierung: sie ist *da.* Eine ähnlich fraglos hingenommene Machtfigur war, im Wunderland, die Herzkönigin. Ihr einziges »Argument«, der Glocke vergleichbar, war »Off with his (oder her) head!« – immerhin noch so etwas wie ein Satz, d. h. ein Rest Menschlichkeit. Bekanntlich kann allein Alice diesem Machtanspruch sich entziehen, indem sie ihn in die gehörige Dimension verweist, d. h. relativiert, aus einem »Diskurs« in den anderen wechselt: »You're nothing but a pack of cards!«, und der Traumspuk verschwindet. Ein Machtwort genügt, von denen aus, die dran glauben. Nicht mehr nur Träumende, sondern bewußt auch Geträumte[57] ist Alice im sieben Jahre späteren *Looking Glass.* Ihre Position ist entsprechend verunsichert, und ein Wort genügt nicht mehr zur Überwindung. Wie der Jabberwock-Töter im selben Text kann sie sich nur befreien durch physische Aktion. Im *Snark* gibt es Befreiung nicht. Der »Traum« löst sich nicht auf und wird nicht aufgelöst: das Buch hört auf, mitten im Entsetzlichen. Und noch auf dem hinteren Deckel der Erstausgabe schwingt – in einer Heulboje (*bell*-buoy: klangassoziativ die Regression von *man* zu *boy* anzeigend?) auf dem Meer – die Glocke, von Menschen keine Spur mehr. (Von Holiday hat sich die allegorische Zeichnung der *Hoffnung*, mit einem Anker, erhalten, die für den Einband gedacht war, aber nicht verwendet wurde.[58] Es ist daraus ein *Entschluß* für die Intention des Gedichts ableitbar, der es gestattet, die Glocke in strengem Sinn zu verstehen.) Die Glocke ist der wahre Held des Gedichts: das was alle Fährnisse übersteht und schließlich übrigbleibt. Wie unter einer Tarnkappe ist sie unanfechtbar; niemand käme darauf, *sie* attakkieren zu sollen; sie ist, wie Internalisiertes, greifbar erst nach dem Wechsel in eine Meta-Ebene. Was ist die Glocke? Im Geflecht der widerstreitenden Meinungen und Interessen und Charaktere erscheint sie als das geronnene, starrgegossene, das stabile und sture Du-sollst und Du-mußt, Prinzip Pflicht und Prinzip Unterwerfung. Während alle anderen Figuren das tun, was sie immer taten, mit Eifer und als sei es *Lust* – der Beruf ist ihnen, wie es im schönen Klischee heißt, zur zweiten *Natur* geworden –, gemahnt der Bellman, jener Rest eines menschlichen Aspekts, der der Glocke, aber *aus sich hinausverlegt*, geblieben ist, sie daran, daß es Pflicht ist und Zwang und Notwendigkeit. Hier wäre die Kippe: Internalisiertes könnte begriffen werden als das was es ist. Aber die Funktion des Bellman ist keine entlarvend-aufklärerische, die zur Revolte führen könnte, wie sich die der ebenfalls allgegenwärtigen Alice sehen läßt, – es ist die eines Über-Ichs: »aufklärerisch« in höhnenden Anführungszeichen höchstens in dem Sinn, daß Zwang als Notwendigkeit akzeptiert wird und Lust sich als Pflicht zu verstehen lernt. Carrolls schlechtes Gewissen, Dodgson gegenüber, feiert hier seine Apotheose. Statt dem – utopischen – Versuch der *Alice*-Bücher, durch den Sprung in eine andere Dimension (vom Traum in die Wirklichkeit) die eigene Haut noch gerade retten zu können, hier die Resignation: gleichgültig ob Traum oder »Wirklichkeit«, wir leben in *einer* Ebene und haben damit das »Kultur« und Überleben konstituierende Realitätsprinzip zu akzeptieren. Die einzig mögliche Befreiung, die im Tod, bleibt folgerichtig dem Gedicht einbeschrieben, passiert *in* ihm und führt nicht *aus* ihm hinaus. Sie geschieht gewissermaßen innerhalb der Dunstglocke, die Gottvater, das konkretisierte Über-Ich, der Welt aufgestülpt hat. (Daß Gott direkt ins Spiel gebracht ist, könnte der alttestamentarische Bart auf Holidays Illustrationen nahelegen: der einzige andere, der einen Vollbart trägt, ist der Hüter des *Gesetzes.* Dennoch dürfte Carroll an diese Implikation bewußt kaum gedacht haben, denn Gott apostrophiert Dodgson gewöhnlich als Liebe etc., wenngleich von Christus, dem jüngeren, verdächtig selten die Rede ist. Der Unsinn befreit einen anderen Geist aus der Flasche.) Der Bellman und seine Glocke sind wie Herr und Frau Swinegel in ihrer Ackerfurche: zwischen ihnen hetzt sich eine ganze Herde Hasen zu Tod.

Das Über-Ich im Sinne von Ananke und Gewissen mit der hier nahegelegten tödlichen Implikation: dies konnotiert bereits der Name Bellman selber in einer obsolet gewordenen Bedeutung, die aber Dodgson als intimem Kenner Shakespeares und der Elisabethaner sicher nicht unbekannt war: vom »fatal bellman« spricht Lady Macbeth einmal (II, 2, 3), und in der *Duchess of Malfi* (IV, 2, 173) stehen Zeilen, die sich als Motto dem Carrollschen Bellman, wie wir ihn verstehen, voransetzen lassen:

I am the common Bellman
That usually is sent to condemn'd persons
The night before they suffer.[59]

Der Bellman als Todesbote im *Snark* ist die nach draußen, in den Anderen verlegte Selbstbestrafung, Objektivation eines Gewissens, das, als das immer schon schlechte, willig – soll man hinzufügen: dankbar? gewiß aber: devot – über sich verfügen läßt. In der Selbstbestrafung zeigt sich die Reaktion gegen den unerlaubten und also verdrängten Wunsch, das GLÜCK haben zu wollen.

Die Figur, die so deutlich die Züge Carrolls trägt, daß man ein beabsichtigtes Selbstporträt annehmen darf – parallel zu dem im White Knight gezeichneten –, ist der Baker. Der White Knight war noch eine Randfigur – mit dem Baker des *Snark* rückt Carroll sich selbst, absichtlich, ins Zentrum. So wie Carroll in familiärer Hinsicht sich primär als Sohn sah, ist auch der Baker Sohn bzw. Neffe – er ist die einzige Figur des Gedichts, von der Familienbeziehungen überhaupt mitgeteilt werden. (Mit einiger analytischer Anstrengung ließe sich sicher eine antinomische Beziehung zwischen Bellman und Baker qua Vater und Sohn herausarbeiten.) Der Baker hat 42 Kisten Gepäck, die er bei der Abfahrt am Strand stehen läßt: Carroll ist 42, als er den *Snark* zu schreiben beginnt.[60] Ferner: man weiß, daß Carroll auf Reisen zahllose Schachteln und Schächtelchen, diese ewigweiblichen Attribute, mit sich führte, in denen Games und Puzzles und Spielzeug für zufällige Kinderbekanntschaften verstaut waren. Der Kleiderfimmel des Baker (7 Röcke, 3 Paar Stiefel nebst den in den Kisten vergessenen Stücken) entspräche Carrolls Hang zur Kostümierung, nicht seiner selbst konkret, aber der Kinder, die photographiert werden sollten: in seinem Studio in Tom Quad lag ein ganzer Schnürboden voller Gewänder und Draperien (jeweils eindeutig identifizierbare: St. Georg und der Drache, die Chinesin, Das Bettlermädchen usw.). Die Verhüllung unter 7 Röcke und 3 Paar Stiefel mag den verschiedenen Masken der Identität entsprechen, die Carroll sich – die Absurdität (3 Paar Stiefel übereinander!) streifend – anlegte. Ihre Zahl – 10 – könnte, gewissermaßen als interner Schlüssel, den 10 Figuren des Gedichts korrespondieren: 10 Modi *einer* Person. Der Baker ficht jede Nacht mit dem Snark »in a dreamy delirious fight«: Carroll litt chronisch unter Schlaflosigkeit, die ihn zur seltsamen Geistesakrobatik veranlaßte, wie oben aufgeführt. Die physische Erscheinung Carrolls wird als unbalanciert, schief, vornübergebeugt beschrieben. Vom Baker heißt es: »His form is ungainly«. Der Baker hatte sich zu dem fürs Überleben wichtigen Thema Boojum nicht rechtzeitig verständlich machen können: er hatte hebräisch, holländisch, deutsch und griechisch gesprochen.

»But I wholly forgot (and it vexes me much)
That English is what you speak!«[61]

Ich sehe hierin einen Hinweis auf Carrolls Unsinnsprache – einer

in sich systematischen, aber ohne vereinbarten Kontext fungierenden Redeweise –, die sich mit einer für das Überleben der eigenen Person in der Neurose konsequenten Konsistenz entwickelte, anderen aber, den Lesern, nicht viel verständlicher als eben Unsinn sein konnte. (»To talk Dutch« heißt im übrigen – wieder ein »Schlüssel«! – soviel wie unser »böhmisch« oder »spanisch« reden.) Nachdem man ihn verstände, wäre es zu spät. Aber man versteht ihn nicht, da er auch diesen Schlüssel nur gewissermaßen symptom-immanent geben kann. Wie seine Kleider sind die fremden Sprachen des Baker Verbergungen, doch solche, die zugleich enthüllen. In dem Maße aber, in dem er bereit ist, überhaupt etwas zu sagen, und das heißt preiszugeben, ist die Sicherung, nicht verstanden werden zu dürfen oder zu wollen, eingebaut. Die Struktur seiner Mitteilung, und mithin die dieses speziellen Unsinns allgemein, ist ein Kompromiß analog der Freudschen Symptombildung, Verschränkung widerstreitender, einander negierender Tendenzen.
(An weiteren Entsprechungen zu Carroll wären schließlich zu nennen die Linkischkeit des Baker, seine Geistesabwesenheit, seine Hypochondrie, die Pseudonyme, hinter denen er sich verbirgt, schließlich der Umschlag mitten im Wort, der Augenblick, wo das Entzücken sich in Nichts auflöst.)
Obwohl Carroll im Baker die eigene Person, so wie sie war, karikiert hat, ist ihm die Figur doch unversehens zu etwas anderem geworden: zur eigenen Person wie sie sein *sollte.* Die Auflösung des Baker läßt sich nämlich als Wunscherfüllung, eine von transpersonellen Ausmaßen, lesen. Im dritten Kapitel von *Through the Looking Glass* gibt es eine Passage, den Wald ohne Namen, vor deren Hintergrund das Schicksal des Baker seinen Sinn bekommt: Alice geht durch diesen Wald, in dem niemand einen Namen hat und trifft ein Reh, das, so wenig wie Alice, weiß, wer es ist.

So they walked on together through the wood, Alice with her arms clasped lovingly round the soft neck of the Fawn, till they came out into another open field, and here the Fawn gave a sudden bound into the air, and shook itself free from Alice's arm. »I'm a Fawn!« it cried out in a voice of delight. »And, dear me! you're a human child!« A sudden look of alarm came into its beautiful brown eyes, and in another moment it had darted away at full speed.[62]

Durch den Namen also, der Identität setzt und dadurch Trennungen schafft, d. h. greifbar und hierarchisierbar macht, kommt das Unglück über die Welt. Erst wenn die zweite Schöpfung, die Adams, rückgängig gemacht ist, kehrt jener paradiesische Zustand wieder, wo der Löwe neben dem Lamm lagert.
Im Gespräch zwischen Alice und der Mücke im selben Kapitel hatte Carroll diese Thematik schon vorbereitet. Der Sinn des Namens scheint zunächst als in seinem Gebrauch liegend begriffen zu werden, d. h. man wird durch ihn kenntlich, indem man auf ihn hört. Dies deklassiert sich sofort als schierer Anthropomorphismus, da Tiere auf ihren Namen gewöhnlich nicht zu hören pflegen:

»What's the use of their having names,« the Gnat said, »if they won't answer to them?«
»No use to *them,*« said Alice; »but it's useful to the people that name them, I suppose. If not, why do things have names at all?«
»I can't say,« the Gnat replied.[63]

Es ist die eine Seite des Namens, die hier zu Wort kommt: seine Herrschaftsfunktion, wie sie im Auftrag an Adam gesetzt ist. Gleichzeitig aber läuft seine andere Funktion, die offenbarende des »Verbum caro factum est«, die sich zur ersten wie das Auge zur Faust verhält, nebenher, fast unmerklich, da sie nicht als Gegenentwurf diskutiert, sondern weil sie vorgeführt wird. Alice zählt die Insekten bei ihren Namen her, die sie gelernt hat: Horse-fly, Dragon-fly und Butter-fly. Sofort erfindet die Mücke aus dem Namen heraus ein Pendant und führt es vor: Rocking-horse-fly, Snap-dragon-fly, Bread-and-butter-fly. Die letzte, zum Beispiel, hat Flügel aus dünnen Butterbrotscheiben, einen Körper aus Brotkruste und einen Kopf aus Würfelzucker; sie nährt sich von dünnem Tee. Die Gegentheorie, wo der Name nicht oktroyiert, nicht äußerlich einer Sache als Identitätsstempel aufgedrückt wird, wo er vielmehr als die Sache selbst sich preisgibt, der Name mit der Sache also identisch ist, ist dennoch nicht etwa komfortabler. Denn ob Identität verordnet wird oder ob sie in der Sache schon beschlossen liegt, spielt für die Identität – d. h. Schicksal, Potentialität, Aufgabe usf. – höchstens eine perspektivische Rolle. Das Konzept des Namens als Schicksalsvektor hat für die Unsinndichter – mehr noch für Lear als für Carroll – fast schon die Attraktion eines Fetischs als magischen Objekts sowohl wie als Besetzung einer pars pro toto. Lears Figuren der Limericks stößt das und das zu, *weil* sie so und so heißen: der Name (fast immer am Ende der ersten Zeile) ist die Ursache, sein Reimwort in der zweiten Wirkung. Die Mücke, die, Exponent dieser Anschauung, zwanghaft Namen produziert, die sich konkretisieren, als sei, was immer sagbar ist, auch namens- und damit existenzfähig, meint, aus dem Zirkel sich hinausdenkend, aus dem gerade sie nicht springen kann, es sei angenehm (»convenient«), gar keinen Namen zu haben, hierdurch das Thema, das zwei Seiten später, in der Waldidylle, durchgeführt wird, anschlagend. Alice ist skeptisch, weil sie weiß, daß Namenloses hienieden nicht existiert (hatte nicht gerade dies die Mücke eben demonstriert?), malt sich aber gleichwohl aus, was wäre, wenn sie den ihren verlöre und einen neuen bekäme (»they'd have to give me another«) und dann auf die Suche nach dem anderen Wesen ginge, das ihren Namen bekommen hätte. Hierin spricht sich ein seltsames Konstanzprinzip aus, demzufolge nicht nur kein Name verloren geht in dieser Welt, sondern es auch unmöglich ist, ohne einen auszukommen und nicht wieder identifiziert, identifizierbar zu sein – »and it would be almost certain to be an ugly one«.[64] Die Welt scheint durch die Existenz der Namen, nicht etwa der Gegenstände, definiert zu sein. Die Gegenstände sind gleichsam auf der Suche nach Namen, die sie identifizieren und damit in den Kulturzustand erheben. Die Namen hingegen scheinen in diesem Konzept eine Eigenexistenz zu besitzen, frei disponible Energie, die sich binden kann an was immer ihr beliebt – man erinnert sich der Sprachphilosophie Humpty Dumptys: »When I use a word it means just what I choose it to mean.« Kraft ihrer Namen firmieren ihre Träger als das, was sie sein sollen, sein müssen – denn Namen werden gegeben –, als Pflanze, Tier, Mensch, Ware oder, im Unsinn, Mischungen aus diesen. Namen sind verkürzte Definitionen, behauptete Identität – mit der im 19. Jahrhundert einsetzenden Identitätsproblematik werden die Identity Cards erfunden; welches Wort laut OED 1900 zum erstenmal belegt ist – und Abgrenzung gegen andere. Sie haben sich in die Unsinndichtung als Chiffre für die Isolation des Einzelnen geschlichen. *Bewußt* verdanken sie ihre Thematisierung aber vermutlich dem Problematischwerden der Darstellung von Realität, das nicht zuletzt von der weitreichenden Unterscheidung zwischen den Worten und den von ihnen bezeichneten Dingen rührte: Literatur besteht nicht aus Sachverhalten, sondern aus deren Benennungen. Mit der Namensthematik artikuliert sich in der Unsinnliteratur – mit dem für sie typischen Hang zu Extremlösungen – diese Differenzierung erstmals innerhalb der englischen Literatur. Das Gespräch zwischen Alice und der Mücke bringt sie direkt zur Sprache, und der Primat des Namens gegenüber den Sachen deutet in die Richtung, daß es sich hier, Achtung!, um Literatur handle. Das konsequente Verfolgen dieses Wegs indes führt Carroll in neue, der Benennungsproblematik zugehörige Schwierigkeiten, denn jeder Name, als die Verbindung aus Signifikant und Signifikat, kann, zusammengesehen als Einheit, zum Signifikanten eines neuen Signifikats werden. Der Name »Mücke« z. B. besteht aus dem Ausdruck /mükkə/ und dem Inhalt »ein bestimmtes Insekt«. Beide Seiten gemeinsam, »Mücke«, wären der Ausdruck eines neuen Inhalts, der mit »Lästigkeit«, »Sprachtheoretikerin« beschrieben werden könnte. Diese Hierarchisierungsmöglichkeit des Namens, die im Beispiel »Mücke« unkenntlich bleibt, da die einzelnen Stufen durch ein und dasselbe Wort bezeichnet sind, läßt sich natürlich auf jeder Stufe durch Namensgebung kenntlich machen. Ein Beispiel hierfür, zugegeben nicht ganz analog, doch immerhin die Hierarchiebildung demonstrierend, findet sich im 8. Kapitel des *Looking Glass,* in dem Gespräch zwischen Alice und dem White Knight. Die Hierarchie ist hier zu verfolgen vom Gegenstand zum Namen, zum Namen des Namens und zum Namen des Namens des Namens (wobei der Gegenstand selbst, ein Gedicht, ebenfalls ein Namenskonstrukt darstellt).[65] Dies ist, wie wir aus Carrolls Behandlung des Paradoxons von Achilles und der Schildkröte wissen[66], logisch ein unabschließbarer Prozeß, dessen Paradoxie nur durch die Einführung des Konzepts der Metasprache zu lösen war, das aber Carroll noch nicht kannte. Für ihn behielt die grundlegende logische Zweiseitigkeit des Namens die Schrecken des Unendlichen. Nicht einmal hier, in der Sprache, ließ sich etwas anders denn als Zwischenschritt begreifen. So konnte die Logik nicht die Alternative der Sicherheit des Eindeutigen liefern, so war dieser Spielraum nur Teil des großen Dilemmas der Identität.

Die Denunzitation des Namens als dessen, was Harmonie zwangsläufig liquidiert, über alle Anstrengungen von »Liebe« und Synthesenbildung und Christentum hinweg, oder was sie, mit der Herausbildung des Realitätsprinzips, nur als unwiederbringlich verlorene spürbar macht, versteht sich, als Akt der Befreiung, von einem Mann aus, dem die Konkurrenz zweier manifester Identitäten in der eigenen Seele die normale Ich-Bildung verwehrt hatte. Insofern ist der Baker der Entwurf eines Ich-Ideals, denn er hat keinen Namen, unterliegt sozusagen nicht den Gesetzen dieser Welt. (Die anderen Jäger werden zwar auch nur nach ihren Berufen genannt, doch vom Baker heißt es ausdrücklich, er habe seinen Namen »wholly forgotten«; die vielen Pseudonyme sind generell applizierbare Interjektionen, keine identitätsetzenden Namen. Seine 42 Kisten, die, wie oben angeführt, seinem Alter entsprechen sollen, läßt er am Strand zurück, was, analog zum Vergessen des Namens, als unbewußte Verleugnung der Identität als des so-und-so Gewordenen gelesen werden kann.) Wie die Geschichte von Alice und dem Reh gelehrt hat, ist der Namenlose, und einzig er, bestimmt für das reine Glück der Ruhe und Unterschiedslosigkeit in der Idylle: kein anderer als der Baker hätte das Boojum finden können. Das andere Glück, das »Normale«, das Snark, ist, selbst wenn es gefunden wird, nie ein reines, sondern eines, in dem Lust und Unlust sich mischen, weil es immer die Spuren des Irdischen

– Konventionen, Moral, »innere Reizspannung« – auf sich trägt. Ein reines wird es erst, wenn es ein Boojum ist: im ekstatischen Augenblick der Selbstvernichtung, die dem Identitätsverlust gleichzusetzen ist. Dieses Glück ist die Wunscherfüllung dessen, der noch, wo er »sich gehen läßt«, im Unsinn, der Logizität seines Bewußtseins verfallen bleibt. Die Lösung des *Snark* ist einer der – nicht eben häufigen – Punkte, wo so etwas wie eine Einheit von Carroll und Dodgson greifbar wird.

Der Tod will verstanden sein als der Wille zum Equilibrium. Er ist kein Ende, sondern die Aufhebung aller Unterscheidungen durch die Namenlosigkeit, also eine equilibristische Situation als der totale Ausgleich von Konflikten[67], wie sie konsequent im Paradox von Buridans Esel geschildert ist, der ja auch stürbe, wenn es sie gäbe. Das Ideal einer equilibristischen Verfassung hatte Carroll an anderer Stelle ausdrücklich postuliert. Ihre äußerliche Manifestation ist – das Portmanteau-Wort, dieses als Begriff und Sache von Carroll in die englische Literatur eingebrachte Gebilde. Ausgerechnet im Vorwort zum *Snark* wird eine Theorie der Entstehung dieser bereits im *Looking Glass* eingeführten Wörter nachgeliefert. (Humpty Dumpty hatte ja nur die Technik genannt: ». . . it's like a portmanteau – there are two meanings packed up into one word«.)[68] Wolle man, heißt es, zwei Wörter sagen, wisse man aber noch nicht, welches als erstes, welches als zweites, so hänge die Reihenfolge davon ab, an welches man – »by even a hair's breadth« – denke. Nur wenn man »that rarest of gifts, a perfectly balanced mind«, habe, würde man sie gleichzeitig – eben als Portmanteau-Amalgam – aussprechen.

Supposing that, when Pistol uttered the well-known words – »Under which king, Bezonian? Speak or die!«
Justice Shallow had felt certain that it was either William or Richard, but had not been able to settle which, so that he could not possibly say either name before the other, can it be doubted that, rather than die, he would have gasped out »Rilchiam!«[69]

Zwischen dem »gänzlich ausgeglichenen Gemüt«, »rarest of gifts«, und dem in Todesangst geröchelten »Rilchiam« hat sich allerlei verschoben. (Dabei hatte der originale Shallow sich nur zu entscheiden gehabt zwischen Harry und Harry, und Pistol war ein bekannter Schwadroneur.) Das Beispiel für perfektes Equilibrium fällt in – supponierter – Gewärtigung des Todes. Die Vermutung liegt nah, daß da ein Konnex besteht. Ein solcher wäre, daß, was über den Sinn des Todes für Carroll gesagt wurde – Aufhebung aller Unterscheidungen durch die Namenlosigkeit – ebenso von den Portmanteau-Wörtern gesagt werden kann: die »Identität« eines Wortes läßt sich durch seine Verschmelzung mit anderen aufheben; was entsteht, ist etwas Drittes, Unbekanntes. Man kann sogar sagen, daß dieses Dritte der Namenlosigkeit analog sei, da es nicht mehr »zur Sprache« gehört; denn weil es nicht in Gebrauch ist, ist seine Bedeutung unbekannt, und so kann es nicht in Oppostition zu anderen treten. Statt Sinnpotenzierung durch das Konzentrat, also Ausgleich und Ruhe. Die Wirkung dieser Wörter ist ja auch eine komische – sie fordern höchstens sekundär zur »Lösung« auf – und das heißt, sie ist befriedigend und reizlösend. Wie es scheint, ist die Erfindung der Portmanteau-Wörter (die mit der *Jabberwocky*-Strophe des 23jährigen auf einmal »da« sind) ein Versuch – des Vorbewußten, denn sie werden ja erst nachträglich als Amalgame erkannt –, das geteilte Ich zur Synthese zu zwingen, was nur mittels Deformation dieser Teile gelingt. Sie sind der *Ersatz* für das »gänzlich ausgeglichene Gemüt«, das ihm abging. In ihnen – und im Unsinn allgemein, als dessen Quintessenz sie gesehen werden können – hat er zu einer Form des Überlebens gefunden. Sie ist ein Kompromiß. Die wahre Selbstverwirklichung – darum bleibt die christliche Konstruktion auch intakt – kommt erst mit dem Tod, dessen Bedeutung nach dem Bild des Kompromisses gemodelt ist. Das Vorwort zum *Snark*, das ja vom *Snark* kaum handelt, vielmehr die Leistung früher geübter Techniken – warum gerade hier? – expliziert, ist überhaupt nur verständlich, wenn es vom Schluß des Gedichts her gelesen wird. Portmanteau-Wörter und Tod sind direkt aufeinander bezogen: vom Tod her erklärt sich der Sinn der Portmanteaus als die Möglichkeit seiner, d. h. des so-und-so gewünschten und also verstandenen, Antizipation. Die kleine und die große Lösung. (Wobei die

kleine hier nurmehr als Zitat vorzukommen braucht: alle Portmanteaus werden als schon gewesene vorgeführt.) Zwischen ihnen zieht sich die Agonie, »in eight fits«.
Konkret sit das reine, das grenzenlose Glück der Auflösung des Baker verschieden lesbar. Es kann das »Vergehen« im sexuellen Klimax bedeuten, der, da er dem Autor, allem Vernehmen nach, hienieden nicht beschieden war, zum Wunsch nach totaler Entgrenzung sublimiert worden sein mag. Der Konnex zwischen Versagung und Sublimierung ist bekannt. Interessanterweise ist das einzige, was der Bäcker backen kann, Brautkuchen, für den es, was wiederum ins Bild paßt, keinerlei Zutat an Bord gibt. Am Schluß, am Ziel, steht er »*erect* and sublime« da, um sich, im nächsten Augenblick –

that *wild* figure they saw
(As if *stung* by a *spasm*)[70] –

in eine Klüftung zu stürzen (das Wort heißt »plunge«, was im viktorianischen Slang Intromission bedeutet).
Konsequent versteht dieses Glük sich aber auch als der Trieb zum Tod, zu dem serenen Frieden in Gott, der alle Unterscheidungen aufhebt. Freud nennt es das »allgemeinste Streben alles Lebenden, zur Ruhe der anorganischen Welt zurückzukehren«.[71] Dieses Streben erfüllt sich im Baker im Augenblick der Ekstase – der Namen- *und* Alterslose (seine 42 Kisten blieben am Strand zurück!) kann sich den Umweg zum Tod, das Leben, ersparen.[72] Die Haltbarkeit des Freudschen Todestriebs ist in Frage gestellt worden. Man hat seine »Existenz« aus der besonderen Konstitution ihres Erfinders zu erklären gewußt. Konzediert man aber die historische Bedingt- und Befangenheit auch wissenschaftlicher Erkenntnis, versteht man Freud und seine Patienten als vom Gedanken- und Gefühlsparadigma des 19. Jahrhunderts determiniert, so bleiben die Triebe in ebendiesem Menschentypen aufweisbar. Es gibt keine allgemeine Krankheit zum Tode, *weil* diese in der Natur des Menschen läge, sondern weil die sogenannte Natur des Menschen ein Produkt seiner Umwelt, seiner jeweiligen historischen Bedingung ist, hat es in bestimmten Konstellationen eine Krankheit zum Tode gegeben.

Sie kann sich als eine, und zwar die konservative Konsequenz der Entfremdung – Freud nennt den Trieb ja ausdrücklich, wenn auch in anderem Verstand, konservativ – herausgebildet haben –: zu leugnen ist sie nicht. Sie reicht, grob gesprochen, vom frühen Tennyson über den *Tristan* (der im selben Jahr, 1865, uraufgeführt wurde, in dem die *Alice* erschien), über Andersen und Ibsen[73] bis zu Puccini und Thomas Mann. Was wie die private Lösung der Carrollschen Misere erschien, erweist sich als von einem Topos der Zeit bestimmt, ohne darum doch – in diesem relativ frühen Stadium – aus zweiter Hand zu stammen, da das Motiv sich allenfalls in einer *mémoire collective* vorfand und privat je neu am eigenen Leib gesucht und dann auch erfahren wurde. Auch das behauptete Nebeneinander und Gleichzeitig von Tod und Liebesekstase im Ende des Baker braucht vor dem Hintergrund des gängigen Liebestod-Motivs[74] – dem Versuch, die eine Konsequenz der Entfremdung, den Tod, positiv umzuinterpretieren – so abstrus nicht zu erscheinen. Das auf den ersten Blick Überraschende ist hier nur, daß das Motiv sich bis in die Unsinn-Dichtung hineinverfolgen läßt, was aber, einmal mehr, den Unsinn trotz seiner scheinbaren Andersartigkeit, ja Modernität, im Vergleich zur offiziellen Dichtung der Zeit nur als ebenso historisch determiniert erscheinen läßt wie etwa die viktorianische Pornographie, die noch, wo sie sich am libertinistischsten gebärdete, in die Tabus und Vorurteile der geläufigen Moral verstrickt blieb.[75] Problemlösungen haben, synchronisch gesehen, nur eine geringe Variationsbreite, in wie absurden Verkleidungen sie sich auch immer präsentieren mögen. Einzigartig neu an Carrolls Lösung erscheint die Verwandlung ins Anorganische. Sie findet sich allerdings nicht mehr im Text, sondern in der ihn zu Ende führenden Illustration Holidays, die wie eine Vorwegnahme der Freud-Stelle wirkt. Sie ist eine Mischung aus Vexier- und Suchbild: noch ist der ins Monströse vergrößerte Kopf des Baker in der Landschaft zu erkennen, und doch ist jedes Teil schon Geäst und Gestein. Oder Lautréamonts »monströse Molluske der Idiotie«. Aber das wäre ein anderes Thema.

Anmerkungen

Hintergründe

[1] Vereinzelt gibt es natürlich auch vor dem 19. Jahrhundert in England gelegentlich Texte, denen sich ein unsinniger Charakter nicht absprechen läßt. Einzelne Gedichte des jakobäischen Richard Bishop Corbet wären hier zu nennen, oder die seit dem 18. Jahrhundert belegten Rigmaroles. Solche Zeugnisse bleiben aber immer isoliert, sind kaum mehr als harmloser Zeitvertreib und wirken nicht gattungbildend, weil ihnen die Bindung an eine historische Notwendigkeit fehlt. – Die Kinderreime hingegen, die dem Unsinn gern subsumiert werden, sind nie unsinnig: ihre Absurdität erklärt sich teils daraus, daß sie mnemotechnisch begründet sind, also referentieller Sinn gar nicht gefordert ist, teils daraus, daß ursprüngliche Spottverse, Schmählieder, Propagandaslogans entweder vor der Zensur kaschiert werden mußten oder durch langen Gebrauch »zersungen« wurden.

[2] Zu datieren etwa seit der ersten größeren Abhandlung über »Unsinnliteratur«, in Anführungszeichen, weil sie mit Chaucer eingesetzt haben soll: E. Strachey, »Nonsense as a Fine Art«, *Quarterly Review,* 1888.

[3] Es ist unwichtig, daß es den Limerick schon vor Edward Lear gab: erst durch Lear wurde er zu einer benutzbaren Gattung.

[4] G. K. Chesterton, »Gilbert & Sullivan«, in: *The Eighteen-eighties,* ed. v. W. de la Mare, Cambridge 1930, S. 142.

[5] Ein Beispiel: Edward Lear schrieb während seines vierjährigen Aufenthalts im Hause Lord Derbys in Knowsley – er war angestellt, dessen seltene Tiere und Vögel zu zeichnen – an einen Freund: »The uniform apathetic tone assumed by lofty society irks me *dreadfully:* nothing I long for half so much as to giggle heartily and to hop on one leg down the great gallery – but I dare not.« (In: Angus Davidson, *Edward Lear* Harmondsworth 1950, 26) Er wagte es aber in anderer Form, indem er in Knowsley seine ersten Limericks schrieb, den Band *The Book of Nonsense.*

[6] S. Anm. 2.

[7] Die umfangreichste Arbeit zum Thema – Alfred Liede, *Dichtung als Spiel. Studien zur Unsinnpoesie an den Grenzen der Sprache.* 2 Bände, Berlin 1963 – geht nicht über Stracheys Standpunkt hinaus. Alle Spielarten des Komischen passieren historisch Revue, ohne daß ver-

sucht würde, sie als historische zu begreifen. Über den Unsinn Lears und Carrolls wird in einem Kapitel, das den Titel »Höherer Blödsinn und Nonsense« (!) trägt, gehandelt. Vgl. meine Rezension: ›Zum Problem des literarischen Unsinns‹, in *Sprache im technischen Zeitalter,* Heft 11, 1964, S. 909–914.

[8] Ernst Robert Curtius, *Europäische Literatur und lateinisches Mittelalter,* Bern, ^{3}1961, 105.

[9] S. z. B. W. Kellermann (I), »Über die altfranzösischen Gedichte des uneingeschränkten Unsinns«, in: *Archiv für das Studium der Neueren Sprachen,* 205. Band, 120. Jhg., Heft 1, Braunschweig 1968. – Ders. (II), »Ein Sprachspiel des französischen Mittelalters: die Resveries«, in: *Mélanges offerts à R. Lejeune,* Gembloux 1969.

[10] Kellermann (I), a.a.O., 8.

[11] ibid., 7.

[12] ibid., 14.

[13] Vgl. das ganze Gedicht, ibid., 3.

[14] Vgl. Hans Blumenberg, »Das Fernrohr und die Ohnmacht der Wahrheit«, die Einleitung in den von Blumenberg herausgegebenen Band *Galileo Galilei, Sidereus Nuncius, Nachricht von neuen Sternen,* Frankfurt 1965.

[15] Vgl. unten das Kapitel »Zur Syntax und Semantik Lewis Carrolls.

[16] Eine Ausnahme bildet der Limerick, dessen verfestigte Regeln gewiß sein Überleben ermöglichten.

[17] Dies betrifft zahlreiche Episoden in den *Alice-* und *Sylvie and Bruno*-Bänden, aber auch ganze geschlossene Geschichten wie »Wilhelm von Schmitz« oder »Novelty and Romancement«.

[18] Ein besonders instruktives Beispiel für »reinen« Unsinn, hinter dem ein mathematisches Problem steckt, ist Alicens Multiplikation im zweiten Kapitel des *Wonderland:* »four times five is twelve, and four times six is thirteen, and four times seven is – oh dear! I shall never get to twenty at that rate!« Alexander L. Taylor hat in seinem brillanten Buch *The White Knight, A Study of C. L. Dodgson* (Edinburgh/London, 1952) die Multiplikationen auf der Basis einer je anderen, veränderten numerischen Zahlenreihe erklärt. So ist $4 \times 5 = 12$ (zu sprechen eins-zwei), wenn statt nach dem Zehnersystem nach dem Achtzehnersystem gezählt wird; $4 \times 6 = 13$ (zu sprechen eins-drei) auf der Basis des Einundzwanzigersystems; $4 \times 7 = 14$ (zu sprechen eins-vier) auf der Basis des Vierundzwanzigersystems, undsoweiter bis $4 \times 12 = 19$ auf der Basis 39. Und nun kommt der Clou: »4×13 does not equal 20 on

the scale 42. . . . On this scale the number which follows 19 (really one-nine) is not twenty (two-nothing) but 1 (10) (one-ten, equivalent to 52 or 4 × 13 on the scale 10). »›Oh dear!‹ said Alice, ›I shall never get to twenty at that rate.‹« And at that rate she never would, that is, if the scale of notation was increasing by three at each step and the product by only one. At that rate she could never get to 20 at all.« Taylor, a.a.O., 47.

[19] So z. B. in S. Freud, *Der Dichter und das Phantasieren,* in *Gesammelte Werke,* Band VII, Frankfurt [4]1966, 223. – Carroll hat im Vorwort zu *Sylvie and Bruno* die Komposition dieses Romans als Arrangement unbearbeiteten, »fertigen« Materials beschrieben. Material, welches sich im Rohzustand erhalten hat, aber nicht verwendet wurde, findet sich in den Briefen an die kleinen Freundinnen. Siehe zum ganzen Komplex das Kapitel über Traumtechnik.

[20] *Diversions and Digressions of Lewis Carroll,* ed. Stuart Dodgson Collingwood (1. Auflage u.d.T. *The Lewis Carroll Picture Book,* 1899), Neuauflage New York 1961, S. 4. – Andere Fassung des Paradoxons u.d.T. »Where does the day begin?« in *The Illustrated London News* vom 18. April 1857, Nachdruck in *The Works of Lewis Carroll,* ed. Roger Lancelyn Green, London 1965, 1055f.

[21] *The Annotated Alice, Alice's Adventures in Wonderland and Through the Looking-Glass,* with an Introduction and Notes by Martin Gardner, 1. Auflage 1960, zitiert nach der Ausgabe der Penguin Books, Harmondsworth 1965.

[22] Vgl. Anm. 18.

[23] In der Kinderbuchsammlung Walter Benjamins befindet sich ein solcher »Neuester Orbis Pictus« (von 1838; inzwischen nachgedruckt, Frankfurt 1970), dessen Tafeln die genannten »unsinnigen« Arrangements zeigen, Illustrationen der Buchstaben. In dem Band liegt ein Zettel von Benjamins Hand, auf den, von oben nach unten, das Alphabet geschrieben ist. Hinter vier Buchstaben stehen Begriffe: »K – Kontemplation«, »M – Melodram«, »O – Ovation«, »P – Pomp«. Die übrigen Buchstaben sind frei. Es sieht so aus, als habe Benjamin, geschult an den Traditionen der Emblematik, nach einem übergreifenden Sinnzusammenhang gesucht. Solcher Doppelsinn der Blätter scheint aber der Intention des Autors direkt zuwiderzulaufen. Die Strukturierung der Welt, wie der Orbis Pictus sie leistet, ist je *ein*deutig, wie die der Schaukästen im Museum. Das didaktische Prinzip ist die Illustration *eines* Sinnes aus der Vielzahl der möglichen, die in jedem Ding beschlossen liegen.

[24] S. Giedion, *Mechanization Takes Command,* New York, 1969, 442ff.

[25] J. H. Buckley, »Victorian Taste«, in R. Langbaum (ed.), *The Victorian Age,* Greenwich, Conn., 1967, 287.

[26] *Annotated Alice,* a.a.O., 298.

[27] Zitiert in C. H. Gibbs-Smith, *The Great Exhibition of 1851,* London [2]1964, 126.

[28] ibid., 129.

[29] *The Art Journal Illustrated Catalogue of the Industry of All Nations,* 1851, XXI.

[30] Auch subliminale Wahrnehmungen können allerdings in Traumvorgängen, als welche Carrolls Bücher, wie im nächsten Kapitel zu zeigen sein wird, zu gelten haben, manifest werden. Vgl. Alfred Lorenzer, *Kritik des psychoanalytischen Symbolbegriffs,* Frankfurt 1970, 66ff.

[31] »Die Rechtfertigung durch Humoristik, eine komische Auffassung kann dem Werk vom Leser aufgezwungen werden, häufig aber wird ein neues künstlerisches Verfahren tatsächlich humoristisch motiviert«, schreibt Roman Jakobson anläßlich Chlebnikovs, aber, wie aus dem Zusammenhang ersichtlich ist, gerade auch im Hinblick auf Neuerer der Vergangenheit wie Puškin. In: *Texte der russischen Formalisten II,* hrsg. v. Wolf-Dieter Stempel, München 1972, 67.

[32] In den oben gemachten Versuchen, Korrespondenzen zwischen dem Carrollschen Unsinn und der viktorianischen Wirklichkeit als dem »vorgefundenen Material« herzustellen, blieb eine Verbindung unberücksichtigt, da sie im engeren Sinn handwerkliche Probleme betrifft: die zum Feuilletonroman. Einige wichtige Merkmale des Feuilletonromans (relativ abgeschlossene, jeweils effektvolle Teile, durch die Serialisierung bedingt; Interessantheit der Einzelheiten; potentielle Simultaneität aller Teile; Technik der Rückwärtsschreibung, was das Handlungsgerüst betraf *[Snark]*) korrespondieren direkt dem schöpferischen Prozeß Carrolls, der, begründet durch die Herkunft seiner Texte aus der Traumtechnik, in in sich geschlossenen Einfällen etc. produzierte.

[33] Christian Enzensberger, *Viktorianische Lyrik. Tennyson und Swinburne in der Geschichte der Entfremdung,* München 1969.

[34] Predrag Vranicki, *Mensch und Geschichte,* Frankfurt 1969, 89.

[35] Bronislaw Baczko, *Weltanschauung, Metaphysik, Entfremdung,* Frankfurt 1969, 113.

[36] Lewis Carroll, *Symbolic Logic* and *The Game of Logic,* Nachdruck New York 1958, 109.

[37] Lewis Carroll, *Pillow Problems* and *A Tangled Tale,* Nachdruck New York 1958, XV.

[38] Karl Marx, *Ökonomisch-philosophische Manuskripte* (1844), in: Marx/Engels, *Werke,* Ergänzungsband, Schriften bis 1844, Berlin 1968, 571f.

[39] ibid., 565.

[40] Vgl. die zusammenfassende Darstellung bei Martin Gardner, in: *Annotated Alice,* a.a.O., 268f., Anm. 6.

[41] ibid., 269.

[42] »Der Schlüsselbegriff für das Verständnis des nicht-entfremdeten Triebes ist der der *Tätigkeit,* oder wie Marx spezifischer sagt, der »Selbsttätigkeit«. . . . ein schöpferischer und spontaner Akt, der nur unter der Bedingung der Freiheit möglich ist.« So Erich Fromm, »Marx' Beitrag zur Wissenschaft vom Menschen« (1968), in: Ders.: *Analytische Sozialpsychologie und Gesellschaftstheorie,* Frankfurt 1970, 153.

[43] So eine Marxsche Bestimmung der durch Arbeitsteilung bedingten Existenzverkümmerung. In: *Deutsche Ideologie,* MEW, Band 3, Berlin 1962, 33.

[44] Arnold Hauser, *Sozialgeschichte der Kunst und Literatur,* München 1967, 771f.

[45] S. Freud, *Die Traumdeutung,* in: *Gesammelte Werke,* Imago-Ausgabe, Band II/III, Frankfurt [3]1961, 284.

Traumtechnik

[1] *The Diaries of Lewis Carroll,* now first edited and supplemented by Roger Lancelyn Green, London 1953, vol. I, 181f.

[2] ibid.

[3] 110000 Exemplare *Alice in Wonderland* sollen zu Carrolls Lebzeiten verkauft worden sein. Siehe S. H. Williams/Falconer Madan/R. L. Green: *The Lewis Carroll Handbook,* London 1962, S. 30.

[4] Vgl. *Diaries,* a.a.O., I, 168ff.

[5] *Handbook,* a.a.O., 64.

[6] ibid., 60.

[7] Lewis Carroll, *The Annotated Alice,* a.a.O., S. 180.

[8] ibid., 178. – Nicht unwichtig dürfte sein, daß auch der Illustrator der *Alice*-Bücher, Sir John Tenneel, sich nicht Alice Liddell zum Modell nahm. (*Annotated Alice,* a.a.O., 25.) Nicht unwichtig darum, weil Carroll seine Illustratoren bis ins kleinste Detail zu instruieren pflegte. Des-

halb werden von mir auch gelegentlich Illustrationen zur Interpretation der Texte herangezogen – da wir sicher sein dürfen, daß sie »die Meinung des Autors wiedergeben«.

[9] etwa *Diaries,* a.a.O., II, 461; oder *Florence Becker Lennon, Lewis Carroll,* London 1947, S. 88f.

[10] *The Works of Lewis Carroll,* a.a.O., S. 379.

[10a] Für die Behauptung, Carrolls Texte seien aus tagtraumhaften Stükken zusammengesetzt und die in ihnen dargestellten Figuren, sowohl Alice wie die Monster, seien mit dem Autor zu identifizieren, gibt Freud einen Begründungszusammenhang: »Der Held der Tagträume ist ... immer die eigene Person, entweder direkt oder in einer durchsichtigen Identifizierung mit einem anderen.« *Vorlesungen zur Einführung in die Psychoanalyse,* Gesammelte Werke, Band XI, Frankfurt [4]1966, S. 96.

[11] *Der Witz und seine Beziehung zum Unbewußten,* in Sigmund Freud, *Gesammelte Werke,* Band VI, Frankfurt [3]1961, S. 191.

[12] *Diaries,* a.a.O., I, 76.

[13] Siehe etwa F. B. Lennon, *Lewis Carroll,* a.a.O., 213.

[14] *Annotated Alice,* a.a.O., 89.

[15] ibid., 162ff.

[15a] Zur Simultaneität zweier Lebensalter ist sehr aufschlußreich der Traum vom 15. Mai 1879, in dem er das *Kind* Polly Terry in eine Vorstellung der *erwachsenen* Schauspielerin Polly Terry führt. Der Traum wird mit folgenden Sätzen eingeleitet: »Last night I had a dream which I record as a curiosity, as containing *the same person at two different periods of life,* a feature entirely unique, so far as I know, in the literature of dreams.« (*Diaries,* a.a.O., II, 379; Hervorhebung von Carroll.) Seine Verwunderung ist um so merkwürdiger, als er nicht sieht, daß diese Doppelung nicht nur Teil seiner Persönlichkeitsstruktur ist, sondern daß er sie selber schon einmal, am Schluß der *Alice,* gestaltet hatte. Der Traum dürfte im übrigen der Keim zur bewußten Entfaltung der Doppelung in *Sylvie and Bruno* gewesen sein.

[16] ibid., 238.

[17] ibid., 344.

[18] *The Works,* a.a.O., 539.

[19] »eerie« wird definiert als ein Zustand »in which he is conscious, if in the actual world, of the presence of actual Human beings; if in Fairyland, of the presence of the immaterial essences of Human beings.« Ibid. Der Bezug geht hier natürlich auf die Fairies. »Eerie« ist der gemeinsame Bereich beider Welten.

[20] ibid.

[21] ibid., 392.

[22] In den *Principia Mathematica* von B. Russell und A. N. Whitehead (1910).

[23] Alexander L. Taylor, *The White Knight,* a.a.O., 179. Vgl. auch Derek Hudson, *Lewis Carroll,* London 1954, S. 227.

[24] *The Works,* a.a.O., 658.

[25] ibid.

[26] ibid., 537.

[27] Vgl. A. L. Taylor, *The White Knight,* a.a.O., 186.

[28] *The Works,* a.a.O., 379.

[29] Derek Hudson, *Lewis Carroll,* a.a.O., 227.

[30] A. L. Taylor, *The White Knight,* a.a.O., 191.

[31] *The Works,* a.a.O., 643–647.

[32] Von der Reziprozität »Traum«/»Wirklichkeit«, »Sinn«/»Unsinn« wird noch oft die Rede sein. Ein eindrucksvolles Beispiel ist Tenniels Illustration zur Gerichtsszene im Wunderland (*Annotated Alice,* a.a.O., 160): haben die Juroren Vogelmasken aufgesetzt, oder haben Vögel Jurorenhabit angelegt?

[33] *The Works,* a.a.O., 506 und 654.

[34] ibid., 406.

[35] Harry Furniss, *Confessions of a Caricaturist,* London, nach 1901, S. 109ff. Die Arbeit des Illustrierens dauerte sieben Jahre. Ibid., 103.

[36] Brief an Edith Rix (1887), in Evelyn M. Hatch, *A Selection from the Letters of Lewis Carroll to His Child-Friends,* London 1933, S. 195. Deutsche Auswahl *Lewis Carroll, Briefe an kleine Mädchen,* herausgegeben und übersetzt von Klaus Reichert, Frankfurt 1966, S. 70f.

[37] Lewis Carroll, Vorwort zu *Pillow Problems,* a.a.O., S. XV.

[38] *The Works,* a.a.O., 379.

[39] ibid., 379f.

[40] ibid., 380.

[41] Furniss, a.a.O., 105.

[42] *The Works,* a.a.O., 380.

[43] *Diaries,* a.a.O., I, 83.

[44] *The Cornhill Magazine,* Juli 1932. Hier zitiert nach *Diaries,* a.a.O., I, 173.

[45] ibid., 173.

[46] Lewis Carroll, *Alice's Adventures under Ground,* with a new introduction by Martin Gardner, New York 1965, S. V.

[47] Vgl. *Diaries,* a.a.O., I, 182.

[48] in: *The Theatre,* April 1887. Zitiert nach *Diaries,* a.a.O., I, 182.

[49] Vgl. *Diaries,* a.a.O., I, 168ff.

[50] ibid., 178.

[51] *Alice's Adventures under Ground,* a.a.O., 26.

[52] ibid., 27.

[53] S. Freud, *Erinnern, Wiederholen und Durcharbeiten,* in: *Gesammelte Werke,* Band X, Frankfurt [4]1967, S. 130.

[54] *Alice's Adventures under Ground,* a.a.O., 89f.

[55] *Diaries,* a.a.O., I, 182.

[56] ibid., 176.

[57] ibid., 185.

[58] *Annotated Alice,* a.a.O., 171.

[59] ibid., 170ff.

[60] Richard Ellmann, *James Joyce,* New York 1959, S. 559.

[61] Siehe etwa, am Beispiel, Freuds *Traumdeutung,* a.a.O., 430ff.

[62] F. B. Lennon, *Lewis Carroll,* a.a.O., 333.

[63] E. M. Hatch (ed.), *Letters,* a.a.O., 28f. (Dt. Ausg. 18)

[64] ibid., 197. (Dt. Ausg. 72)

[65] *Diaries,* a.a.O., II, 450.

[66] Vgl. Isa Bowmans vielzitierten Bericht über den gemeinsamen Besuch des Panoramas der Niagara-Fälle, wo der erzählfreudige Carroll sich in einem Moment in den steifen Dodgson verwandelte, als er merkte, daß Erwachsene zuhörten. Zitiert in *Diaries,* a.a.O., II, 461. Ein ähnliches Erlebnis Isa Bowmans bei F. B. Lennon, *Lewis Carroll,* a.a.O., 88f.

[67] *Letters,* a.a.O., 79.

[68] ibid., 97f. (Dt. Ausg. 27)

[69] *Diaries,* a.a.O., II, 347f.

[70] Lewis Carroll, *The Annotated Snark,* with an introduction and notes by Martin Gardner, Harmondsworth 1967, S. 35.

[71] *Annotad Alice,* a.a.O., 33.

[72] ibid., 179f.

[73] Charles Baudelaire, *Les Paradis Artificiels,* in: *Oeuvres Complètes,* Pléiade, Paris 1961, S. 355.

[74] William Empson, *Some Versions of Pastoral,* 1935, New Impression Norfolk, Conn., o. J. (etwa 1946), S. 266.

[75] *Letters,* a.a.O., 113ff. (Dt. Ausg. 31ff.)

[76] Transkribiert in *Letters,* 116. (Dt. Ausg. 30)

[77] *Annotated Alice,* a.a.O., 180.

[78] *The Works,* a.a.O., 418.

[79] Diese findet sich nur in der Erstausgabe, London 1889, S. 91.

80 *Letters,* a.a.O., 119f. (Dt. Ausg. 34f.)

81 ibid., 142. (Dt. Ausg. 54)

82 Im Faksimile abgedruckt bei Helmut Gernsheim, *Lewis Carroll. Photographer,* London 1950, 79.

83 Ausführlich dargestellt bei Anna Freud, *Das Ich und die Abwehrmechanismen,* München 1964, S. 29. Bei W. Reich siehe seine *Charakteranalyse,* Wien 1933, S. 56ff.

84 H. Gernsheim, *Lewis Carroll. Photographer,* a.a.O., ibid.

85 *Letters,* a.a.O., 59 (Dt. Ausg. 19f.)

86 *Diaries,* a.a.O., II, 286.

87 *Letters,* a.a.O., 100.

88 Siehe Anmerkung 36.

89 *Diaries,* a.a.O., II., 345.

89a S. Freud, *Hemmung, Symptom und Angst,* in: *Gesammelte Werke,* Band XIV, Frankfurt [3]1963, S. 150.

90 *Letters,* a.a.O., 28.

91 Ein weiteres Beispiel für die Verschiebung, das zugleich eine nicht erwähnte, weil weniger relevante, Form der Verwandlung zeigt, die in assoziativen Stil, wäre der Brief an Adelaide Paine, *Letters,* a.a.O., 118.

92 Mit der Überdeterminierung verwandt ist die »komische Übertreibung«. Da diese nicht im engeren Sinn zur Traumtechnik gehört, blieb sie unerwähnt, obwohl es gerade für sie zahlreiche Beispiele gibt. Vgl. etwa *Letters,* a.a.O., 24, 90, 101.

93 L. S. Kubie, *Neurotische Deformationen des schöpferischen Prozesses,* Reinbek 1966, 38.

94 ibid., 35.

95 *Letters,* a.a.O., 196.

96 So auch in der – im übrigen für die Biographie äußerst materialreichen und differenzierten – Studie von Phyllis Greenacre, *Swift and Carroll. A Psychoanalytic Study of Two Lives,* New York 1955, der dieses Kapitel Entscheidendes verdankt. Die Autorin weist auf die Identifizierung Carrolls mit den Mädchen hin; die – vorgestellte – Reversibilität der Beziehung Dodgson-Carroll bleibt unberücksichtigt.

97 Phyllis Greenacre gibt eine kurze Analyse dieses Bildes, das sie auch abbildet, auf S. 130f. Die Zeitschrift erschien faksimiliert, London 1932. Jetzt Neudruck Dover, New York 1971.

98 *Annotated Alice,* a.a.O., 69.

99 ibid., 72.

100 ibid., 67f. – In *The Nursery »Alice«* (1890) weist Carroll darauf

hin, daß Nase und Kinn der Raupe in Tenniels Illustration zwar wie Nase und Kinn *aussehen:* »But they really *are* two of its legs.« (S. 27.) Der Hinweis stammt von M. Gardner, (*Annotated Alice*, a.a.O., 67). Die Erscheinung kaschiert also ihr Wahres, nämlich das Gegenteil (Kopf-Fuß). Zugleich wäre ohne diese – unwahre – Erscheinung die Fiktion gar nicht möglich gewesen. Die Verwandlung ins Gegenteil ist also – selbst auf dieser mechanistischen Ebene – Bedingung der Möglichkeit der Existenz. Natürlich gebe ich zu, daß meine Interpretation des Bildes Raupe/Alice nur eine unter möglichen ist. Die Illustration Tenniels suggeriert geradezu die sexualpsychologische Deutung. Denn von den vielen »Füßen« der Raupe ist eben auch einer, positionsgerecht, der erigierte Penis; und vom Gesicht der Alice sind nur die zwei Augen sichtbar, voyeuristisch über dem Pilz. Auch hier eine Art Umkehr: das Über-Ich äußert sich libidinös, das Es kontemplativ. – In Carrolls eigener Illustration der Raupe (*Alice's Adventures under Ground,* a.a.O., 49) verbergen sich in den armartigen Verschlingungen die Initialen: ein C, das nach unten greift, ein D, das im Kopf kulminiert.

101 Zitiert in Stuart Dodgson Collingwood, *The Life and Letters of Lewis Carroll,* London ^{2}1899, S. 131.

102 Anna Freud, *Das Ich . . .,* a.a.O., 35.

103 *Annotated Alice,* a.a.O., 180.

104 ibid., 42f. und 52f.

105 W. Empson, *Some Versions of Pastoral,* a.a.O., 268. In den ersten beiden Kapiteln der *Alice in Wonderland* habe ich 7 gezählt; sie stammen alle von Alice.

Zur Syntax und Semantik

1 *Diaries,* a.a.O., vol. I, S. 61.

2 Ibid., I, 68ff.

3 Ein Faksimile des Manuskripts findet sich in dem von Stuart Dodgson Collingwood edierten Band *The Lewis Carroll Picture Book* (London 1899), das unter dem Titel *Diversions and Digressions* bei Dover neu erschienen ist, New York 1961, S. 37f.

4 Die nützliche Unterscheidung stammt von Gottlob Frege, in seinem Aufsatz »Sinn und Bedeutung« (1892). (Neudruck in G. Frege: *Funktion, Begriff, Bedeutung,* hg. von Günther Patzig, Göttingen 1962.) Es heißt darin: »Wir drücken mit einem Zeichen dessen Sinn aus und bezeichnen mit ihm dessen Bedeutung.« (S. 44) Und weiter: ». . . wir (wer-

den) dahin gedrängt, den *Wahrheitswert* eines Satzes als seine Bedeutung anzuerkennen.« (S. 46) Mit »Wahrheitswert« ist hier das aktuale Referendum gemeint. Wir verstehen unter Bedeutung den poetischen Wahrheitswert, der etwas anderes ist als der konkrete Sinn, obwohl dieser mit jenem zusammenfallen kann. – Es ist also nur die Dissoziation der *Vokabeln* »Sinn« und »Bedeutung« beibehalten; wir müssen sie anders verwenden, *auch* um nicht mit dem Wort »Unsinn« zu kollidieren. Gestützt wird unsere Auffassung von Sinn als dem Referentiellen durch den Valéry der Cahiers. Der Gegenbegriff zu *sens* heißt *valeur,* Wert und Wirkung, die Ausdrücken zukommen können, welche »an sich« keinen Sinn haben wie das »cogito ergo sum«. Vgl. Karl Löwith, *Paul Valéry,* Göttingen 1971, S. 12f.

[5] Zitiert wird es häufig als »The White Rabbit's Evidence«, gelegentlich als »Alice's Evidence«, doch keiner der beiden hat den Text verfaßt. Das White Rabbit hat ihn lediglich gefunden und liest ihn vor; und »Alice's Evidence« (der Titel des Kapitels!) ist ja gerade die Reaktion auf den Text.

[6] *The Annotated Alice,* a.a.O., S. 158.

[7] Ibid., 157.

[8] Ibid., 159f.

[9] Ibid., 158.

[10] *Diaries,* a.a.O., I, 161f. Es ist vielleicht kein Zufall, daß die unerwiderte Liebe gerade einer Alice zum Vorwurf dieser Verkehrung – und schließlich zur verrätselnden Problematisierung von Sinn – gewählt wird.

[11] Vgl. die Racine-Debatte von Roland Barthes: *Kritik und Wahrheit,* Frankfurt 1967, passim.

[12] Der riesenhafte Archipelagus Velimir Chlebnikovs ist jetzt zum erstenmal für Nichtslavisten sichtbar geworden durch Peter Urbans zweibändige Ausgabe, Reinbek 1972.

[13] Chlebnikov, a.a.O., I, S. 27ff. und S. 398f.

[14] Vgl. die Ausführungen im Einleitungskapitel.

[15] Vor ein paar Jahren hat der Schriftsteller Günter Bruno Fuchs den Versuch gemacht, das zu anthologisieren, was er »zeitgenössische Nonsensverse« nannte (*Die Meisengeige,* München 1964). Interessant ist an dieser Sammlung (und ein Beleg für unsere These von der Historizität des literarischen Unsinns), daß die poetisch ernst zu nehmenden Gedichte – etwa die von Artmann, Rühm, Jandl, Heißenbüttel – sich von der übrigen Produktion dieser Autoren nicht unterschieden (und zum Teil später auch in die »ernsthaften« Publikationen aufgenommen

wurden). Das Gros der Gedichte aber war nicht Nonsense sondern Quatsch, d. h. ein Drauflosblödeln ohne erkennbare Struktur.

[16] Jean Pauls Lokalisierung ist auf das Komische und das Erhabene bezogen. *Vorschule der Ästhetik,* in: *Jean Pauls Werke,* hg. von Norbert Miller, Band VI, München 1963, S. 110.

[17] Natürlich gibt es auch im pathologischen oder entwicklungsgeschichtlich bedingten »Unsinn« Regeln, zum Beispiel die, die unterbewußt der kindlichen Vertauschung von Lauten zugrunde liegen. (Vgl. Roman Jakobson: *Kindersprache, Aphasie und allgemeine Lautgesetze,* in R. J.: *Selected Writings I,* Den Haag 1962, 328ff.) Der Unterschied zwischen den Regelsystemen der Unsinnliteratur und denen, die sozusagen frei in der Natur vorkommen, liegt darin, daß die der Unsinnliteratur *absichtlich* zustande kommen, ohne daß sie deshalb doch *bewußt* gebaut sein müssen.

[18] Alicens erste Reaktion auf den *Jabberwocky, Annotated Alice,* a.a.O., 197.

[19] Reihung als Technik der Unsinndichtung ist behandelt in der Arbeit von Elizabeth Sewell: *The Field of Nonsense,* London 1952.

[20] Vgl. hierzu das Kapitel *Traumtechnik,* in dem, ausgehend von der Herkunft der Einfälle, die Unmöglichkeit narrativer Konsequenz und Kontinuität beschrieben wird.

[21] Dieses inzwischen geläufige Ergebnis, das vermutlich auch bei der Niederschrift dieses Kapitels (1967) nicht so neu war, wie es mir erschien, fand ich, für meinen Ansatz wichtig, bei zwei Autoren, die entgegengesetzte Positionen vertraten: dem Hermeneutiker Peter Szondi und dem Linguisten Manfred Bierwisch. Siehe Szondis Traktat »Über philologische Erkenntnis« in seinen *Hölderlin-Studien,* Frankfurt 1967, und Bierwischs Aufsatz »Strukturalismus. Geschichte, Probleme und Methoden«, in *Kursbuch 5,* 1966, bes. S. 142ff.

[22] in: Roman Jakobson und Morris Halle: *Fundamentals of Language,* 's-Gravenhage 1956. Darin: Part II, *Two Aspects of Language and Two Types of Aphasic Disturbances,* by Roman Jakobson, S. 55ff.

[23] Ibid., 60.

[24] Ibid.

[25] Ibid., 63.

[26] Ibid., 64.

[27] Ibid.

[28] »Der grammatische Bau des Gedichts von B. Brecht ›Wir sind sie‹«, in: *alternative* 65 (April 1969), S. 67.

[29] Die wichtigsten dieser Übersetzungen sind zusammengestellt in

der Philologie-Parodie des Verf.: »Der Jabberwocky. Auch ein Beitrag zur poetologischen Quellenforschung«. In: *Insel-Almanach auf das Jahr 1964*, Frankfurt 1963, S. 86ff.

[30] Harry Furniss, der Illustrator von *Sylvie and Bruno*, berichtet in seinen *Confessions of a Caricaturist* von den Schwierigkeiten, für Carroll zu arbeiten. Als Beispiel für die »exzentrischen« Vorstellungen Carrolls druckt er im Faksimile die oberen drei Zeilen der Seite 5 eines Briefes von Carroll an ihn ab. (Undatiert, nach 1885 geschrieben; numeriert nach Carrolls Letter Register: 49874.) Die Zeilen lauten: »climax, to draw the last picture first, & work backwards (as Poe tells us he wrote ›The Raven‹.)« A.a.O., S. 112. – Den Nachweis, daß Carroll Poe kannte, hätte ich billiger haben können: in Carrolls Besitz befanden sich zwei (!) Gesamtausgaben der Werke des Dichters, wie aus dem Versteigerungskatalog seiner Effekten von 1898 hervorgeht. Ich lasse den Hinweis auf Furniss jedoch als Beleg für unnützen Philologenspürsinn stehen (und natürlich auch wegen der Empfehlung).

[31] Hier muß ich den Hinweisen M. Gardners folgen (*Annotated Alice*, a.a.O., 194), da mir die genannten Schriften nicht zugänglich waren.

[32] Siehe *Diaries*, a.a.O., I, 69.

[33] *Diversions and Digressions*, a.a.O., 37.

[34] Ibid., 37f.

[35] *Annotated Alice*, a.a.O., 269.

[36] Vgl. Theodor W. Adorno: »Rückblickend auf den Surrealismus«, in seinen *Noten zur Literatur I*, Frankfurt 1958, S. 156.

[37] *Annotated Alice*, a.a.O., 271.

[38] Auch Carrolls physikalischer Raum deckt sich nicht mit dem irdischen. Man denke an Alicens Fall durchs Kaninchenloch, an die Relativität der Geschwindigkeit, die in Alicens Rennen mit der Red Queen beschrieben ist, oder an das Suspendieren der Zeitkontinuität in der Mad Tea Party.

[39] Es wäre zweifellos lohnend, einmal die von Leo Spitzer so genannte »Autonomie der Wortwelt« Rabelais' mit der Carrolls zu vergleichen. Es fänden sich gewiß Entsprechungen, die bis in die Baugesetze der Wörter gingen. So zitiert Spitzer die scherzhafte Etymologie von »*Beauce* = ›(je trouve) beau ce‹« (in L. Spitzer, *Texterklärungen*, München 1969, S. 206, Anm. 17). Analog ist in der *Jabberwocky*-Strophe etwa *mome* gebildet aus »fro*m* h*ome*«.

[40] *Die Traumdeutung*, a.a.O., 362.

[41] *The Annotated Snark*, a.a.O., 42.

41a *The Works,* a.a.O., 582ff.

42 *Annotated Alice,* a.a.O., 210.

43 Ibid., 191.

44 Ibid., 269.

45 G. M. Hopkins, »On the Origin of Beauty«, in: *The Journals and Papers of Gerard Manley Hopkins,* London ²1966, bes. S. 98ff.

46 Roman Jakobson, z. B. in »Linguistics and Poetics«, in (ed.) Sebeok, *Style in Language,* New York 1960, oder in: »Poesie der Grammatik und Grammatik der Poesie«, in: *alternative* 65 (April 1969).

47 Nicht undenkbar – und mit dem mittelalterlichen Anstrich der Erstfassung vereinbar – wäre auch, daß es sich um ein Stückchen Gräberpoesie handelte: »wabe« = »web« = »Spinnennetz«, »borogoves« = »Burggrafen«, »raths« = »rats« = »Ratten«, »outgrabe« = »aus dem Grab«. Carroll konnte etwas deutsch und der englische Schauerroman und die Schauerballade waren häufig vor deutschem Kolorit angesiedelt, so daß unsere letzte Erklärung nicht ganz so abwegig ist, wie sie erscheint.

48 Jakobson und Halle, *Fundamentals of Language,* a.a.O., 71.

49 Ibid., 75.

50 *Annotated Alice,* a.a.O., 191ff.

51 *Diversions and Digressions,* a.a.O., 38.

52 Die Indikatoren der Melancholie, *mimsy* und *mome,* werden von Humpty Dumpty nicht *ganz* anders, aber die Situation verschleiernd interpretiert. Für *mimsy* hatte im Crofter Kommentar unumwunden *unhappy* gestanden; Humpty Dumpty nennt es ein Portmanteau aus *flimsy* und *miserable. Mome* war als *grave* erklärt worden; Humpty Dumpty sagt: »›*Mome*‹ I'm not certain about, I think it's short for ›from home‹ – meaning that they'd lost their way, you know.« So wird die Strophe tatsächlich zu einer konfliktlosen Idylle umgebogen, was zu unserer These von der Opposition zwischen erster (=siebenter) Strophe und dem Rest des Gedichts paßt.

53 *Annotated Alice,* a.a.O., 196, Anm. 32.

54 Alexander L. Taylor, *The White Knight,* a.a.O., 81.

55 S. Freud, *Traumdeutung,* a.a.O., 310.

56 Alice findet das Buch neben dem White King. Daß dieser mit dem *Jabberwocky* etwas zu tun hat, läßt sich vielleicht daraus schließen, daß Humpty Dumpty der einzige ist, der ihn versteht. Denn Humpty Dumpty ist ein Freund des White King – der hat ihm die Krawatte geschenkt und ihn nach dem Sturz, »with all the king's horses and all the king's men«, aufzulesen versprochen.

Die Jagd nach der Selbstverwirklichung

1 Das *Snark* wird, wo nicht anders angegeben, zitiert nach *The Annotated Snark,* a.a.O. Hier: S. 59.

2 *Annotated Snark,* a.a.O., S. 60.

3 *Diaries,* a.a.O., II, 346. Die Eintragung findet sich unterm 6. November 1875 anläßlich der Niederschrift von vier *Snark*-Strophen, »completing the poem which now consists of 88 stanzas«. Es kamen indes noch 2 ganze Gesänge hinzu und 6 weitere Strophen in anderen Teilen des Gedichts. Vgl. *Diaries,* II, ibid.

4 *The Works,* a.a.O., S. 235f.

5 *Diaries,* a.a.O., II, 346.

6 *The Works,* a.a.O., 236.

7 *Diaries,* a.a.O., II, 346.

8 Vgl. *Diaries,* a.a.O., II, 351, und Florence Becker Lennon, *Lewis Carroll,* a.a.O., S. 133.

9 Alle Carroll-Biographen verzeichnen diese Deutungsversuche mehr oder weniger summarisch.

10 *Letters,* a.a.O., S. 98f.

11 *Diaries,* a.a.O., II, 352.

12 Brief an »The Lowrie Children«, o. J., etwa 1896/7 (vgl. hierzu *Diaries,* a.a.O., II, 351), *Letters,* a.a.O., 243.

13 *Diaries,* a.a.O., II, 352.

14 Auf dieses Detail macht Gardner aufmerksam. *Annotated Snark,* a.a.O., 54.

15 Vgl. Max Weber, *Die protestantische Ethik,* München und Hamburg 1965, S. 66ff.

16 Vgl. Herbert Marcuse, *Triebstruktur und Gesellschaft,* Neuauflage Frankfurt 1965.

17 Jesus Sirach, 11, 21, angeführt und interpretiert bei Weber, a.a.O., 66.

18 *Annotated Snark,* a.a.O., 70.

19 ibid., 70/71.

20 A. Hauser, *Sozialgeschichte der Kunst und Literatur,* a.a.O., 759.

21 Ernest Jones, *On the Nightmare,* London ^{2}1949, S. 20.

21a *Fit, fytte* steht hier natürlich zugleich im alten Sinn: *Gesang, Liedabschnitt.*

22 *Annotated Snark,* a.a.O., 90.

23 Ein Beispiel für viele. Jones zitiert J. Bond (*An Essay on the Incu-*

bus, or Nightmare, 1753), der von einem Mann erzählt, der »was obliged to sleep in a chair all night, to avoid Night-mare. But one night he ventured to bed, and was found half dead in the morning. He continued paralytic for two years; and after taking the round of Bath and Bristol to no purpose, he died an Idiot.« Jones, a.a.O., 25.

[24] A. Hauser, a.a.O., 761.

[25] *Eine Kindheitserinnerung des Leonardo da Vinci,* in Sigm. Freud, Gesammelte Werke, Band VIII, Frankfurt [4]1964, S. 150ff.

[26] Gedruckt in *The Lewis Carroll Centenary in London 1932 (Catalogue),* ed. F. Madan, London 1932, S. 117.

[27] Vgl. das große Einleitungskapitel über William Acton, den viktorianischen Arzt und Sozialpädagogen, in der glänzenden Pornographie-Studie von Steven Marcus, *The Other Victorians,* London 1966.

[28] Lewis Carroll, *Pillow Problems and A Tangled Tale,* a.a.O., S. XV.

[29] R. L. Green, der Herausgeber der *Diaries,* macht in einem Zwischentext über die Jahre 1858–1862, für die die Tagebücher fehlen, die allgemeine Bemerkung: »Dodgson's Diaries abound with short passages of prayer, self-accusations, determinations to do better – and prayer once more as he confesses to past failure and acknowledges himself a sinner.« *Diaries,* a.a.O., I, 151. Ebendiese knappen Ermahnungen an die eigene Adresse hat Green, wie er sagt, zumeist gestrichen, da sie nichts weiter zu sein schienen als eine automatische Pflichtübung der Viktorianer. Es wäre aber interessant zu sehen, wann diese Stoßgebete auftauchen und ob sie sich in einen Zusammenhang mit den am jeweiligen Tag gesehenen (verbotenen) Mädchen bringen lassen.

[30] *The Works,* a.a.O., 381. – Bereits am 31. Dezember 1857 (*Diaries,* a.a.O., I, 136) taucht im Tagebuch der Vorsatz auf, künftig u. a. Gedichte auswendig zu lernen: »to be learned by heart and kept up at such times as Railway-travelling, etc.« Der Vorsatz wird häufig erneuert.

[31] ibid., 382.

[32] In dem angeführten Vorwort zu *Sylvie and Bruno I* kommt weiter unten (S. 383) die Rede auf den Tod. Es heißt da: »The ever-present sense of this grim possibility (nämlich jeden Augenblick sterben zu können) has been, in all ages, an incubus that men habe striven to shake off.« »Incubus« wäre ein Beispiel für ein »verfängliches« Wort in »unverfänglichem« Kontext. Das Wort wird im 19. Jahrhundert vor allem im Sinn von Alptraum verstanden (»A feeling of oppression during sleep« definiert das OED), dabei ist die Grundbedeutung aber weiter in Gebrauch: ». . . evil spirit . . . supposed to descend upon persons in their

sleep, and especially to seek carnal intercourse with women« (OED). Mehreres ist daran aufschlußreich: 1. daß Carroll überhaupt ein Wort für Alptraum benutzt, nachdem zwei Seiten vorher nur obenhin vom »lying awake at night« und von »worrying thoughts«, »unholy thoughts« usw. die Rede war; 2. daß das Thema unbewußt in ihm weiterlief und in (für ihn) »unverfänglichem« Kontext an die Oberfläche kam; 3. daß das Wort für Alptraum gleichzeitig ein Synonym für unstatthaften Geschlechtsverkehr ist; 4. daß der Kontext der Tod ist, was unsere Meinung vom Los des Banker stützt; 5. der Ausschluß und gleichzeitige Einschluß von Carroll selber: das Bild vom Incubus ist offenbar gänzlich objektiviert; doch zum Wort davor (»ages«) gibt es eine Fußnote: in ebendem Moment des Schreibens sei er durch ein Klopfen unterbrochen worden, »and a telegram was brought me, announcing the sudden death of a dear friend.« *Nach* dieser Nachricht fällt Carroll, wenn wir ihm glauben dürfen, der Incubus ein. Auf die Verbindung von Tod und Geschlechtsakt bei Carroll wird noch einzugehen sein.

[33] *The Works,* a.a.O., 226.

[34] ibid., 227.

[35] Vgl. seinen utopischen Roman *News from Nowhere,* 1890.

[36] *The Works,* a.a.O., 698.

[37] Die Charakterisierung findet sich im zweiten Gesang, »The Bellman's Speech«, *Annotated Snark,* a.a.O., 59f.

[38] In dieser Hinsicht erfolgreiche Tage wurden gewöhnlich mit dem Postskriptum versehen: »I mark this day with a white stone«. Daneben gibt es die Formen »Dies notabilis« und »Dies mirabilis«.

[39] *Letters,* a.a.O., 102.

[40] ibid., 245.

[41] Der Hatter stellt Alice ein Rätsel. Alice: ›»I believe I can guess that.« . . . »Do you mean that you think you can find out the answer to it?« said the March Hare. »Exactly so«, said Alice. »Then you should say what you mean«, the March Hare went on. »I do«, Alice hastily replied; »at least – at least I mean what I say – that's the same thing, you know.« »Not the same thing a bit!« said the Hatter. »Why, you might just as well say that ›I see what I eat‹ is the same thing as ›I eat what I see‹!« . . .‹ *The Annotated Alice,* a.a.O., S. 95.

[42] Einige Belege hierzu sind zusammengetragen in *Diaries,* a.a.O., I, 182ff.

[43] Einer der aufschlußreichsten Briefe in diesem Zusammenhang ist der erste erhaltene Brief an Gertrude Chataway, das Mädchen, dem *The Hunting of the Snark* gewidmet ist, vom 13. Oktober 1875. Siehe das

Kapitel *Traumtechnik.* Interessant ist daran nicht nur das vampirische Bild als solches, sondern die Reziprozität, in der es verwendet ist.

44 Die Tagebücher wimmeln von guten Vorsätzen, hinfort mehr Mathematik und Theologie zu studieren. »These two subjects certainly belonged to his father, and his full realization in either of them seemed inhibited, altough his dutiful pursuit was predestined.« Phyllis Greenacre, *Swift and Carroll,* a.a.O., S. 160f.

Derek Hudson veröffentlichte am 26. Mai 1966 im *Times Literary Supplement* eine Schriftprobe aus dem Crofter Kirchenbuch: Dodgson Vater und Sohn in zwei aufeinander folgenden Eintragungen. Die Handschriften sind sich verblüffend ähnlich. Hudson hatte seinerzeit auch einen Brief Vater Dodgsons an seinen achtjährigen Sohn Charles veröffentlicht, der als Indiz genommen werden mochte, daß der Nonsens Carrolls keine Reaktion gegen den Vater gewesen zu sein braucht, sondern als Verselbständigung eines vom Vater überkommenen Zuges – oder Talents – gelesen werden kann. Siehe Derek Hudson, *Lewis Carroll,* a.a.O., S. 23f. (Der Brief findet sich auch in meiner Ausgabe der *Briefe an kleine Mädchen,* Frankfurt 1966, S. 7.) Der Vater starb am 21. Juni 1868. Carroll nannte diesen Tod, in einem etwa 30 Jahre später geschriebenen Brief, »the greatest blow that has ever fallen on my life«. (*Diaries,* II, 270) Während der fünf auf den Tod folgenden Jahre scheint ein Onkel mütterlicherseits, Skeffington Lutwidge, die Rolle der Vaterfigur übernommen zu haben. *Vor* dem Tod des Vaters ist der Onkel auf etwa jeder dreißigsten Seite im Tagebuch erwähnt, *nach* dem Tod auf fast jeder dritten. Der Onkel des Baker ist – Holidays Illustration zufolge – invalid. Im Tagebuch steht unterm 12. Januar 1872 die Eintragung: »I am still staying with Uncle Skeffington, as I can be useful in reading and writing for him, and also as an invalid he needs company.« (II, 308) Der Onkel starb am 28. Mai 1873 eines – trotz seiner Invalidität – nicht natürlichen Todes: er »had been struck by a lunatic«. (II, 322) Mit Hilfe der biographischen Details läßt sich auch im Banker eine Parallele zum Onkel finden: er wird von einem Wesen, das Argumente nicht versteht (lunatic) attackiert, und er ist (bzw. wird) invalid. Ferner singt er (»con imbecillità«): in etwa der Hälfte der Tagebucheintragungen ist von gemeinsamen Konzert- oder Oratorienbesuchen die Rede. – Wichtig ist ferner, daß Carroll tatsächlich vom Onkel den Namen hat: Charles *Lutwidge* Dodgson. Und aus Charles Lutwidge wurde Lutwidge Charles oder – anglisiert resp. latinisiert – Lewis Carroll. Der Vatersname (Dodgson) ist nicht mit in den Unsinn-Namen übernommen: so als sollten die Bereiche rigid getrennt sein. Über Lutwidge ist aber nicht nur die Mutter, sondern eben doch wieder die (eine) Vaterfigur in den Unsinn gekommen.

45 *Annotated Snark,* a.a.O., 66.

46 Vielleicht geht die Entwicklung vom »beamish boy« zum »beamish nephew« der tatsächlichen Verschiebung vom Vater auf den Onkel parallel. Vgl. Anm. 44.

47 *Diaries,* a.a.O., II, 351.

48 Ein Lieblingswort von Tweedledum und Tweedledee.

49 Zum ganzen Komplex der Kindheitsneurose lese man die meist überzeugende Studie von Phyllis Greenacre, *Swift and Carroll,* a.a.O.

50 Die These, daß Carroll Alice P. Liddell geliebt habe, findet sich fast in der gesamten Sekundärliteratur. Siehe etwa Alexander L. Taylor, *The White Knight,* a.a.O., S. 32ff., wo Alice »his one love« genannt wird. Vgl. auch Greenacre, a.a.O., 162.

51 Stuart Dodgson Collingwood, *The Life and Letters of Lewis Carroll,* a.a.O., S. 355. Der posthum erschienene Band »Three Sunsets« (1898) sammelte die ernsthaften Gedichte des Autors. Die psychologisch verräterischen Stücke, die Collingwood Anlaß gaben, von einem Schatten zu sprechen, namentlich *Faces in the Fire* und *Stolen Waters,* stammen aus den Jahren 1860 und 1862, aus einer Zeit also, da die Freundschaft mit Alice am intensivsten war.

52 Es fehlt die Zeit von April 1858 bis Mai 1862, also genau vier Jahre. Wer sie vernichtet hat, läßt sich nur vermuten. Vgl. *Diaries,* a.a.O., I, 150.

53 Der Bericht ist ausführlich zitiert in *Diaries,* II, 461. Ein ähnliches Erlebnis Isa Bowmans zitiert Florence Becker Lennon, a.a.O., S. 88f.

54 *Annotated Alice,* a.a.O., 47.

55 Martin Gardner weist in dem Zusammenhang darauf hin, daß Carroll einige seiner frühen Gedichte mit dem Pseudonym »B. B.« zeichnete: »No one knows why«. (*Annotated Snark,* a.a.O., 53.) Siehe auch *Diaries,* a.a.O., I, 76.

56 Das einzige Bild, auf dem die Glocke nicht zu sehen ist, ist die letzte Illustration zum ersten Gesang: Butcher und Beaver in scheinbar liebenswürdiger Eintracht am Bug des Schiffes. Der Butcher hat gerade kundgetan, er schlachte nur Biber. Er schleift eine Axt, hat am Gürtel einen Wetzstahl hängen und trägt auf dem Kopf eine Biberfellmütze (vgl. hierzu S. 150) – drei Machtattribute also, da der Bezug bekannt ist. Danach könnte die Glocke überflüssig erscheinen. Dennoch habe ich den Verdacht, daß das Symbol hier einfach vergessen wurde. Es hätte sich in seiner Funktion als Über-Ich und Gott-sieht-alles geradezu auf-

gedrängt. Ich glaube auch nicht, daß an das Verhältnis zwischen Über-Ich und Es gedacht war (wodurch die Glocke sich erledigt hätte), die oben in der Beziehung Butcher/Beaver herausgestellt wurde, da die Illustration vermutlich vor dem 5. Gesang entstand, der, wie der 6., nachträglich eingefügt wurde. Zur Reihenfolge der Zeichnungen vgl. *Diaries,* a.a.O., II, 347.

57 Dies geht aus einer Bemerkung Tweedledees hervor, sie alle seien nur ein Teil vom Traum des Red King. »If that there King was to wake ... you'd go out – bang! – just like a candle!« *Annotated Alice,* a.a.O., 238. Die Problematik des »Which (!) dreamed it?« wird im letzten Kapitel des *Looking Glass* wieder aufgenommen und als ungelöste Frage an die kindlichen Leser weitergegeben.

58 *The Lewis Carroll Centenary,* a.a.O., 82, item 477.

59 Der Sinn von *bellman,* den das Webster-Zitat meint, ist den Herausgebern des OED offenbar entgangen. Dort heißt es nur: »Formerly a bellman announced deaths and called on the faithful to pray for the souls of the departed.«

60 Diese Beobachtung, von J. A. Lindon, zitiert Gardner. *Annotated Snark,* a.a.O., 63.

61 *Annotated Snark,* a.a.O., 68.

62 *Annotated Alice,* a.a.O., 227.

63 ibid., 222.

64 ibid., 225.

65 »The song really *is A-sitting on A Gate.* ... The *song* is *called Ways and Means.* ... (The name of the song) really *is The Aged Aged Man.* ... The *name* of the *song* is *called Haddocks Eyes.*« *Annotated Alice,* a.a.O., 306.

66 *What the Tortoise Said to Achilles,* in *The Works,* a.a.O., 1049.

67 Daß die Existenzlosigkeit konfliktlose Situationen schafft und daß sie darum ein erstrebenswerter Modus ist, geht auch aus einem späten Brief (vom 22. Mai 1891, an Sydney Bowles) hervor. Wie die durch Namenlosigkeit erfahrene Idylle, ist sie kein »toter« Zustand, sondern einer, der so virulent ist wie das Leben, verkürzt um die Komponente der Aggression. Wieder eine säkularisierte Paradiesformel: »In *some* ways, you know, people that *don't* exist, are much nicer than people that *do.* For instance, people that *don't* exist are never *cross:* and they never *contradict* you: and *they never tread on your toes!* Oh, they're ever so much nicer than people that *do* exist! However, never mind; you can't help existing, you know; and I daresay you're *just* as nice as if you didn't.« (*Letters,* a.a.O., 221 f., Hervorhebungen von Carroll.)

[68] *Annotated Alice,* a.a.O., 271.

[69] *Annotated Snark,* a.a.O., 42.

[70] ibid., 94.

[71] In: *Jenseits des Lustprinzips,* Sigm. Freud, *Gesammelte Werke,* Band XIII (Frankfurt ⁴1963), S. 68.

[72] Das »ozeanische Gefühl« eines Einsseins mit dem All läßt sich, nach Michael Balint, statt progredient als Todestrieb umgekehrt als Regression beschreiben, und zwar als Regression in eine Phase, die *vor* das Erkennen einer Umwelt als einer außerhalb des Ich seienden zurückgeht. Es ist dies die narzißtische Phase des Einsseins, des Ruhens in sich. Das Gefühl des sich Verströmens im All wäre die »wunscherfüllende Erinnerung an diese Zustände«. (M. Balint, *Angstlust und Regression,* Reinbek 1972, 61 ff.) Unter dieser These das Ende des Baker zu beschreiben würde sich mit meiner alten These von der Carrollschen Regression sehr gut vertragen. Leider habe ich Balints Buch zu spät kennengelernt. Im übrigen erscheint es mir nicht schwer, die narzißtische Regression mit der equilibristischen Selbstvernichtung als einem Ziel des Todestriebs zu vermitteln, d. h. hier als identisch zu sehen.
Auch in einem technischen Sinn ist eine identitätssetzende Verbindung von Anfang und Ende gegeben: das ganze Gedicht ist als *Krebsgang* geschrieben, nach *rückwärts* zu der Zeile »For the Snark *was* a Boojum, you see.«, die am *Anfang* stand. Der Progreß des Gedichts ist also die *Regression* zum *Gewesenen.*

[73] Im *Tristan* und in Ibsens *Wenn wir Toten erwachen* (1899) ist die Identität von Tod und wahrem, d. h. wahrgewordenem Leben am deutlichsten gestaltet.

[74] Eine interessante Variante der Kombination Liebe/Tod gibt Steven Marcus. Sein Problemkreis ist nicht der sublimierte Eros, sondern der Sexus, doch kommt er zur selben Verklammerung mit dem Tod. »Sex is thought of as a universal and virtually incurable scourge. It cannot ultimately be controlled, and serves as a kind of metaphor for death, as cancer does today.« (*The Other Victorians,* a.a.O., 28) Was im einen Fall die Geisel, ist im anderen der Segen. Der Liebestod scheint sich, von hier, einer Reaktionsbildung des verdrängten Sexus zu verdanken.

[75] Steven Marcus, *The Other Victorians,* a.a.O., passim.

Literaturverzeichnis

1 Werke von »Lewis Carroll« (Charles Lutwidge Dodgson)

a *Gesamtausgaben*

The Complete Works of Lewis Carroll, with an introduction by Alexander Woollcott, London, The Nonesuch Library, 1939. (Sehr unvollständige Ausgabe).

The Works of Lewis Carroll, edited and introduced by Roger Lancelyn Green, London 1965. (Vollständiger als Woollcotts Ausgabe. Hiernach wird zitiert.)

b *Einzelausgaben u. a.:*

The Annotated Alice. Alice's Adventures in Wonderland (1865) and Through the Looking-Glass (1872) by Lewis Carroll. Illustrated by John Tenniel. With an introduction and notes by Martin Gardner. Penguin Books, Harmondsworth 1965.

The Annotated Snark. The full text of Lewis Carroll's The Hunting of the Snark (1876) and the original illustrations by Henry Holiday. With an introduction and notes by Martin Gardner. Penguin Books, Harmondsworth 1967.

Pillow Problems (1893) and *A Tangled Tale* (1885), Neudruck in einem Band, Dover, New York 1958.

Alice's Adventures under Ground. Facsimile of the author's manuscript book with additional material from the facsimile edition of 1886. With a new introduction by Martin Gardner. Dover, New York 1965.

Symbolic Logic (1896) and *The Game of Logic* (1886), Neudruck in einem Band, Dover, New York 1958.

Sylvie and Bruno. With forty-six illustrations by Harry Furnniss, Macmillan, London 1889.

The Nursery »Alice« (1890). With a new introduction by Martin Gardner, Dover, New York 1966.

Sylvie and Bruno Concluded. With forty-six illustrations by Harry Furniss, Macmillan, London 1893.

Catalogue of the furniture, personal effects, and the interesting and valuable Library of Books. The property of the late Rev. C. L. Dodgson, M. A., Christ Church, Oxford, more widely known as »Lewis Carroll«, the author of »Alice in Wonderland« and other popular publications. Sold by Auction by E. J. Brooks, Oxford May 1898.

Diversions and Digressions of Lewis Carroll. (Formerly titled: *The Lewis Carroll Picture Book,* 1899) A selection from the unpublished writings and drawings of Lewis Carroll, together with reprints from scarce and unacknowledged work. Edited by Stuart Dodgson Collingwood. Neudruck Dover, New York 1961.

The Rectory Umbrella and Mischmasch, London 1932. Neudruck Dover, New York 1971.

The Lewis Carroll Centenary in London 1932 (Catalogue), edited by F. Madan, London 1932.

A Selection from the Letters of Lewis Carroll to His Child-Friends. Edited with an introduction and notes by Evelyn M. Hatch, Macmillan, London 1933.

The Diaries of Lewis Carroll, now first edited and supplemented by Roger Lancelyn Green, 2 Bände, London 1953.

c *Benutzte deutsche Ausgaben*

Alice im Wunderland. Alice hinter den Spiegeln. Zwei Romane. Übersetzt und herausgegeben von Christian Enzensberger, Frankfurt 1963.

Briefe an kleine Mädchen. Herausgegeben und übersetzt von Klaus Reichert, Frankfurt 1966.

Die Jagd nach dem Schnark. Mit den elf Illustrationen der Originalausgabe von Henry Holiday, übersetzt und ausgeleitet von Klaus Reichert, Frankfurt 1968.

2 Literatur über Lewis Carroll

Collingwood, Stuart Dodgson: *The Life and Letters of Lewis Carroll.* London ²1899.

Gernsheim, Helmut: *Lewis Carroll: Photographer,* London 1950.

Green, Roger Lancelyn: *The Story of Lewis Carroll,* London 1949.

Ders.: *Lewis Carroll,* London 1960.

Greenacre, Phyllis: *Swift and Carroll.* A Psychoanalytic Study of Two Lives, New York 1955.

Hudson, Derek: *Lewis Carroll,* London 1954.
Ders.: *Lewis Carroll,* London (British Council) 1958.
Lennon, Florence Becker: *Lewis Carroll,* London 1947.
Levin, Harry: »Wonderland Revisited«, in: *Kenyon Review,* 1964, S. 591 ff.
Mare, Walter de la: *Lewis Carroll,* London 1930.
Ovenden, Graham (ed.): *The Illustrators of Alice,* London 1972.
Parisot, Henri: *Lewis Carroll,* Paris 1952.
Reed, Langford: *The Life of Lewis Carroll,* London 1932.
Sewell, Elizabeth: *The Field of Nonsense,* London 1952.
Skinner, John: »Lewis Carroll's Adventures in Wonderland«, in *The American Imago,* Vol. 4, No. 4 (Boston, Dezember 1947), S. 3 ff.
Spacks, Patricia Meyer: »Logic and Language in ›Through the Looking Glass‹«, in: *ETC.: A Review of General Semantics,* XVIII/1, San Francisco, April 1961, S. 91 ff.
Taylor, Alexander L.: *The White Knight. A Study of C. L. Dodgson,* Edinburgh and London 1952.
Weaver, Warren: *Alice in Many Tongues. The Translations of Alice in Wonderland,* Madison/Wisconsin 1964.
Williams, S. H./Madan, F./Green, R. L.: *The Lewis Carroll Handbook* (revidierte und erweiterte Ausgabe) London 1962.

3 Allgemeine Literatur

Adams, R. M.: *Nil. Episodes in the Literary Conquest of Void During the Nineteenth Century,* New York 1966.
Adorno, Theodor W.: *Philosophie der neuen Musik,* Frankfurt 1958.
Ders.: »Rückblickend auf den Surrealismus«, in: *Noten zur Literatur I,* Frankfurt 1958.
Ders.: »Parataxis«, in: *Noten zur Literatur III,* Frankfurt 1965.
Baczko, Bronislaw: *Weltanschauung, Metaphysik, Entfremdung,* Frankfurt 1969.
Balint, Michael: *Angstlust und Regression,* Reinbek 1972.
Barthes, Roland: *Kritik und Wahrheit,* Frankfurt 1967.
Ders.: *Literatur oder Geschichte,* Frankfurt 1969.
Baudelaire, Charles: *Oeuvres Complètes,* Paris 1961.
Benayoun, Robert (Hrsg.): *Anthologie du Nonsense,* Paris 1957.
Benjamin, Walter: *Schriften,* 2 Bd., Frankfurt 1955.
Ders.: *Angelus Novus,* Frankfurt 1966.

Bergson, Henri: *Le Rire,* Paris 1961.
Bierwisch, Manfred: »Strukturalismus. Geschichte, Probleme und Methoden, in: *Kursbuch 5,* Frankfurt 1966.
Blumenberg, Hans: »Das Fernrohr und die Ohnmacht der Wahrheit«, in: Galileo Galilei: *Sidereus Nuncius,* Frankfurt 1965.
Bombaugh, C. C.: *Oddities and Curiosities of Words and Literature,* edited and annotated by Martin Gardner, New York 1961.
Breton, André (Hrsg.): *Anthologie du l'Humour Noir,* Paris 1966.
Buckley, J. H.: »Victorian Taste«, in: R. Langbaum (ed.): *The Victorian Age,* Greenwich, Conn., 1967.
Butor, Michel: »Introduction«, in: *Finnegans Wake, Fragments* adaptés par A. du Bouchet, Paris 1962.
Ders.: »La Traduction, Dimension Fondamentale de Notre Temps«, in: *James Joyce Quaterly,* vol. 4, no. 3, Tulsa/Oklahoma 1967, S. 215f.
Briggs, Asa: *Victorian People* (Neuauflage Penguin Books), Harmondsworth 1965.
Brooks, Cleanth: *The Well Wrought Urn* (University Paperpacks), London 1968.
Cammaerts, Emile: *The Poetry of Nonsense,* London o. J.
Chesterton, G. K.: »Gilbert & Sullivan«, in *The Eighteen Eighties,* ed. W. de la Mare, Cambridge 1930.
Chlebnikov, Velimir: *Werke in zwei Bänden,* hrsg. v. Peter Urban, Reinbek 1972.
»Chlebnikov und andere«, Dossier in: *Kursbuch 10,* Frankfurt 1967.
Clark, Kenneth: *The Gothic Revival* (Neuauflage Pelican Books), Harmondsworth 1964.
Coveney, Peter: *The Image of Childhood* (revidierte Ausgabe in Peregrine Books), Harmondsworth 1967.
Curtius, Ernst Robert: *Europäische Literatur und lateinisches Mittelalter,* Bern, ^{3}1961.
Davidson, Angus: *Edward Lear* (Neuauflage Penguin Books), Harmondsworth 1950.
Eichenbaum, Boris: *Aufsätze zur Theorie und Geschichte der Literatur,* Frankfurt 1965.
Ellmann, Richard: *James Joyce,* New York 1959.
Empson, William: *Some Versions of Pastoral* (New Impression), Norfolk, Conn., o. J. (etwa 1946).
Enzensberger, Christian: *Viktorianische Lyrik, Tennyson und Swinburne in der Geschichte der Entfremdung,* München 1969.

Flögel, Carl Friedrich: *Geschichte des Groteskekomischen*, Liegnitz und Leipzig 1788.
Frege, Gottlob: *Funktion, Begriff, Bedeutung. Fünf logische Studien* (Hrsg. G. Patzig), Göttingen 1962.
Freud, Sigmund: *Die Traumdeutung, Gesammelte Werke* II/III, Frankfurt ³1961.
Ders.: *Der Witz und seine Beziehung zum Unbewußten, GW* VI, Frankfurt ³1961.
Ders.: *Der Dichter und das Phantasieren, GW* VII, Frankfurt ⁴1966.
Ders.: *Eine Kindheitserinnerung des Leonardo da Vinci, GW* VIII, Frankfurt ⁴1964.
Ders.: *Erinnern, Wiederholen und Durcharbeiten, GW* X, Frankfurt ⁴1967.
Ders.: *Vorlesungen zur Einführung in die Psychoanalyse,* GW XI, Frankfurt ⁴1966.
Ders.: *Jenseits des Lustprinzips,* GW XIII, Frankfurt ⁴1963.
Ders.: *Hemmung, Symptom und Angst; Die Zukunft einer Illusion; Der Humor; Das Unbehagen in der Kultur, GW* XIV, Frankfurt, ³1963.
Fromm, Erich: »Marx' Beitrag zur Wissenschaft vom Menschen«, in: Ders.: *Analytische Sozialpsychologie und Gesellschaftstheorie,* Frankfurt 1970.
Fuchs, G. B. (Hrsg.): *Die Meisengeige. Zeitgenössische Nonsensverse,* München 1964.
Furniss, Harry: *The Confessions of a Caricaturist,* London o. J. (nach 1901).
Gibbs-Smith, C. H.: *The Great Exhibition of 1851,* London 1964.
Giedion, Siegfried: *Mechanization Takes Command,* New York 1969.
Hauser, Arnold: *Sozialgeschichte der Kunst und Literatur* (Sonderausgabe in einem Band) München 1967.
Hirsch, Wolfgang: *Das Wesen des Komischen,* Amsterdam o. J.
Hopkins, G. M.: »On the Origin of Beauty«, in: *The Journals and Papers of G. M. H.,* London ²1966.
Industry of All Nations, The, 1851, Illustrated Catalogue (The Art Journal), London 1851.
Jakobson, Roman: »Linguistics and Poetics«, in: Sebeok (ed.), *Style in Language,* New York 1960.
Ders.: *Kindersprache, Aphasie und allgemeine Lautgesetze,* in: *Selected Writings 1,* 's-Gravenhage 1962.

Ders.: »Der grammatische Bau des Gedichts von B. Brecht ›Wir sind sie‹«, in: *alternative 65* (April 1969).
Ders. und Halle, Morris: *Fundamentals of Language,* 's-Gravenhage 1956.
Ders. und Lévi-Strauss, Claude: »›Les Chats‹ de Charles Baudelaire«, in *L'Homme,* Tome II, No. 1, Paris-La Haye, Janvier-Avril 1962.
Jean Paul: *Vorschule der Ästhetik,* in: *Werke* (Hrsg. N. Miller) Bd. 6, München 1963.
Joannou, Demetrios: *Ontologie der Komik,* Freiburg i. B. 1959.
Jones, Ernest: *On the Nightmare,* London ²1949.
Jünger, Friedrich Georg: *Über das Komische,* Frankfurt 1948.
Kayser, Wolfgang: *Wilhelm Buschs grotesker Humor,* Göttingen 1958.
Ders.: *Das Groteske in Malerei und Dichtung,* Hamburg 1960.
Kellermann, W.: »Über die altfranzösischen Gedichte des uneingeschränkten Unsinns«, in: *Archiv für das Studium der Neueren Sprachen.* 205. Band, 120. Jhg., Heft 1, Braunschweig 1968.
Ders.: »Ein Sprachspiel des französischen Mittelalters: die Resveries«, in: *Mélanges offerts à R. Lejeune,* Gembloux 1969.
Laing, R. D.: *The Divided Self,* Harmondsworth 1965.
Kubie, L. S.: *Neurotische Deformationen des schöpferischen Prozesses,* Reinbek 1966.
Lear, Edward: *Nonsense Omnibus,* London 1943.
Ders.: *The Complete Nonsense* (ed. Holbrook Jackson), New York 1951.
Ders.: *Nonsense-Verse* (Nachwort von Klaus Reichert), Frankfurt 1964.
Liede, Alfred: *Dichtung als Spiel. Studien zur Unsinnspoesie an den Grenzen der Sprache,* 2 Bde., Berlin 1963.
Lipps, Theodor: *Komik und Humor,* Hamburg und Leipzig 1889.
Löwith, Karl: *Paul Valéry,* Göttingen 1971.
Lorenzer, Alfred: *Kritik des psychoanalytischen Symbolbegriffs,* Frankfurt 1970.
Mallarmé, Stéphane: *Oeuvres Complètes* (Pléiade), Paris 1945.
Marcus, Steven: *The Other Victorians. A Study of Sexuality and Pornography in Mid-Nineteenth-Century England,* London 1966.
Marcuse, Herbert: *Triebstruktur und Gesellschaft,* Neuauflage Frankfurt 1965.
Ders.: »Zur Kritik des Hedonismus«, in: *Kultur und Gesellschaft 1,* Frankfurt 1965.
Ders.: »Neue Quellen zur Grundlegung des historischen Materialis-

mus«, in: *Ideen zu einer kritischen Theorie der Gesellschaft*, Frankfurt 1969.
Marx, Karl: *Deutsche Ideologie*, in Marx/Engels: *Werke*, Band 3, Berlin 1962.
Ders.: *Ökonomisch-philosophische Manuskripte aus dem Jahre 1844*, MEW. Ergänzungsband, 1. Teil, Berlin 1968.
Morris, William: *Selected Writings and Designs* (ed. Asa Briggs), Harmondsworth 1962.
Nadeau, Maurice: *Histoire du Surréalisme*, Paris 1960.
Opie, Iona und Peter (edd.): *The Oxford Dictionary of Nursery Rhymes*, Oxford ^{2}1952.
Reich, Wilhelm: *Charakteranalyse*, Wien 1933.
Reichert, Klaus: »Der Jabberwocky. Auch ein Beitrag zur poetologischen Quellenforschung«, in: *Insel-Almanach auf das Jahr 1964*, Frankfurt 1963.
Ders.: »Zum Problem des literarischen Unsinns« (Rezension von A. Liede), in: *Sprache im technischen Zeitalter*, Heft 11, Stuttgart 1964.
de Saussure, Ferdinand: *Cours de Linguistique Générale*, Paris 1967.
Schöffler, Herbert: *Kleine Geographie des deutschen Witzes*, Göttingen 1955.
Spitzer, Leo: *Texterklärungen*, München 1969.
Stempel, Wolf-Dieter (Hrsg.): *Texte der russischen Formalisten II*, München 1972.
Stierle, Karlheinz: *Dunkelheit und Form in Gérard de Nervals »Chimères«*, München 1967.
Strachey, E.: »Nonsense as a Fine Art«, in: *Quarterly Review*, London 1888.
Szondi, Peter: *Hölderlin-Studien. Mit einem Traktat über philologische Erkenntnis*, Frankfurt 1967.
Tynjanov, Jurij: *Die literarischen Kunstmittel und die Evolution in der Literatur*, Frankfurt 1967.
Vranicki, Predrag: *Mensch und Geschichte* (übersetzt von Peter Urban), Frankfurt 1969.
Weber, Max: *Die protestantische Ethik* (Taschenbuchausgabe), München und Hamburg 1965.
Wells, Carolyn (ed.): *A Nonsense Anthology*, New York 1958.
Young, G. M.: *Victorian People. Portrait of an Age*, London 1961.

Nachbemerkung

Meine Beschäftigung mit Lewis Carroll geht bis in die späten 50er Jahre zurück. 1961 begann ich mit der ersten Niederschrift dessen, was eine Dissertation über den Autor werden sollte. Aus verschiedenen Gründen ließ sich in den folgenden Jahren das, was ich zum Thema zu sagen hatte, nur in anderen Formen unterbringen: in Übersetzungen, Nachworten, kleineren Aufsätzen. Erst 1967 entstanden die zweite und die dritte Studie des hier vorliegenden Bandes; die vierte wurde 1968 geschrieben, die erste 1969. Die Arbeit wurde im Sommer 1970 von der Philosophischen Fakultät der Universität Frankfurt als Dissertation angenommen. Referent war Helmut Viebrock, Korreferent Martin Christadler. Ihnen beiden habe ich für kritische Hinweise zu danken, und Helmut Viebrock besonders für seine jahrelange ermunternde Geduld und Langmut. Sehr genau gelesen hat das Manuskript auch Hans Robert Jauß, dessen konstruktive Einwände mich zu mancher Präzisierung veranlaßten.

Von Herbst 1972 bis Frühjahr 1974 wurden die Studien noch einmal überarbeitet, und gäbe es nicht die äußere Nötigung zum Druck, würde ich sie wohl ein weiteres Lustrum hüten: die Arbeit ist so zu einem ständigen, wenngleich nicht immer gemütlichen, Begleiter geworden, daß die Trennung nicht leicht fällt.

Während der Überarbeitung wurde deutlich, daß eine Untersuchung der narzißtischen Komponente Carrolls und seines Unsinns nicht nur lohnend, sondern daß sie vermutlich auch nötig wäre. Ich gedachte das in einem gesonderten Exkurs zu tun, aber die Lektüre des großen Buches von Heinz Kohut hat mich bewogen, der Applikation lieber eine geduldige eigene Studie zu widmen, die ich demnächst vorlegen zu können hoffe.

Nicht gelesen habe ich das zweifellos wichtige Buch von Gilles Deleuze, *Logique du Sens.* Als es 1969 erschien, war die Dissertation bereits abgeschlossen, und die Revision hatte den Sinn, die einmal eingeschlagene Richtung konsequent weiter zu verfolgen. Ich werde die Lektüre jetzt nachholen. Sollte sich heraus-

stellen, daß die Thesen von Deleuze für die meinen sind, was das Boojum für den Bäcker war, werde ich in einem neuen *Hunting of the Snark* darüber Rechenschaft ablegen.
So sind also zwei Sicherheiten gegeben, daß meine Beschäftigung mit Autor und Gegenstand durch das Druckdatum nicht abgebrochen wird und das Vademecum mir bleibt.
Zu danken habe ich Michael Krüger, ohne den die Abnabelung nicht möglich gewesen, zu danken habe ich der Einen, ohne die keine Zeile geschrieben worden wäre.